迈向合作主义的中国私法学

熊丙万◎著

中国法制出版社
CHINA LEGAL PUBLISHING HOUSE

目录

Contents

序论：法律人的想象力 001

1. 法律概念的三个维度 / 001
2. 私法背后的哲学观念 / 006
3. 私法与个人主义哲学 / 010
4. 私法学的知识免疫力 / 014
5. 法律人的制度想象力 / 019
6. 从个人主义走向合作主义 / 022
7. 迈向合作主义的中国私法学 / 027

1 财产法：权利设定与分割中的私人合作 033

1.1 财产制度的合作促进面向 / 035

1.1.1 财产权的人格论与自然权利论 / 036

1.1.2 财产权的社会合作面向 / 039

1.2 财产权的设定 / 047

1.2.1 财产权的设立条件 / 047

1.2.2 财产权的建构场景 / 050

1.3 财产权的分割 / 053

1.3.1 财产权分割与制度想象力 / 053

1.3.2 分割收益和实现方式 / 057

1.3.3 分割成本及应对方案 / 060

1.4 财产权的取得与流转 / 066

1.4.1 无主物的发现：乌木应归谁所有？ / 067

1.4.2 财产权的变动方式 / 072

1.4.3 财产权的善意取得 / 076

1.5 总结：财产权的私人合作 / 080

2 合同法：违约方解除权与私人合作 085

2.1 违约方有权解除合同吗？ / 086

2.2 违约方解除权背后的效率违约之争 / 088

2.2.1 道德瑕疵批评 / 090

2.2.2 效率存疑批评 / 091

2.2.3 预设条件存疑批评 / 092

2.3 效率违约理论中的“效率” / 093

2.3.1 现货买卖合同 / 094

2.3.2 生产合同 / 096

2.3.3 小结 / 098

2.4 有效率的违约方解除权制度安排 / 099

2.4.1 效率违约的预设条件 / 099

2.4.2 司法裁判中的处理规则 / 100

2.5 结论：违约方解除权的合作效应 / 106

3 网络平台：通讯录数据权属与私人合作 109

3.1 我的头像 / 昵称谁做主？ / 111

3.2 通讯录权属与平台业内的互动合作 / 116

3.3　用户的偏好分化与互动合作 / 123
3.3.1　静态权利保护观念中的数据权利 / 123
3.3.2　内敛型用户的消极隐私权益 / 128
3.3.3　外向型用户的积极利用利益 / 131
3.3.4　小结 / 133
3.4　外向型用户的通讯录数据 / 134
3.4.1　平台用户合作关系的通讯录载体 / 135
3.4.2　平台用户合作关系的载体依赖和变迁 / 136
3.4.3　作为平台用户合作关系载体的微信通讯录 / 139
3.5　通讯录中社会合作关系资本的交易对价 / 141
3.5.1　合作性生产过程 / 141
3.5.2　合作双方的成本投入 / 144
3.5.3　合作双方的回报 / 150
3.5.4　合作各方的数据权属分析框架 / 154
3.6　合作主义与财产权的新思维 / 166

4　侵权法：知假买假与私人合作　169

4.1　知假买假者是消费者吗？ / 170
4.2“知假买假”的三招辩论术 / 172
4.2.1　道德评判、形式推演与功能分析 / 172
4.2.2　“知假买假”的道德主义评判 / 173
4.2.3　“知假买假”的形式主义推演 / 175
4.2.4　从道德主义、形式主义走向功能主义 / 182
4.3　消费者合作维权困境的传统疗法 / 186
4.3.1　经营者自律与消费者维权 / 187

4.3.2 政府监管 / 190
4.3.3 奖励举报 / 191
4.3.4 小结 / 194
4.4 “知假买假”的善恶之分 / 195
4.4.1 “知假买假”的积极功能及其发挥 / 195
4.4.2 “知假买假”的消极效应及其控制 / 204
4.4.3 从食品到普通消费品的知假买假 / 211
4.4.4 小结 / 218
4.5 总结：作为制度设计的“知假买假” / 219

5 民事诉讼：诉讼动力与私人合作 221

5.1 民事诉讼的社会效用与个人合作之促进 / 222
5.1.1 诉讼社会效用的分析框架 / 222
5.1.2 诉讼与其他纠纷解决方式的社会效用比较 / 225
5.1.3 私人诉讼动力与社会最优诉讼规模的分歧 / 229
5.2 诉讼动力过剩及其调节 / 232
5.2.1 责任保险 / 233
5.2.2 责任财产能力缺乏及大规模损害赔偿基金 / 236
5.2.3 事实信息不充分与审前证据交换 / 239
5.2.4 法律信息不充分与审前智能预测 / 243
5.3 诉讼动力不足及其激励 / 243
5.3.1 当事人诉讼动力的激励机制 / 245
5.3.2 分散型损害与公益诉讼 / 250
5.4 结论：设计的诉讼制度与私人合作 / 252

结论：合作主义与中国私法 / 255

序论：法律人的想象力

1. 法律概念的三个维度

自改革开放以来，中国开启了大规模的民商事法律（以下简称私法[①]）的制定和注释活动，并围绕各具体私法制度形成了一套门类齐全的法律概念和学说体系。我国目前公开出版的各类法律制度汇（选）编、释义、教科书和专题研究就是这一成就的集中体现。自2014年启动民法典编纂工程以来，中国民法学术同行集中精力在既有私法学说体系基础上展开进一步的学说整理、更新和辩论，将其转化为实定法上的制度安排，竞争实定法上的权威表达。在《民法典》颁布和施行后，以《民法典》的解释和适

---

① 本研究之所以继续沿用“私法”这一学术概念，主要是鉴于中国法学家已经广泛使用此概念，且对该概念指称的主要对象（社会关系）有比较高的共识度。不过，如读者将在后文看到的那样，本章认为，“公法/私法”二元划分的主要意义在于形式上的认识和交流便利。而不少人给私法贴上“没有或者无须国家强制力介入的自由空间”这一标签，这既没有准确反映社会现实，也没有充分的正当理由。在本研究看来，这在很大程度上只不过是一种幻想而已。

用为目标的学说建构活动将继续展开。

40 多年来，我国私法学说的建构和论辩活动在总体上侧重围绕具体民事法律制度来展开。[①] 的确如民法者所评论的那样，在任何时候任何法域，围绕具体民事法律制度的制定和优化来展开法律学说的辩论和建构都应当是民法学同行的重点工作。特别是在改革开放以后，中国要在"'民法'概念鲜为人知"的贫瘠法制状况基础上快速搭建一套与发展市场经济相适应的法制环境，[②] 民法学界把学术资源和精力集中用于具体私法制度的概念学说建构和阐发更是符合特定历史语境下的法治发展任务。经年累月之后，私法学术群体建构和阐释的法律学说形成规模优势，不仅有助于提升具体民事法律制度的可理解性和适用便捷性，而且有助于在成文法获得集中修订机遇时为立法条文的修正和完善提供重要的思想资源。我国于 2020 年初颁布的《民法典》无疑得益于改革开放以来数代中国民法学同行构筑的民法学说资料库。[③]

不过，法律是一个多维的概念，可以从不同的维度来观察和认识。一个常见的维度是由实定法所明文规定的具体法律制度，是一种形式化的社会行为规范，表达了国家立法所要求或倡导的

---

① 关于这方面的较早观察，参见王轶：《对中国民法学学术路向的初步思考——过分侧重制度性研究的缺陷及其克服》，载《法制与社会发展》2006 年第 1 期。这一观察在今天仍然适用。

② 参见王利明：《民商法研究》（第 1 辑），法律出版社 2013 年版，修订版序言。

③ 当然，在本次民法典编纂进程中，由于受到诸种原因的限制，民法典各分编对既有学术研究成果的参考和借鉴充分度有比较大的差异。

社会行为与交往规则。正是因为法律这种社会规范的形式化特点，让其得以与其他社会规范区分开来，显得与众不同。① 另一个常见的维度是与具体法律制度相对应的法律概念和教义学说，是法律学术同行对纷繁复杂的社会生活关系实定法规则予以提炼、归类和编码处理后的成果，是法学家对实定法规则的梳理和阐释。而在具体民法制度和相应学说的背后，还蕴含着另外两个十分重要的维度：

一是价值维度。在价值维度，实定法规则安排的背后对应着一定的价值立场选择，在一定程度上反映了人们在特定时空内所在乎和追求的美好生活。例如，自启蒙运动以来，人们日益普遍地珍视人格尊严、心灵自由、衣食富足和精神愉悦等基本价值。这也是整个人类社会自启蒙运动以来都在为之不懈努力奋斗的好东西。用伯尔曼的话来说，实定法是一种“教会人们善念、善感、善行的东西，帮助人们树立善良的道德观念和社会态度”②。无论实定法是否以基本原则的形式来明确表达这些价值取向，当代私法中的具体制度安排都是以这些价值的实现为目标和归依的。而当代民法学家，不仅在一般理论的表达过程中对这些价值观予以了热情地宣扬，而且注重在具体制度的学说建构过程中阐述和追

① Harold J.Berman & Samir N.Saliba, *The Nature and Functions of Law*, 7th ed., Foundation Press 2009, p.26.

② Harold J.Berman & Samir N.Saliba, *The Nature and Functions of Law*, 7th ed., Foundation Press 2009, pp.29–35. See also Michael J. Sandel, Justice: what's the right thing to do? New York: Farrar, Straus and Giroux 2009, p.12.

求这些价值。相应地，当代民法学教育的重点不仅仅是教会学生那些关于法律概念和逻辑推理的技术性或者说工具性知识，而且要“培养准确把握事实的能力和丰富的人之本性”，提升法律人的思想认知境界。①

二是规律维度。虽然立法机构的官员和法学家都宣称要尊重和保障每个人的前述价值追求，但在各个具体问题上，他们所提出的立法方案和建构的法律学说却不尽相同，有时甚至存在天壤之别。例如，同样是为了增进个人的尊严、自由、财富和情感，一种看法认为，制度安排只要能够消极地防止社会个体在追求自身利益过程中容易引发的人际冲突就足够了。社会个体能够自发地追求和实现自身的利益目标和价值追求。另一种看法则认为，制度安排需要积极主动地帮助和促成社会个体的利益目标和价值追求，需要给每个人提供父爱般的关照。在这两种看法之间，还存在大量中间认识样态。即便是同样出于“消极防止社会个体在追求自身利益过程中容易引发的人际冲突”，立法官员和法学家也常常开出不同的“药方”。

实定法之所以选择一种制度安排而不是另一种制度安排，或者说设定一种行为规则而不是另一种行为规则；法学家之所以建构一种法律学说而不是另一种法律学说，在很大程度上是因为，他们对人际社会的行为、组织和运行规律产生了认识分歧，并因

---

① ［日］河上正二：《民法学入门（民法总则讲义·序论）》（第2版增订本），［日］王冷然、郭延辉译，北京大学出版社2019年版，第379页。

此秉持着不同的哲学认识论和方法论。[①]“任何一种学说都有其深厚的哲学基础，甚至还有其努力实现的特定哲学目标。”[②]具体到私法领域，表现为私人与私人之间应如何生活与相处、如何交往与组织的问题，特别是涉及个体与群体之关系这一古老的哲学认识论和方法论命题。私法同行在哲学认识论和方法论层面的分歧，常常意味着他们对实定法上的制度安排的社会功能做出不同的判断。[③]甚至可以说，“民法根本就不仅仅是部门法和制度法意义上的。民法的理念和其中许多设计，几乎直接就是法哲学的研究课题”。在不少的问题上，私法同行的分歧主要表现为具体制度层面的不同看法，但在这种表层分歧的背后却隐含着更深层次的哲

① 谢鸿飞教授曾把法律分析区分为概念分析、价值分析和历史社会分析（参见谢鸿飞：《历史法学的思想内核及其中国复兴》，载《中国法律评论》2015年第2期，第218–219页）。按照笔者理解，其所称的“历史社会分析”也大抵包括本研究这里所言的“人际社会的行为、组织和运行规律分析”。王轶教授将民法问题分为事实判断、价值判断、解释选择、立法技术和司法技术五个类型（参见王轶：《对中国民法学学术路向的初步思考——过分侧重制度性研究的缺陷及其克服》，载《法制与社会发展》2006年第1期）。在这一分类下，笔者所言的价值维度属于价值判断层面的问题，即实定法究竟应该坚守何种价值取向，具体的制度规则最终用以实现何种价值目标。而规律维度则属于事实判断问题，即在不同的讨论者已经达成价值共识的基础上（或者在反思所秉承和追求的价值理想目标的实现可能性时），在何种路径更能有助于实现价值目标这一问题上（或者在特定价值理想目标是否具有实现可能性这一问题上）产生了分歧。这本质上是关于社会运行规律的事实判断。

② 彭诚信：《现代权利理论研究》，法律出版社2017年版，第183页。

③ 姚辉：《民法的精神》，法律出版社1999年版，第2页。

学认识论和方法论差异。[①] 在展开热烈的具体制度论辩过程中，如果私法同行没有认识到这一层次上的认识分歧或者不愿意花时间去坦诚面对这一层次上的分歧（现实经常如此），则容易造成制度论辩的不欢而散或无果而终。

2. 私法背后的哲学观念

在新中国成立后、改革开放以前，中国并未就这一层命题展开足够充分的公开辩论。除了那一套被视为当然正确的计划经济意识形态论[②] 之外，尚缺乏形成比较深刻的哲学认识论和方法论的必要学术空间。而在改革开放以后，为了满足快速培育和发展市场经济的制度基础条件，中国社会却需要在较短时间内建构出

---

① “知假买假者是否属于消费者？”就是一个代表性的例证。虽然不同的民法同行都在宣称要保护消费者，或者说在价值取向上是一致的，但对一个具体制度问题的回答却存在天壤之别。其背后所隐藏的还是哲学认识论和方法论上的分歧。详见熊丙万：《法律的形式与功能：以“知假买假案”为分析范例》，载《中外法学》2017 年第 2 期。

② 本研究第一章将深入讨论意识形态与私法的关系问题。需要提前说明的是，在广义上，意识形态本身并无好坏之分，而关键在于意识形态的具体内容。意识形态也可以被视为一种社会制度安排，因为其决定了信奉者坚守的政治、经济和法律准则。只不过，当人们出于意识形态行为时，有可能是因为认为该准则本身就是当然的真理或善，而不是因为该准则能够增进个体或群体的利益。当意识形态所倡导的准则的确能够普遍地增进个体或群体利益时，倡导该意识形态有利于坚定人们行为的信念，防止恶意的投机行为，降低社会制度运行的执法成本；而当相反时，则可能贻害无穷。因此，社会科学研究者的关键任务在于辨识既有意识形态的内容或者可能形成意识形态的行为准则，并对其予以公开宣扬或批判；社会科学研究者一般不宜将某种意识形态本身作为推理的前提，进而模糊了真正的问题。

一套私法制度。受此影响，改革开放以来的民商事立法和学说建构活动表现出两个比较突出的特点：

一方面，讨论者分析和论证法律问题的起点既不是某一种占据绝对主导地位的哲学认识论和方法论，也不是某几种处于相互竞争关系的哲学认识论和方法论。相反，中国民事立法和相应的学术讨论具有浓厚的经验主义色彩。[①]讨论者凭借的是丰富的现实生活经验和历史教训，以及其他法域特别是经济发达国家（地区）立法、实践提供的启示。这在一定程度上可以说是“摸着石头过河”。当然，经验主义路径本身并不必然意味着好事或者坏事，关键在于经验积累的丰富程度和既有经验与当前语境的适配性。“经验”主要是一种源于对过往生活的反复体验和朴素认知所形成的知识，具有比较强的知识惯性。如果当下的社会情境与过往情境差异太大，或者过于复杂，则过往经验知识可能成为阻碍获得新知的绊脚石。

另一方面，计划经济时期“一大二公”的意识形态论的残余影响仍然在一定程度上存在。在计划经济时期，特别是“文革”时期，中国社会内受到僵化意识形态的约束，将“私”字视为阻碍社会发展与进步的绊脚石。[②]围绕“私”字展开的学术讨论被严格管束。因此，那些主张逐步引入私有产权和自由市场因素、降低政府计划和管制的改革论者，需要面对前述意识形态论者带

① 参见朱广新：《超越经验主义立法：编纂民法典》，载《中外法学》2014年第6期，第1430页。

② 红枪手：《“私”字是阻碍革命大联合的绊脚石》，载《人民日报》1967年1月31日，第3版。

来的舆论、政治和理论压力。“在‘文革’结束后的改革开放中，全国各行各业都进行了思想上的拨乱反正，而法学界从来没有进行过真正意义的思想上的拨乱反正，没有检讨过民法思想、民法传统、民法制度上的正确与失误。”①

例如，在改革之初，虽然民法学家普遍认识到民法是调整商品经济的法，反映了商品经济的内在规律，有助于搞活经济，但当时的民法学一般仅将包括合同法在内的民法理解为实现国家计划的手段，将民法视为公法的组成部分，而不是独立于公法的私法。例如，当时较为常见的说法是，“在考虑民法以商品关系为对象时，应指出我国公有制基础上的商品关系的崭新性质。也就是说，这种商品关系是一种在计划指导下的、以实现社会主义生产目的为宗旨的新型商品关系”②。“在剥削阶级社会，民法是调整私有者之间的财产关系和人身关系的法律，因此被称为‘私法’……我国民法是社会主义民法，是公法。”③ 相应地，

---

① 杨立新：《编纂民法典必须肃清前苏联民法的影响》，载《法制与社会发展》2016年第2期，第142页。

② 佟柔：《我国民法科学在新时期的历史任务》，载《佟柔文集》，中国政法大学出版社1996年版，第8页。

③（佟柔：《民法》，法律出版社1986年版，第8页）不过，当时学界关于“民法是公法还是私法”的问题存在争议。谢怀栻老先生就认为民法是私法，并批评了列宁关于“民法是公法”的论述（谢怀栻：《纪念佟柔同志》，载《佟柔文集》，中国政法大学出版社1996年版，第400页）。或许，佟柔等前辈自己对“民法是公法”的认识也不是特别自信，或者处于矛盾心理。但基于政治形势的考虑，采取了此种策略性表达（周大伟：《谁是佟柔？（代序）》，载周大伟编：《佟柔中国民法讲稿》，北京大学出版社2008年版，第16页）。

“服从国民经济计划指导原则”[①]或者“国家计划指导与经营者的自主性相结合的原则”[②]成为当时的民法基本原则也就不难理解了。

即便在当代，计划经济时期“一大二公”的意识形态论的残余影响仍然存在。“《民法通则》受旧经济体制、旧意识形态制约的一些不合理的思想和做法，至今仍被因循着。”[③]中国 2007 年前后《物权法》制定过程中的“违宪”之争就反映了这一点。有法学家曾经提出，《物权法》当时拟规定的共有财产、私有财产“平等保护原则”违背了我国宪法确立的公有财产神圣不可侵犯的至上原则，不符合我国的财产公有制。这类“违宪”指控曾一度引起了中央政治决策层面的关注和担忧。好在经过法学界的公开辩论，这类僵化的意识形态论最终被消解，2007 年《物权法》得以顺利出台。[④]

尽管如此，随着改革开放和市场经济建设的逐步深化，在围绕具体私法制度展开的立法和学说讨论过程中，中国法学家群体（尤其是私法学研习者）也开始在计划经济意识形态之外逐步接触、接受、阐述和运用较为明确的哲学认识论和方法论。

① 佟柔主编，金平、赵中孚副主编：《民法原理》，法律出版社 1983 年版，第 14–15 页；佟柔：《民法》，法律出版社 1986 年版，第 11 页。

② 王家福、谢怀栻等：《民法基本知识》，人民日报出版社 1987 年版，第 31 页、第 40–42 页。

③ 朱广新：《超越经验主义立法：编纂民法典》，载《中外法学》2014 年第 6 期，第 1430 页。

④ 关于这一点的学术评论，可见韩大元：《由〈物权法（草案）〉的争论想到的若干宪法问题》，载《法学》2006 年第 2 期。

一些民法学同行还付出专门的努力，对此作出系统的专题阐述。曾对大量经济发达国家和地区产生深刻影响的个人主义哲学知识便是其中最为显著的一种。甚至可以说，中国私法学研习者在不同程度上和不同意义上先后零散地或系统地接受了个人主义哲学观念。①

3. 私法与个人主义哲学

当然，个人主义（individualism）作为一种与整体主义（holism）相竞争的哲学概念，并没有一个先天确定不变的内涵。相反，其用法历来都十分缺乏精确性。不同的群体在不同的时期可能用其表达不同层面的内容，甚至可能相互冲突。② 其他类型的“主义”（如经验主义）同样如此。当我们讨论“某某主义”这样的概念时，首先要明确这个概念被使用的语境，然后据此确定这个“主义”确指的内容。

再回到个人主义哲学观，其（1）既可能被用来表达一种价值观念（individualist values），如人格平等与尊严、心灵自由、衣食富足和精神愉悦等理想的价值目标和追求；（2）也可能被用来

---

① 有观察者甚至认为，在整个中国的社会科学界，有不少学者对个人主义表示认同，甚至推崇备至，直接用其作为立论的根据。新近观察，可见夏庆锋：《〈民法典〉合同编中的个人主义与整体主义及应有定位》，载《中国政法大学学报》2021 年第 3 期，第 215–227 页。

② See Steven Lukes, *Individualism*, Oxford · Basil Blackwell 1973, Foreword. 中译本参见［英］史蒂文 · 卢克斯：《个人主义》，阎克文译，江苏人民出版社 2001 年版。

指称一种观察和分析问题的学说工具（individualist doctrines）。这既包括政治个人主义、经济个人主义、宗教个人主义、伦理个人主义等适用于特定具体领域的学说工具；又包括认识论个人主义和方法论个人主义等更具有一般意义的个人主义学说工具。① 这些学说工具虽然在适用领域和抽象程度上存在差异，但在内涵上却存在诸多相似或者说相通之处，难以完全割裂开来看待。

在新中国成立后，无论是在改革开放之前还是之后，作为价值目标意义上的个人主义都在不同程度上得到了中国社会的明确承认和表达。因为，这个意义上的个人主义主要是一种与封建等级制社会的价值取向相区别的价值观念，是新文化运动以来整个中国社会都在积极倡导和追求的价值观念。其主要强调的是承认每个社会个体具有至高无上的内在价值，承认每一个人的社会主体地位，平等地尊重每个人的人格尊严和行为自由。即便是在计划经济时期，这些价值观念也是得到明确承认的，只不过选择了“国家计划”这样一种在今天看来极不成功（甚至可以说是适得其反）的工具来实现它们而已。这也决定了，作为价值实现工具的个人主义学说，在中国的计划经济时期并不具备获得认识和阐述的空间。即便是在改革开放初期，国家决定从中央计划经济逐步转向市场经济，中国社会也缺乏明确讨论、阐述和接受个人主义工具学说的政治条件。

---

① 关于这方面的知识发展史的清晰梳理，可参见 Steven Lukes, *Individualism*, Oxford · Basil Blackwell 1973。

中国民法学同行对个人主义学说工具的明确表达和系统阐述，也不过是最近一二十年才开始的现象。这方面的表达和阐述主要以经济领域的私人交往活动为样本，既包括具体的经济个人主义，也包括一般意义上的认识论个人主义和方法论个人主义。不过，近年来，亲属法领域的较近文献也开始了对个人主义的专门关注和讨论。部分民法同行在讨论夫妻共同债务的认定标准和承担方式等带有家庭伦理色彩的民法问题时，也尝试从伦理个人主义、一般意义上的个人主义认识论和方法论的维度来加以观察和分析。[①] 此外，在人格权领域，个人主义认识论和方法论也对具体议题论辩的展开有着重要的影响。本研究下编关于财产权、个人信息权益等范例的讨论会详细呈现这一点。

作为一般意义上的个人主义认识论和方法论，其覆盖了个别与一般之关系、个体与整体之关系、价值的主客观性、个人理性决策能力、人类社会历史进化规律等若干问题。例如，关于个别（个体）与一般（整体）之间的关系，个人主义论者提出，人类社会本质上是由个人组成的，个体（的价值和目的）才是唯一真实的存在，个人价值和目的之实现才具有终极性意义；整体（的价值和目的）并不是真实地存在，顶多是观念上的虚构体，是个体简单相加之和而已（1+1=2）；强调共同体（共性）则将损害个体（个性）。再如，关于个人价值的主客观性和可知性（可理解性）问题，个人主义认为，个人的价值和目的是

---

① 参见冉克平：《论夫妻团体债务的认定与清偿》，载《中国法学》2017 年第 5 期。

主观和随意的，且具有很强的不可知性，难以为其他人所知晓；群体（立法机关）是若干个人的集合体，个体的“无知”也就决定了群体的“无知”。因此，立法应当保持目的中立性（无目的性），不要试图服务于某种共同目的，因为立法机关根本就无从知晓何为共同的主观目的（另一理由：共同主观目的存在与否，取决于群体规模；群体越大，共同主观目的存在的可能性就越小）。又如，关于人类行为倾向和社会发展规律问题，个人主义认为，个人是理性的，是自身利益的最佳判断者；理性的个人不仅会自发地开展有利的人际合作，而且会自发地选择那些最有助于人类生存和繁衍的社会规范；人类社会发展的实践经验表明，人类社会自发进化（无意造成）的后果要比有意追求的结果好；与生物进化规律相似，人类社会和人类社会行为规范的历史变迁也需要遵守一种自发进化规律。

个人主义作为一种哲学认识论和方法论，在经济领域和经济学上得到了广泛的应用。这也表现为个人主义经济学说。不少有影响力的经济学家更是对个人主义推崇备至。对那些有兴趣和精力去关注哲学认识论和方法论本身的私法学研习者而言，个人主义的影响是直接发生的；而对多数私法学家而言，个人主义的影响是通过个人主义经济学的“传导”间接产生的。改革开放以来，中国的私法制度建设和相应的学说建构除源于自身的经验外，在很大程度上还源于对欧美经济法发达国家（“欧美”主要指西欧国家和美国。如无特别说明，下同）的私法制度和学说的直接或间接继受。间接继受主要是通过日本、中国台湾等先期继受国家或地区完成的。[①] 正是在这一过程中，中国私法学零散地接受了个人主义认识论和方法论，尽管大量接受者并未明确意识到这一点。10 多年来，无论是具体意义上的经济个人主义，还是一般意义上的个人主义认识论和方法论都开始得到一些中国私法学者的系统表达，并在中国私法学说话语体系中产生了较为广泛的影响。[②] 后文将在系统呈现私法学同行眼中的个人主义学说时系统呈现这一点。

4. 私法学的知识免疫力

中国私法学同行之所以在不同程度上接受个人主义学说，一项主要原因在于：与改革开放前高度强调“中央统一计划调配”和“一大二公”的意识形态论相比，个人主义所倡导的不少命题具有明显的优势。例如，个人主义认为，个人的价值和目的追求是主观的，对此没有人能比自己更了解，因此，个人是自身利

---

① 关于中国民法学百年来的继受史的观察，参见梁慧星:《中国民法：从何处来，向何处去》，载《中国改革》2006 年第 7 期；孙宪忠：《中国近现代继受西方民法的效果评述》，载《中国法学》2006 年第 3 期。

② 代表性的专题文献，例如，易军:《个人主义方法论与私法》，载《法学研究》2006 年第 1 期；易军:《法律行为制度的伦理基础》，载《中国社会科学》2004 年第 6 期;《私人自治与私法品性》，载《法学研究》2012 年第 3 期；吴汉东:《知识产权法律构造与移植的文化解释》，载《中国法学》2007 年第 6 期，第 50–51 页；于韵:《个人主义方法论和我国法人制度》，载《行政与法》2012 年第 9 期。与此有密切联系的非专题文献，将在本研究第二章中予以介绍。

益的最佳判断者。[①] 这一命题在私法上具体表现为意思自治原则和相应的私法制度。中国从计划经济时代逐步转入市场经济，使得人们有机会去独立判断和选择自身的社会经济活动。与计划经济时期相比，这一转变不仅大幅度提升了国民的意志自由，而且让国民的物质生活条件得到了实实在在的改善。个人主义所倡导的不少命题帮助我们成功打破了计划经济时期的诸多意识形态教条。再加上，一些计划经济时期的意识形态教条（或变异体）今天仍然存在，并成为中国社会继续发展的绊脚石，因此，个人主义在中国私法学中得到了日益广泛的接受。这也在很大程度上解释了为什么有中国私法学同行系统地阐述和接受个人主义，并将其宣称为指导人类社会发展的不二法门。

然而，迄今为止，中国（私）法学学术界尚没有一场专门关于哲学和经济学基础的深入辩论，尚未对个人主义本身展开过比较系统的检视。这一方面在于，中国私法学界 40 多年来集中主要精力从事具体制度的研究和评注，尚未完成开展相关辩论的必

① 不过，有观察者认为，在新中国成立之初，中国基本处于资金、资本和技术短缺的农业社会。但为了快速提升国防等事业，政府确立了优先发展资本非常密集的重工业的经济导向。与许多发展中国家一样，中国当时宏观上采取了扭曲价格信号、行政上计划配置资源、微观上剥夺企业自主权的“三位一体”的制度体系。“如果不了解这套体系背后的逻辑，看起来似乎缺乏理性，但是如果把背后的原因想清楚，在一定的限制条件下，从国家所有的角度看，为了保证资源的最大动员以及剩余的最大化以投资于政府优先发展的资本密集型的重工业。”“如果把目标定位为发射人造卫星或是发展重工业”，那么，“‘三位一体’确实是（当时）最优的制度安排选择”“但是如果把目标定位为提高人民的生活水平，传统体制的表现就很难人人满意”。参见林毅夫：《中国经济专题》（第二版），北京大学出版社 2012 年版，第 66–71 页、第 87 页。

要知识储备和时间条件。另一方面在于，欧洲大陆成文法国家具有法典化的悠久历史，强调私法典和法学知识的自足性和完备性，因此，缺乏关注哲学和经济学等其他知识的习惯。作为欧洲大陆成文法传统的继受国，中国也面临类似问题。不过，这一境况近期开始变化，无论是在欧洲大陆还是在中国，法学家都日益广泛地了解和运用其他学科知识。中国私法学者开始系统关注个人主义认识论和方法论，这本身就反映了这一点。

中国私法学接受个人主义认识论和方法论的这一特殊过程就决定了，中国私法学有必要去深入认识和全方位检视个人主义这一哲学概念名下的各项学说工具。由于这一工作环节的缺位，中国私法学在接受和运用个人主义哲学知识过程中，正面临着三个方面的困难。尽管不少同行实际上常常深陷其中，但他们并没有明确意识到这些困难。

一是学术免疫力缺陷。当一些学术同行勇敢地跳出成文法的“自足、圆满”逻辑，尝试接纳哲学、经济学等其他学科知识时，由于深受法学学科自我封闭的影响，在面对纷繁复杂的经济学知识时缺乏必要的学术“免疫力”。[①] 尤其是当面对相互竞争的哲学和经济学说时，法学家有可能欠缺必要的辨识和选择能力。这也将阻碍法学与哲学、经济学等其他学科展开更深入的交流。

例如，尽管民法同行的日常学术话语中频现“交易安全”“交易成本”等经济术语，但长期受法学学科封闭氛围的影响，不少

---

① 参见王轶：《对中国民法学学术路向的初步思考——过分侧重制度性研究的缺陷及其克服》，载《法制与社会发展》2006 年第 1 期，第 89 页。

民法同行在追求法学自身独有方法的同时，缺乏足够兴趣和精力去学习经济学知识。民法学者常常在“交易安全”“交易成本”等看似经济学术语下展开的分析并不够经济。即便有民法学者尝试运用其他学科的智慧来分析法律问题时，也可能因为缺乏必要的学术“免疫力”对一些知识不加批判地接受，[①] 或者在没有完全阅读和理解的情况下加以运用或提出批评，[②] 或者仅出于装裱目的而加以选择式阅读和引用。对经济学的这些对待方式不仅容易进一步造成其他法律同行的误解，而且还容易引发和加深其他法律同行对整个经济学知识的直觉性偏见和抵触心理，从而戴着一副“有色眼镜”来接触和沟通经济学知识。[③] 如此一来，系统关注和精细表达效率观念就变得更加困难。最典型的例证莫过于民法同行对“效率违约”理论的误解、误批和误用。对此，笔者已在其他地方做过专题阐述。[④]

二是学术解释力缺陷。本研究第三章将着力说明这样一个观

① 王轶：《对中国民法学学术路向的初步思考——过分侧重制度性研究的缺陷及其克服》，载《法制与社会发展》2006 年第 1 期。

② 中国法律同行对经济学知识的认识常来源于波斯纳，常常将其视为法律经济学知识的权威。但在知识洞察力上，与波斯纳在法理学上的洞见相比，经济学或者法律经济学是其明显的弱项。且波斯纳在一些关键的问题上曲解和误传了经济学智慧，并给法律同行造成了深深的误解甚至直觉性抵触。自 20 世纪 70 年代以来，一大批受过职业经济学教育（有的同时受过法学教育）的毕业生涌入法学院，开创和讲授法律经济学，是法律经济学世界的中坚力量。

③ 类似观点，参见杨瑞龙：《面对制度之规》，中国发展出版社 2000 年版，第 4–5 页。

④ 笔者关于这一点的系统评述，可见熊丙万：《中国民法学的效率意识》，载《中国法学》2018 年第 5 期，第 92–94 页。

点，知识不是永恒的和绝对的，而是建立在可识别的相对条件基础之上的，具有相对条件性。包括社会科学在内的知识会随着认知条件的变化而变化。某一项知识之所以具有学术解释力，是因为其对当前的认知背景条件作了全面的观察和判别。不少法律同行，尤其是个人主义的阐述者，一方面受制于自身学术免疫力缺陷，另一方面希望寻求某种具有永恒解释力的绝对知识。受此影响，他们在深入观察社会现实生活经验和比较相互竞争的理论学说之前，简单地将个人主义的部分学说或者全部学说视为解释人类社会生活实践的真知。这就使得个人主义私法学在大量生活事实面前明显缺乏解释力。例如，个人主义论者认为，理性的社会个体能够自发地开展社会合作，实现自身利益；再如，更进一步的观点在于，人类社会自发进化的结果要比有意追求的变化好。这些观察既不符合经济发达社会本身的实际经验，也无法解释中国改革开放以来的惊人财富创造。而对其他一些法学家而言，当他们发现个人主义所倡导的理论学说明显背离自身生活经验时，他们同样因受制于学术免疫力问题，难以对自己曾经零散地或系统地接受的个人主义学说作出系统、直接的理论辩驳。此时，他们常常倾向于采用“公共利益优先”“市场失灵”等模糊概念来说明在个人主义之外设立各种“例外”的正当性，对个人主义哲学和经济学知识作小修小补；或者以“私法公法化”等话语对现象本身作循环解释。

三是学术讨论与沟通障碍。学术讨论的成效来源于相互倾听基础上的坦诚沟通，包括尝试在同样前提下寻求共识，或者对相互持有的不同前提形成理解。当中国私法学开始参考和接纳传统法学知识以外的哲学和经济学知识时，讨论者提出和分析问题的前提也随之更加多样化。这就意味着，为了形成共识或相互理解，讨论者需要在更广的范围内去认识对方展开讨论的前提性知识。而在这一条件具备之前，我们时常看到的情况是，不少论者要么在讨论中从不同层面或维度随意选取和设定讨论的前提，经常出现关公战秦琼的尴尬局面；[①]要么奢求特定时空的讨论者共同将讨论的前提限定在某一个层面上（如《民法典》明文规定的基本原则），以期在一定程度上回避前述尴尬局面。[②]

5. 法律人的制度想象力

为了应对前述三个方面的问题，中国私法学有必要对在特殊历史背景下接受的个人主义认识论和方法论作系统检视，并结合中国社会自身的生活经验建构更具反射力和解释力（reflective and explanatory power）的认识论和方法论。具体到中国私法学者系统阐述的个人主义，本研究经初步观察认为：在学说工具层面，个人主义与其所批判的整体主义一样，其没有认识到知识的相对条件性，而是抱有对“绝对知识”的幻想，试图去寻求某种能够

① 相似观察，参见王轶：《对中国民法学学术路向的初步思考——过分侧重制度性研究的缺陷及其克服》，载《法制与社会发展》2006 年第 1 期，第 88–90 页。新近评论，参见沈健州：《民法解释选择问题的分析框架：以或有期间概念为分析范例》，载《中外法学》2019 年第 4 期。

② 王轶：《民法价值判断问题的实体性论证规则——以中国民法学的学术实践为背景》，载《中国社会科学》2004 年第 6 期。

解释和指引人类社会发展的单一、永恒理论。个人主义论者采用了一种线性的历史观，认为人类自身和人类社会发展必然存在各种永恒的本质属性，是指导人类社会组织和社会生活的先定准则。由于受到绝对知识、线性思维和本质主义的多重思想强制，论者在观察我们的现实生活实践和阅读亚当·斯密等先哲们的经典著述时，表现出了明显的知识偏见。他们为了证明自己信奉的那些永恒知识，对人类现实生活和经典学说作了选择性阅读，对那些直接挑战其“知识”的人类经济实践经验和学说观点“视而不见”。后文将结合亚当·斯密等先哲们的经典著述之原全貌，对这一点予以细致呈现。

尤其是，无论是经济学领域的个人主义，还是一般意义上的个人主义认识论和方法论，抑或受它们影响的私法学说，它们都过分侧重强调社会个体身份之独立性（更准确地说，是孤立性）、个人价值和目的之主观性、个人意志之自由性，过于夸大了个人主观价值和社会发展的不可识别和预知性，过于放大了人与人之间的陌生感。受个人主义影响的私法学将关注的焦点集中于私人权利（以及更广意义的社会福利）的静态安全享有。但是，它们要么在很大程度上忽视了私人权利（以及更广意义的社会福利）的动态形成和创造机制，忽视了社会个体间共同合作的至关重要意义；要么简单地推定，保护私人财产安全和维护个人意志自由（合同自由）就足以有效实现社会合作，普遍地增进社会福利。个人主义论者轻视人类社会的合作面向。这也就决定了，论者难以贴近现实生活去观察社会个体之间的共同合作是如何得以开展的、面临哪些合作困难、需要如何应对等至关重要的问题。

而当我们贴近现实生活时，就会发现：世界并不是像个人主义论者描述的那样陌生。相反，对于每个人的主观价值和主观目的，我们与同伴常常能够心心相印、相互理解，并在大量问题上分享着相同或者互补的主观追求，需要通过社会个体间的共同合作来实现。而当我们跳出个人主义论者的绝对知识幻想，认识到知识的相对条件性和人类社会的后天建构属性之后，我们更是惊讶地发现：每个社会群体可以尝试通过多种不同的社会组织方式去实现他们的主观理想和追求。

诚然，人类社会发展总是因循着一定的运行规律，且受制于一定的历史条件。但特定的社会运行规律和历史条件约束并没有给我们提供明确的行动路线，更不等于只有一条已经先天设定好的道路供我们选择。相反，即便是在一定的社会运行规律和条件约束下，人类能够构想的社会组织交往和备选方案总比我们已经看到的要多。即便我们都希望获得最优的制度选择，但是，“关于最优制度安排，首先必须明白，最优的选择不是唯一的，可能会有多种”[①]。每个群体仍然有机会去构想多种不同的社会组织方式，在介于“友情仁义”与“暴力统治”之间的多元社会组织模式中进行选择，以促进社会个体之间的广泛合作与共赢。具体到私法所关注的私人社会关系问题上，当我们换一副眼镜看世界时，我们除能够看到人格尊严、心灵自由、衣食富足和精神愉悦等理想的价值目标外，还能够描绘一幅私人之间通过相互共同合作来追求这些价值目标的新图景。更重要的是，在描绘这幅社会合作

① 林毅夫：《中国经济专题》（第二版），北京大学出版社 2012 年版，第 247 页。

图景时，我们有机会更深刻地感受到社会合作的重要意义，更清楚地认识到社会合作面临的诸多障碍，更有针对性地思考治理社会合作障碍的替代性方案。关键在于，法律人是否具有足够的想象力，特别是制度想象力。

6. 从个人主义走向合作主义

如此，我们就有机会将人们从个人主义所虚构的陌生人世界中救赎出来，通过制度设计更积极、更主动、更广泛地促进社会个体之间的共同合作，从而更有效地实现社会个体的尊严、自治与发展，而且还有可能形成一种关于哲学、经济学和法学的新认识论和方法论。对于这样一种可能的知识，为了将其与个人主义区分开，本研究暂将其称为合作主义。自 2014 年在《中国法学》上发表《私法的基础：从个人主义走向合作主义》一文后，笔者承担了国家社会科学基金青年项目《中国私法学的哲学和经济学基础研究》（14CFX006），并继续尝试这样一种学术努力。

2018 年底，笔者在中国法制出版社出版了与前文同名的专著《私法的基础：从个人主义走向合作主义》，着力处理关于合作主义私法学的一般理论问题。[①] 该书除了本序言之外，共分为 6 章，紧密围绕“从个人主义走向合作主义”这一中心议题展开论述。该书首章系统地呈现了私法学与哲学和经济学之间的基本关系，

---

① 很高兴该书曾于 2020 年获得由中国法学会评选的第八届“董必武青年法学优秀成果奖”三等奖。

进一步说明为什么（以及在什么意义上）要挖掘私法学的哲学和经济学基础。后续章节在系统描述和解剖私法学中的个人主义哲学和经济学观念之后，提出并阐释一种合作主义认识论和方法论，以作为私法的哲学和经济学基础。

具体而言，该书的六章按照如下顺序展开：

第一章讨论私法学与哲学和经济学之间的基本关系，尤其是描述私法学在哪些方面、在何种程度上与个人主义哲学和经济学之间发生了联系；私法学家在认识和接受哲学和经济学知识（尤其是经济学知识）过程中，是否还同时受到一些意识形态论和道德论的影响；意识形态论和道德论在什么程度上阻碍或者加速了法学家对经济学知识的接受。该章通过它们与法学、哲学、经济学和意识形态、道德伦理之间的历史交融谱系作简要梳理，以明确本研究论题展开的基本语境。

第二章对中国私法学曾零散地或系统地接受的个人主义认识论和方法论予以再现，以若干具体命题的形式分别介绍，以进一步明确本研究所讨论的主要对象。不同中国私法学者在对个人主义的接受程度上存在差异。但个人主义旗下的各具体命题之间具有互相联系、互相强化的效果。对这些命题作一体化观察有利于我们更准确地认识和评论个人主义认识论和方法论。

在介绍个人主义旗下的各命题之后，第三章尝试对个人主义和曾被其推倒的整体主义作一次全面批判和检视，尤其是对个人主义旗下的各项主要命题予以逐一辨识。本章认为，个人主义认识论和方法论下的诸多命题仍然是智识分子追求（或者说幻想）绝对知识的结果。论者忽视了知识的相对条件性和变动性，采用了一种线性的历史观，认为有一些先天存在的本质规律支配着人类的行为和社会的发展，当然包括人类逐利行为和社会经济发展。这些规律只容得我们去发现和遵守，不容得人类根据自己意识去设计或改变。受此影响，个人主义论者在观察社会现实生活和阅读相关经典学说时，表现出了明显的个人主义偏见，对那些直接挑战其学说的事实和学说视而不见。例如，论者为了阐明“社会自发进化的结果要比有意追求的变化好”这一观点，仅以“全盘中央计划型经济形态面临的困境”作为观察“有意识追求之变化”的唯一蓝本，但完全忽视了同时期其他国家和地区的实践。而后者经济飞速发展的一个关键因素就是政府的积极组织行为。这些政府根据本国在特定时期的生产要素禀赋和比较优势，设计当前条件所能承载的技术提升计划和产业发展方向，诱导资本和劳动力积极参与这些方向的合作生产，进而比较稳定地提高国民生产能力和收入水平。

第四章从驳论转向立论，重新讨论人类社会发展的基本属性。如前述，个人主义的一项核心命题是：社会应当是自发进化的，而不应当是人为设计和建构的。简单地说，人类社会自发进化的结果要比有意追求的变化好。个人主义论者提出该命题的一个主要论据就是他们认为是自发进化而成的资本主义国家与中央计划型社会主义国家在促进人类生存与繁衍上的重大效果差异。本研究部分认同这一对比观察。但是，本研究同时认为，个人主义论者未能准确观察经济发达国家和地区的实践经验，忽视了这些所谓资本主义社会阵营内部的多样性差异，忽视了这些社会发展过程中的明显人为建构（而非自发进化）痕迹。尤其是，个人主义论者对资本主义国家与中央计划型社会主义国家这两类形态之外的其他民族国家多样化实践视而不见，未能充分认识到那些广泛存在的人为建构社会的成功案例。本研究的一个核心观点是，无论是对于社会个体的主观价值，还是对于社会发展方向，人类既有不可知的一面，也有可知的一面。而可知的一面并不是像个人主义论者说得那样微弱。相反，人类社会经济实践经验表明，正是基于对他人主观价值追求的预判和对社会未来发展方向的广泛准确预期，我们人为设计和建构了身处的社会，并播下了成功的种子。可以说，问题的关键不在于，到底是我们知道的多还是不知道的多。关键在于，我们要清楚、坦诚地意识到，我们已经知道什么，我们不知道什么，我们将可能知道什么。借此，我们才能比较准确地预期和建构未来生活。

此外，本章还对斯密的《国富论》和达尔文的《物种起源》作了重新阅读，以详细呈现个人主义论者的偏见式阅读。

第五章从第四章的观察出发，讨论了我们人为建构人类社会的多样化可能，尤其是广泛促进社会个体之间的合作的可能。本章认为，当我们跳出个人主义提出的社会自发进化论、充分认识到人类社会的后天建构属性之后，我们将更深刻地认识社会个体之间的共同合作问题，包括社会合作的重要意义，社会合作的广度和深度，社会合作的实现方式、实现障碍和应对策略等被个人主义私法学说所忽视的重大问题。

本章提出，如果我们相信人类具备设计和建构个人社会生活和社会发展的能力，那么，在高度异质的个人主义和高度同质的整体主义之间，一定还有多种其他社会组织模式有待人类去开发和追求。或者说，人类正在不断地实践着多元化的社会组织模式，但观察者很可能因受绝对知识和本质主义的思想强制而对它们漠然不知。

在个人主义哲学所描述的高度异质、陌生世界中，立法对共同体（共性）的强调通常会损害个体（个性），因为个体主观目的之间的共性十分稀薄。然而，事实并非如此。社会个体之间除持有各种异质的主观目的外，总是在不同内容、范围和程度上分享着相同或相似的主观目的和利益追求（包括人格尊严、心灵自由、衣食富足和精神愉悦等基本的价值偏好）。且它们通常需要经由共同合作来实现。对共同体合作的强调非但不会损害个体之个性，反而会通过合作更好地满足个体主观目的的实现，促进个体（个性）与共同体（共性）的同步实现。

在此基础上，本研究尝试对传统私法学的观察视角做一个转换，从以静态权利保护为中心的观察转向对动态的私人社会合作的观察。通过这一转换，本研究尝试呈现出一幅更有活力和生气的新私法图景。有鉴于此，本研究倡导私法学在观念上重拾人类社会的合作面向，从个人主义走向合作主义。

第六章具体讨论了人类社会合作的实现方式、实现障碍和治理方案问题。个人主义因为没有重视人类社会的合作面向，也就没有看到社会个体之间共同合作的广度、深度和难度。本章尝试对此专门观察。个人主义论者认为，自利理性的个人能够在一个完全市场条件下充分展开社会合作，发挥人类社会合作的潜能。本研究观察认为，即便是在一个完全市场条件下（个人理性、竞争充分、信息完全），社会个体利益与社会整体利益之间常常发生分歧，面临“理性的个人、非理性的社会”这一被个人主义论者忽略的现象。而导致这一现象的正是社会个体之间的理性自利行为，这些行为阻碍了可能使各方受益的共同合作行动。制度经济学家通常用社会交易成本来解释前述社会合作困难。

虽然现实中社会个体并非都是符合利益最大化倾向的，在不同程度上表现出了利他主义、互惠等引起自发合作的社会偏好，但是，现实生活经验表明，社会个体的自利倾向给社会合作造成的困难是普遍存在的，且在总体上与可合作个体之数量规模存在比较重要的联系。潜在共同体的规模越大，自发合作越困难。尤其是，中国早就脱离了斯密描述的简单商品经济时代，社会生产、交易和居住方式发生了结构性变迁。社会个体需要与更大规模的社会群体，在更多的内容上，开展更深入的合作，借合作追求共同主观目的普遍实现。这进一步加剧了社会自发合作困难的发生频率和强度。

基于这一观察，该书继续讨论了治理社会自发合作困难的可能方案，包括自由市场、网络平台企业组织和政府介入等多种选择。最后，该书就政府介入中的政府失灵问题做了初步讨论。

7. 迈向合作主义的中国私法学

在《私法的基础：从个人主义走向合作主义》的学术旅程中，笔者对“从个人主义走向合作主义”一般私法理论做了较为系统的阐述。当我们从合作的视角来观察私人之间的社会交往和法律规则时，我们不仅有机会观察到私人之间的广泛、多层次合作前景，而且，更重要的是，有机会去认识私人之间通过自发合作来实现这些前景的可能性及其障碍，并对相应的私法制度进行设计和调试，以尽可能地激励和引导私人之间开展高水平的合作与共赢。

在合作主义私法观念的指导性，私法的学说建构和制度设计不能简单地停留在“私人权利的静态享有和保护上”，也尽可能地避免诉诸“维护公共利益”“尊重习俗道德”等比较抽象甚至空洞的词汇来概括和呈现对问题的观察。相反，我们需要深入到诸多私法问题的具体语境，去细致地观察私人权利和利益的动态发生过程、实现障碍和通过制度设计方案来提升的可能性。如笔者在《私法的基础：从个人主义走向合作主义》一书中反复阐述的那样，这样的私法制度设计工作，不是脱离社会现实生活的运行规律的艺术创作（可以随心所欲），而是需要基于对人的行为规律和社会组织规律的细致了解基础上的有的放矢；不是基于某种先定的元知识（meta-knowledge）而展开的概念逻辑推理，而是在理解和坚持知识的条件性的基础上，不断更新和改进我们的知识库，从而为私法制度的设计和更新提供实时可靠的知识基础；不是去寻觅一种没有瑕疵的最优制度方案，而是在充分构想多元可能的制度备选方案的基础上，系统评估和比较不同方案的优劣，并据此作出有意义的选择。

也正是在这个意义上，笔者所提出和倡导的合作主义私法理论不应该局限于理论层面的一般表达，而需要在实践问题中去展现其对现实生活的解释力和指导力。好的理论需要经得起实践问题（特别是疑难问题）的“压力测试”。基于这样的思路，在《私法的基础：从个人主义走向合作主义》一书出版前后，笔者也尝试在具体的民事法律制度场景中开展这方面的研究，对该书提出和阐释的“合作主义”私法学说进行压力测试。这些场景涉及财产权、合同交易、网络平台、侵权责任和民事争议解决等多方面的具体制度问题，有助于更细致地呈现如何在私法学的具体场景中展开和践行合作主义私法观。

在这期间，笔者也曾在《中国法学》《中外法学》《清华法学》《制度经济学研究》《人大法律评论》等期刊上发表部分研究。其中，部分成果或者被《人大报刊复印资料》《社会科学文摘》等杂志转载，或者被 *Contemporary Social Sciences* 杂志全文翻译成英文转载。发表在《中国法学》2018 年第 6 期的《中国民法学的效率意识》一文，不仅获得中文转载和全文英文翻译转载，而且还获得了 2019 年中国民法学研究会颁发的“佟柔民商法发展基金青年优秀研究成果奖”。另有部分成果也得到了各级司法机关的关注和参阅，对司法实践提供了一定的理论参考。笔者也希望，这方面的研究在未来能够更好地推进制度实践和学说建构理论水平的提升。

很高兴现在有机会将这些场景化的研究整理成书出版，以希望更细致地呈现合作主义私法理论将如何有助于私法制度的设计和私人社会交往水平和质量的提升，以及在一般意义上如何迈向合作主义的私法学。

具体而言，本书的五章将按照如下顺序展开：

第一章将围绕财产法领域中的“财产权的设定与分割”问题，讨论有意建构的财产权制度是如何影响人与人之间在财产生产、发现和流通方面的合作的。本章先讨论有意建构的物权制度设计可以在哪些方面对促进人际财产的分配、生产、利用和交易作出贡献，然后分别就物权的设定、分割、取得与流转中的多个具体场景予以细致分析，以呈现合作主义私法哲学观念下的物权制度安排及其社会效果。

第二章转入合同法，就中国民法典编纂过程中的“违约方的合同解除权”问题进行评论，这样一种表面上看起来不符合传统道德观的制度是如何影响合同当事人之间的积极合作的予以细致分析。本章阐明，由于我国法律学术同行在继受比较法律学说和理论时出现了重大的理解偏差，进一步加重了从道德层面来评判“违约方解除权”问题的民法学术同行对这一具体问题的误判。这些都在不同程度上阻碍了民法学术同行深入交易场景，细致地认识私人之间达成更有效率、更有利于各方当事人利益的合同安排的前景；当然也在过往的一段时间内阻碍了民法学术同行去构想一套能够帮助实现对各方当事人都有利的“违约方解除权制度”。

第三章[①]聚焦于网络平台领域的“通讯录数据的权属配置”问题，讨论如何分配通讯录数据上的权属才能更好地促进用户群

① 本章内容以《通讯录数据中的社会关系资本——数据要素产权配置的研究范式》一文为基础（《中国法律评论》2020 年第 2 期，与包晓丽博士合作完成）。感谢包晓丽博士授权笔者在本书中刊用本文。

体与平台之间、平台与平台之间互动与合作。本章致力于说明，对于平台用户的通讯录数据这类特殊财产，我们既无法通过个人主义私法观下的财产权制度（物权、合同）对其予以有效描述，难以就数据财产上的权属做出一次性明确分配；又无法通过或有或无的方式来分配这宗数据财产上的权属。相反，我们需要从促进用户群体与平台之间的持续良性合作的视角，采用一种开放的权利束观念来描述数据上的财产权配置，并在用户的一些数据积极利用需求上采取“强制许可使用＋公平定价”的方式来协同实现用户群体与平台之间的利益诉求。

第四章进入侵权责任法，探究惩罚性赔偿中的“知假买假”问题，呈现与“知假买假”有关的多方面制度安排，将如何影响消费者群体、知假买假人与不同类型的商家之间的交往与合作的。本章希望通过这一个范例去展示，如何通过精细化的制度设计来引导知假买假人的行为，发挥他们的正能量、抑制他们的副作用，从而利用这样一股力量减少违法生产经营行为给消费者群体的既有利益的损害。

第五章[①]从民事实体法转入民事程序法，尝试更系统地揭示被各种司法修辞所掩盖的诉讼效益理念和背后的私人合作机制问题，特别是以当事人诉讼动力的调节机制为中心，讨论如何通过控制诉讼量来提高诉讼效益，促进私人之间的合作。本章先提出

① 本章内容以《诉讼效益的经济分析框架——以当事人诉讼动力的调节机制为中心》一文为基础（《制度经济学研究》2015 年第 1 期，与周院生博士合作完成）。感谢周院生博士授权笔者在本书中刊用本文。

一个系统的民事诉讼之效益和利益关系当事人之合作的分析框架，比较诉讼与非诉纠纷解决机制的社会效益差异；然后在此基础上讨论“诉讼动力过剩”和“诉讼动力不足”两类现象的系统性应对策略，以提高诉讼活动的个人合作促进效果。

1 财产法：权利设定与分割中的私人合作

在个人主义私法哲学的认识论和方法论世界中，自发的社会秩序比有意识设计的秩序要好，因为习俗和道德规范是经过时间洗礼的社会组织规则，比人为设计的社会规范的社会合作促进效果更好。具体到物权法领域（或者说一个更为宽泛的财产法领域），个人主义私法哲学特别强调对个人既有物权的尊重。这种尊重不仅表现为免予被他人侵犯，还表现为转让和处分上的自由。这些主张当然十分重要，是建立和维系社会秩序的基础性要求。

然而，第一个方面，一个民事主体并不是从一开始就天然取得财产和财产权的。就财产本身而言，对于那些天然而生的财产（如土地、矿石、泉水、原始森林和野生动植物），面对多方当事人的利用诉求和主张，自发形成的社会合作秩序常常带来的是“公地悲剧”。可以说，无论是“要不要在天然财产”上设立财产权制度，或者设立一种什么样的财产权制度，自发形成的社会秩序（习俗也好，道德也罢）常常并不能促成对财产的高效合作利用。诸如自然权利论等带有浓厚自发秩序理论色彩的看法，难以很好地解释人类社会的各种财产权制度安排。

相反，一套经过理性分析和设计的初始财产制度安排，既可能提高财产的利用效率，也可能增加财产分配的社会公平性。第二个方面，对于那些需要经过人类的后天努力加以改造或者创造的财产（如房屋、道路、汽车、家电和粮食），人们在自发的秩序中能否实现规模化生产和经营，以及能否为规模化生产经营活动供给必要的基础设施，都是难以通过简单地诉争自发的道德伦理规范来解决的。第三个方面，一个民事主体在对既有财产进行利用和对外交易过程中，在不少情形会对他人或者交易相对人以外的第三人或者一般社会公众产生影响，或者说具有明显的外部性。在自发的秩序中，当事人自己是否会将此种负外部性计入自己的交易成本中，常常是一个不小的问题。在此意义上，通过法律制度安排来主动考虑和处理此种外部性（尤其是负外部性），是有效协调个人财产权行使与外部当事人或者公众之利益的重要方式。

习俗和道德这类通过缓慢的社会教化形成的社会规范在稳定的社会结构中的确具有良好的社会调节作用，毕竟，通过长时间教化（teaching）而形成的道德观念和法律学说反映了人们（特别是法律人）的生活经验积累，其背后所对应的社会行为规范和组织方式很可能是一种经济的做法。但是，在社会生产和交易结构快速变迁的社会，习俗道德这类教化规则并不可靠。相反，用在缓慢的历史进程中形成的教化规范来调整社会生活将造成适得其反的效果，在不同程度上阻碍人与人之间的高效合作交往。反过来，当我们认识到习俗道德这类教化性社会规范与理性分析的结果差异时，[①]我们能够在针对物权法律制度开展规范层面的分析时，对相关制度安排在促进人际社会合作上的有效性予以有意识的关注和评估，从而选择那些更有助于促进人际社会合作的物权立法或者解释方案。

为此，本章后文先讨论有意识地物权制度设计可以在哪些方面对促进人际财产的分配、生产、利用和交易作出贡献，然后分别就物权的设定、分割、取得与流转中的多个具体场景予以细致分析，以呈现合作主义私法哲学观念下的物权制度安排及其社会效果。

1.1 财产制度的合作促进面向

从表面上看，物权反映的是人对物的支配关系。但实际上，人对物的支配关系在本质上反映的是人对人的支配关系，因为一个人对特定财产的支配力就排除其他人支配该财产的可能性。[②]因此，可以说，物权是社会人际关系的一种体现。民事法律在规定物权的基本形态、社会分配和行使方式的同时，也限定了人与人之间的社会关系。在《物权法》和《民法典》出台之初，大量法律同行习惯性地将其解读为一部“权利宣言”。这一观察并没有错，但同时需要注意的是，这些民事法律在赋予一些人财产权

① 熊丙万、周院生：《国家立法中的道德观念与社会福利》，载《法制日报》2014年1月1日，第3版。

② Joseph William Singer, *Property Law: Rules, Policies, and Practices*, 5th Edition, a Guide to the Book, Wolters Kluwer, 2010.

的同时，不仅限定了其他社会同伴的权利边界，而且也限定了权利人自身的权利边界。法律在设定物权人及其社会同伴之间的权利边界时，除了在结果意义上通过确权来为人们提供稳定的产权预期之外，还需要在划定“权利边界”时考虑“如何划界”才有助于促进人际合作，激励人们更有效地创设和利用财产。在这个意义上，我们不仅能够更好地理解为什么一些物权制度被广为接受，另一些物权制度被摒弃；而且还有助于更好地面向未来的制度安排和设计。

关于财产权制度正当性的讨论由来已久。哲学家、法学家和经济学家都曾尝试从不同角度回答这样一个问题：人类社会为什么需要财产权的存在？特别是，个人私有财产权存在的必要性为何？对这一问题的回答不仅具有哲学思辨意义，而且将对具体财产权制度的建构取向有着重要的影响。特别是，不同财产权正当性观念视角下的财产权制度安排，将对社会财产的合作创造与利用产生直接的影响。其中，人格论、自然权利论和经济论解释最值得关注。

1.1.1 财产权的人格论与自然权利论

无论是在东方世界还是在西方世界，人格论都曾广为流传，认为享有一定的财产权是人格得以存续的基础条件。只不过，在不同的哲学思想中，财产权对人格的具体影响方式不同而已。在东方世界，孟子曾说，“民之为道也，有恒产者有恒心，无恒产者无恒心。苟无恒心，放僻邪侈，无不为已，及陷乎罪，然后从而刑之，是罔民也”。在孟子看来，财产是人的安身立命和安居乐业之本，是人格完整和人格存续之基。没有稳定财产的人，则容易放纵自己，选择邪恶之道，从而失去健全的人格。在西方世界，人格论同样存在。黑格尔也曾作出类似于“无财产即无人格”的论断，认为拥有一定财产是人格得以存续的必要前提。在黑格尔的哲学世界里，人格（特别是人格自由）总需要由外在的东西（特别是财产）来承载和表达。财产是人格的载体。失去了对一定外在财产的占有，人格（特别是人的内在思想和意志）就无从谈起了。[①]

在西方世界，我们还能看到从自然权利视角作出的回答。例如，在追问“为什么要让每个人都拥有一定财产”时，英国哲学家洛克就认为，赋予每个人一定财产权利的做法是符合自然要求的。就先天存在的财产而言（如土地和土地上自然产生的果实、野兽），上帝在创造人类的同时就已经将它们赐予人类享用，以便于人类能够便捷、幸福地生活。而要让每个人真正受益于上帝的恩赐，从财产上获得实际好处，就需要以某种方式将一些财产划归私人所有。[②]就人类后天经劳动创造的财产而言，由于每个人对其躯体享有所有权，所以，其从事的劳动无可争议地归属于其自身，而经劳动创造的成果（财产）也当然归其所有。[③]

---

① See *Hegel's Philosophy of Rights*, translated with notes by T.M. Knox, 1st ed., Oxford at The Clarendon Press 1952, pp. 40–46.

② 除了从神学方面论证财产的正当性之外，洛克还认为：根据自然理性，人类维系生存的权利是与生俱来的，包括享用肉食、饮料以及自然所供应的以维系人类生存的其他物品。See John Lock, *Two Treaties of Government*, Book Ⅱ, Chap. Ⅴ, §§25, 26.

③ John Lock, *Two Treaties of Government*, Book Ⅱ, Chap. Ⅴ, §27.

无论是人格论，还是自然权利论，他们关于财产权正当性问题的回答，都在不同程度上反映了人类在特殊时空背景下对财产权（特别是私有财产权）的认知态度。这两种回答可以对有限的社会现象作出一定的解释，但其解释力却面临明显的缺陷。以孟子的人格论为例，的确有人因为财产匮乏而走上邪恶之道（如盗窃、抢劫），进而表现为道德品行和人格的缺陷。但古今中外都传唱着大量人穷志不穷的故事，说明一个人的财产拥有量与人格完整、人格存续之间的实际相关性远没有达到“无财产即无人格”的程度。再如洛克的自然权利论，其将财产权的正当性归结为某种超越人类意志的抽象概念，并面临以抽象概念证明抽象概念的无穷递归的认知风险。事实上，这些抽象的概念既无法被感知和认识，又无法被检验，更难以成为评判具体财产权争议的有效标准。

这里并不打算对人格论和自然权利论这两种看法展开全面的评论。但值得注意的是，“可以解释现象的理论，必然有被事实推翻的可能”。那些不可能错的“理论”，因为不可能被事实推翻，既不能证明也不能证伪，是缺乏解释力的。[①] 在这一层意义上，功利主义哲学及福利经济学提供了更好的解释方案，能让我们对“为什么要有财产权”有更切身和更深刻的认识，特别是能够帮助我们从人际社会合作的视角去理解财产权的意义。

---

① 张五常：《经济学解释（卷一）》，神州增订版，中信出版社2010年版，第50页。

1.1.2 财产权的社会合作面向

与人格论、自然权利论不同，功利主义哲学既不将财产视为承载人格的工具，又不依赖于那些虚幻的概念。相反，功利主义诉诸人类追求效率、增进社会福利的朴实心理，从那些能够为人类切身感知的视角去寻找，去追问“财产权的存在”能够给人类的现实生活带来哪些看得见摸得着的好处。在功利主义哲学世界里，法律之所以承认和保护各种财产权，是因为这样能够激励人们去更有效地利用和创造物质财富，从而增进人类的社会福利，让人类的生存和发展变得更美好。

人类发展史就是一部不断追求和提高社会组织（生活）效率的历史。从茹毛饮血到刀耕火种，到工业化大生产，再到数字信息时代，无不体现了人类追求效率、增进社会福利的朴实心理。我们的先辈早就观察到，人有强烈的“趋利避害”行为倾向。“人君有好恶……好恶者赏罚之本也。夫人情好爵禄而恶刑罚。”[①]“天下熙熙，皆为利来；天下攘攘，皆为利往。”[②] 当然，“利”并不能简单地与贬义的“自私自利”画等号。其可以指代一切个人所在乎的东西，除物质利益外，还包括因助人为乐而收获的精神满足感等各种非物质利益。这些东西在经济学上被称作福利。

经济学尤其是福利经济学，正是建立在这一人性观察基础之上的。其以个体的“趋利避害”秉性为出发点，即在特定财产法

---

① 《商君书·错法》。

② （汉）司马迁：《货殖列传》。

律制度背景下（无论是“法律保护财产权”，还是“不保护财产权”），个人通常能够对其行为将要引发的“利”与“害”作出事前预测，并据此决定其行为方式（即如何对待财产），以尽量得到最大化的福利。而一个社会个体在最大限度地追求自身利益的同时，财产权的承认又不至于影响到其他社会同伴对自身利益的协同追求，或者说，法律承认财产权能够从多个维度让广大社会个体的利益能够得到协同实现。

但常常被人们所忽视的是，一个国家在法律上承认和保护财产权，不能是一纸空头支票，而是需要一套强有力的法律实施机制。法律的实施当然是有成本的，需要通过广大公民的纳税来维持。在这个宏观层面，当我们一起向政府纳税时，就是在开展一次广泛的社会合作，即通过纳税来共同建构和维系一套财产权实施机制，可以放心地生产和交易财产，并在各种微观层面开展更直接的人际合作，增进相互之间的社会福利。

1. 有助于减少产权纷争，降低财产守护成本。法律对财产权的承认和保护是以国家强制力为后盾的。一旦特定财产的权属通过法律加以明确，那么，那些侵犯财产权的行为将受到法律的制裁。如果没有法律对财产权的明确界定和有力保护，那么将从两个方面引发实质性社会成本。一方面，人们为了争夺更多的财产很容易陷入财产纷争，但“纷争”本身耗时耗力却不能增进财产的价值，是一种社会资源的浪费。另一方面，人们为了守护已经取得的财产，需要由其个人分别投入人力物力，防止已取得的财产被他人侵夺；其他人在有机可乘时，也会付出人力物力去争夺。但无论如何，既有财产的总量是一定的，前述社会成本非但无助于改进既有财产状况，反而可能导致既有财产价值的贬损。

在一个理想的环境中，每一次侵犯他人财产的行为都被国家发现和制裁。但这种理想状态不仅不现实，而且实现的成本将高得使社会难以承受。因此，国家公权力机关（包括公、检、法）总是在一定程度上实现对公民财产权的保护。不过，这并不影响上述关于社会合作成本观察的适用性。因为，从总体上看，国家对财产权保护得越严格，前述合作成本越低。反之亦然。例如，在北京的主城区，社会治安条件好，小区业主安装防盗窗的比例较低。但越是城郊的小区，业主安装防盗窗的比例越高。而防盗窗本身不仅有成本，而且会实质性阻挡房屋内的视线，有损小区的容貌，贬低房屋的市场价值，甚至还可能成为紧急情况下安全逃生和救助的物理障碍。同理，物业管理越严格的小区，防盗窗越少，反之亦然。再如，社会治安越差的地方（盗窃越多），对游客和投资者的吸引力越低，地方经济发展速度越慢。

当然，在这一点上，个人主义私法哲学与本文所主张的合作主义私法哲学并无本质的分歧。即便是个人主义私法哲学，也不得不承认和强调国家法律实施机制（特别是产权执行机制）这种非自发的社会秩序。只不过，一方面，这种机制具有明显的后天建构色彩，而不是天然的。另一方面，个人主义私法哲学常常忽视这样一个问题，一个国家的产权执行法律机制在稳定性和强度上也存在差异。这种差异性，在很大程度上与后天的人为努力有关，而不能简单地归结为一种自发秩序。

2. 有助于财产得到及时修缮和维护。当特定财产上的权益专属于某个人时，财产权人就有动力去积极地修缮和维护该财产，尽量使该财产免予各种自然风险和人为风险。在农村，农田承包经营户会定期修筑田埂，以防水土流失，影响来年耕种；房屋所有人会在雨季之前检修房顶、疏通檐沟、加固路基和边坡，以防漏雨、灌水、塌陷或滑坡等自然风险。在城市，机动车所有人会及时检修、保养机车，以尽量延长汽车寿命、保证驾驶安全；电脑所有人通常会在购置电脑之后及时安装杀毒软件，防止电脑运行故障。总之，对于可持续利用的财产，只要修缮和维护该财产的成本低于财产权人未来获得的收益，其就有及时修缮和维护的动力。

相反，在财产权的主体缺位或者模糊时，即便有人可以利用该财产并得到利益，但其仍然缺乏去修缮和维护该财产的动力，或者其愿意付出的修缮和维护成本远不及社会最优水平。因为其缺乏对未来收益的预期，没有一个合作机制能够保证其可以排他性地控制和享有修缮和维护之后的财产。目前，全国不少地方城郊和农村都有历史遗留下来的古建筑，其中不少兼具使用价值和观赏价值。然而，这些建筑名义上归国家所有却没有政府能够代表国家予以有效管理；附近的居民或村民也因缺乏所有权而失去管理和维护这些建筑的动力。结果便是，这些古建筑正不断地被风蚀和消失。因此，在这个意义上，的确如个人主义私法哲学所言，法律充分承认和保护个人的财产权，就能够有效地激励个体去及时修缮和维护财产。

3. 有助于财产得到可持续性利用。对于天然畜牧场、渔业场等大自然馈赠给人类的资源来说，如果使用者过度放牧或者捕捞，它们则会失去周期性重复生产的基础，无法持续性地增进人类的福祉。关于这一问题的著名观察，莫过于哈丁于 1968 年发表的《公地的悲剧》一文。[①] 哈丁假设，有一个向所有牧民开放的牧场（水草肥美），供牧民们自由放牧，对牧民养殖的牲口的数量不设任何限制。那么，牧民们一般都会尽量增加其牲口的数量，以最大限度地增加自己的财产和收入。即便如此，在相当长的历史时间内，由于部落战争、非法盗猎和疾病传播等原因，牧场上的人口和牲口数量都是比较有限的，尚在牧场的自然承载能力范围之内。在这一时期，即便牧场之上没有任何财产权，或者牧场在名义上归整个部落或者王侯所有，都不会影响牧场持续性地供给优质牧草。然而，一旦这些部落进入稳定发展时期，则人口和牲口的数量都会稳步增加。即便这样最终会超出牧场的负载能力，使得牧草失去周期性重复生长的基础，牧民也并不会主动控制牲口的数量。因为对牧民个体来说，短期内增加一头牲口是有利于提高其个体利益的。但随着牲口数量的进一步增加，牧场就会因为过度放牧失去可持续发展能力，导致牧群最后无草可吃。竭泽而渔的问题，大抵也是同样的道理。

导致这类公地悲剧的主要原因就在于牧场之上的财产权的缺

① Garrett Hardin, *The Tragedy of the Commons*, *Science*, 162（1968）: 1243-1248, available online at http://www.constitution.org/cmt/tragcomm.htm（last visited on Oct 22, 2013）.

失。如果将牧场分割成块，分配给每位牧民单独占有和使用（所有或长期租用皆可），那么，他们都将有动力对所占有的那块牧场作长期计划和可持续性利用，控制牧群的规模，防止公地悲剧的发生。不过，（1）将牧场分割给每位牧民单独所有的办法不一定是最有效率的财产权制度安排。例如，若每位牧民分得的地块面积过小，则会影响牧场的规模化利用（如界石等将减少可用牧场面积）和牧民养殖的规模化。对此，有多种解决的可能方案，如将地块及其财产权适度集中，由若干牧民合作共有，则有可能缓解低效率的问题。这还取决于是否有一个高效的公共决策和执行机构。（2）海上渔场等财产因鱼苗的游动性而不具有可分割性，比较好的替代办法是由国家所有，但有序地开放给渔民使用，并制定禁渔期，以实现可持续的合作利用。

但无论如何，这并不影响这里的结论：与没有财产权的状态相比，财产权（无论私有还是公有）的存在有助于实现对财产的可持续性利用。为了促进人与人之间更好地合作利用这些财产，既不能是个人主义私法哲学所主张的那种自发财产秩序，也不能是整体主义所鼓吹的那种完全国家计划经营。能够更有效地促进人与人之间合作利用这些财产的制度，是一种基于鼓励社会个体参与劳动生产，又能够防止个人行动的集体不理性的财产权制度安排。

4. 有助于激励人们去积极劳动或投资。[①] 在前文提到的洛克

① 关于这一点的观察，主要参见 Steven Shavell, *Foundations of Economic Analysis of Law*, the Belknap Press of Harvard University Press, 2004, pp.11–16。

式自然权利论中，个人之所以对劳动成果享有财产权，是因为这是合乎自然要求的。个人主义私法哲学也大抵如此认为。不过，洛克无法回答一个关键问题：一个人为什么要去积极劳动？的确，有人之所以积极劳动，纯粹是出于对劳动本身的直觉性热爱。但可以想象的是，如果法律并不确保每个人对其劳动成果享有财产权，劳动者需要自己保护其劳动成果，那么，人们从事劳动的积极性将大大降低。中外历史都告诉我们，在战火纷飞的年代或者是土匪猖獗的时期，人们劳动生产的积极性和规模大大缩减，主要精力则用于保护既有财产的安全和人身安全，甚至乘机抢夺他人财物。这仍然是因为，在缺乏财产权制度时，个人的劳动成果可能随时被剥夺，劳动与其所得低于劳动付出。①

相反，如果法律严格保护每个人的财产权（特别是劳动所得），那么，只要劳动收入高于劳动成本，人们一般就会有动力去积极劳动，直到成本大于收入。古人说"有恒产者有恒心"，就是这个道理。这不仅有利于实现个人利益的最大化，而且对社会整体利益来说也是最优的。这一观察不仅适用于自给自足的小农经济，对雇佣劳动关系中的劳动者同样适用。只要雇主能够有效监督雇员的劳动贡献，将雇员的劳动表现（是否实现了劳动收益最大化）与劳动报酬挂钩，则同样有可能实现劳动收益的最大

① 奥尔森曾在《权力与繁荣》一书中做过生动的描述，见［美］曼瑟·奥尔森：《权力与繁荣》，苏长和、嵇飞译，上海世纪出版集团2005年版，第一章、第二章。

化。例如，对于便于计件的工种，计件工资制就是比较好的监督办法。不过，在另外一些生产活动中（如农场雇佣劳动），只能采用计时工资制。雇主要么需要付出比较高的监工成本（实时监督），才能实现劳动效率的最优化；要么就面临雇员出工不出力的问题。

在货币成为交易媒介和储存工具之前，人们的劳动生产规模在总体上是有限的，主要用于满足自身的消费需求。但在货币出现之后，人们可以将超出自身消费需要之外的劳动成果以货币形式储存起来，从而实现生产规模、个人财富和社会财富总量的持续增长。而货币的出现，很难简单地归结为某一种自发的社会秩序。很难想象，在一个幅员辽阔的国家，在没有一个强有力政府的信用背书的条件下，统一的货币制度还能够建立和实现。

5. 有助于促进财产的流转和利用。的确，在自发的社会秩序下，也有财产的社会流转。例如，渔夫将其捕捞的产品与农夫生产的粮食进行交换。渔夫获得了谷物，农夫获得了蛋白质，双方的生活境遇都得到了改善。但只有当更广泛的市场出现、货币成为交易媒介时，社会生产才可以发生更细和更专业化的分工。每个人才可以培养并发挥某一方面的专业特长，从事高效的生产，并通过货币与其他产品进行交换。如此，个人利益与社会利益都能够实现更好地增长。不过，广泛的市场能否出现取决于是否有一套以法律背书的合同执行机制，统一货币能否出现同样取决于是否有一套国家背书的信誉机制。这些都不是个人主义私法哲学所主张的自发社会秩序能够供给的。相反，这些有助于促进人际社会合作的机制，具有浓厚的人为设计色彩。正是这些后天建构的制度安排，促成了广泛的市场和统一的货币等更高效的财产流通环境，加速了财产流通的频率和规模。今天，社会信用机制的统一建构，更好地促进了当事人去诚信经营，进一步优化了规模化、高频率交易的制度环境，更好地促进了人与人之间的经济合作。

1.2 财产权的设定

财产权的问题起始于财产权的设定，即为什么要在一些财产上设立权利，而在另一些财产上不设立权利？简要地说，当法律承认和保护财产权带来的好处超过维系财产权法律制度的成本时（建立国家暴力机关，以国家强制力维护财产权的成本是十分高昂的），才有必要设立财产权。[①] 换言之，当建立财产权制度有利于促使人与人之间更好地生产和利用相应财产时，就有必要在法律上承认和保护财产权。在这个问题上，我们同样可以认识到，是否需要设置财产权，背后有着浓厚的社会建构色彩，而不同于个人主义私法哲学所倡导的自发秩序。

1.2.1 财产权的设立条件

今天，除日常生产和生活工具上都有财产权外，绝大多数国

① Steven Shavell, *Foundations of Economic Analysis of Law*, the Belknap Press of Harvard University Press, 2004, p.23.

家还在矿藏、水流、海域、森林、山岭、草原、荒地、滩涂、野生动植物和无线电频谱等自然资源之上设定了财产权。无论权利人的性质（国家、集体或者私人）①，都有主体对这些财产享有排他性的财产权。但可以肯定的是，这些财产权经历了一个从无到有或从弱到强的不断建构过程。事实上，由法律和国家强制力保护财产权的现象并非自古有之；即便在法律和国家强制出现之后，并非所有财产之上都被设定了财产权。

至少在三类条件下，是没有必要在法律层面确认财产权的，否则会得不偿失：

一是财产不具有稀缺性，远远超过人们的实际需求，如空气、海水等。在此情形，国家设置财产权并建立法律执行机构非但不会增进社会财富和公民福利，反而是对公共财政的浪费。例如，中国科学院院士蒋有绪于 2008 年“呼吁政府应对排放二氧化碳的企业征收生态税，对于一般的市民，则可让他们每个月购买 20 元钱的生态基金。他表示市民作为地球上二氧化碳的排放

① 在中国，这些自然资源的财产权基本上归属于国家或集体，除非私人依照法律程序取得部分财产权。我国《民法典》物权编关于这方面的规定有：第 246 条：法律规定属于国家所有的财产，属于国家所有即全民所有。国有财产由国务院代表国家行使所有权。法律另有规定的，依照其规定。第 247 条：矿藏、水流、海域属于国家所有。第 249 条：城市的土地，属于国家所有。法律规定属于国家所有的农村和城市郊区的土地，属于国家所有。第 250 条：森林、山岭、草原、荒地、滩涂等自然资源，属于国家所有，但是法律规定属于集体所有的除外。第 251 条：法律规定属于国家所有的野生动植物资源，属于国家所有。第 252 条：无线电频谱资源属于国家所有。第 253 条：法律规定属于国家所有的文物，属于国家所有。

者，应该为节能减排付出代价”[①]。对普通市民的征税建议也被称为“呼吸税”。蒋院士的出发点无疑是好的，对排污企业征收生态税也是一个值得考虑和讨论的控污方案。但其关于向普通公民征收“呼吸税”的建议是没有经济学依据的。从事实上看，在整个生态系统中，人类呼吸排放的二氧化碳并非当前空气污染的主要原因。从财产权本质上看，所谓的呼吸税实际上是在空气上设立财产权，让每个人为呼吸的空气付费。但我们看不出这样的财产权有什么经济上的正当性。相反，其会无谓地增加税收系统运营成本和普通老百姓的生活负担。

二是财产过于稀缺，只能满足人类的基本生存需求和再生产需要，而没有剩余产品。恩格斯曾在《家庭、私有制和国家的起源》中对这一点作了深刻地观察。当人类生产水平比较低的时候（如原始社会），劳动成果甚至连基本的生存都无法满足。如果有人希望从他人手中掠夺财产，就直接构成对他人生命的威胁和侵犯，很可能会引发赤裸裸的搏斗。且这种野蛮的情况也时有发生。[②]

三是财产虽具有稀缺性且有剩余，但人类尚不具备足够的探测、开发或者采集能力。例如，在沙漠地带，自然降水无疑是稀缺资源且有剩余的，但大漠人并不具备收集和储存自然降水的技术和能力。

---

① 见百度百科词条“呼吸税”，http://baike.baidu.com/view/2011801.htm?fr=aladdin，最后访问日期：2014 年 10 月 25 日。

② 参见［德］恩格斯：《家庭、私有制和国家的起源》，人民出版社 2003 年版，第 160–161 页。

在前述条件得以改变之前，即便财产有价值，在法律上也没有设立财产权的必要。因为在这些场景设置财产权，不仅会浪费有限的公共资源，而且对促进人际之间的财产生产和交易活动并没有实质性的帮助。

1.2.2 财产权的建构场景

不过，社会条件总是处于不停的变动中，只是速度或快或慢而已。当这种变化发生到一定程度时（财产既有稀缺性且还有剩余时），财产权的产生就显得很有必要，国家有必要在法律层面上建构有助于人际合作生产和利用财产的制度安排。设置和保护一定形态财产权的社会成本可以换得对财产更有效率的利用，且后者超过前者。反之，那些违背这一基本经济规律的做法，简单地主张通过自发的社会秩序来维系社会财产的生产和利用，很可能走入死胡同。下面举三个实例来说明这一点。

1. 私有财产权的出现、消灭与重生。按照恩格斯的历史考察，社会大分工的出现是人类提高生产力并脱离原始社会的关键环节。从那个时候开始，剩余财产和私有财产权都相继开始出现。在不同的历史时期和地域，私有财产权的主体可能存在比较大的差别，如个人、家庭或小规模宗族；国家的税收负担也可能存在差异。但无论如何，生产者总是对剩余财产享有很高程度的控制权，努力劳动和生产（包括不断改进生产工具和生产力水平）总体上是有利于实现其利益最大化的。可以说，私有财产权的出现是社会财富积累和社会生产力进步的重要原因。

反之，如果私有财产权在总体上被否定，或者私有财产权得不到强有力的保护，人们就会因为难以控制剩余财产而减少或停止生产。

例如，受僵化意识形态的影响，新中国成立以后曾多次推行“一大二公”的财产政策，完全否定私有财产权，大规模没收私有企业财产，转而推行中央计划、人民公社和集体劳作制度。而中国计划经济的实践深刻地说明，否定私有财产权不仅使得农业生产走入死胡同，而且私营企业及其创造力和生产力也随之消失。改革开放之后，我国开始认识到忽视经济规律的巨大代价，逐步认可并鼓励私有企业在国民经济生活中的重要作用，并在 40 多年之后取得了举世瞩目的经济成就（注意，私有财产权的重要性并不必然否定公有财产权的价值）。

如前所述，在这个意义上，个人主义私法哲学强调和主张对私有财产权的承认和保护是正确的，是有助于保护和鼓励私人参与社会财富的生产和交换的。在这个意义上，个人主义私法哲学与合作主义私法哲学取向一致。

2. 自然保护区的出现。在相当长的历史时期，中国的森林、野生动植物都远远超过了人们的生产和生活需求，不具有稀缺性。人们可以按需砍伐林木、猎杀野生动物、采集野生植物。但新中国成立以后，中国人口曾一度按几何数量增长，催生了大规模的工业化和城市化进程。人们对生活水平和生活品位的要求也日益提升。相应地，中国人对自然资源产生了前所未有的需求，诱使人们去大规模地开采矿藏、砍伐林木、捕猎野生动物、采集野生植物，最后导致一些珍贵动植物的生存环境遭到重大破坏，濒临灭绝。在个人主义私法哲学所主张的自发社会秩序中，前文关于公地悲剧的原因分析在这里也同样适用。对个人来说，砍伐和捕猎得越多，其个人利益就越大。但这对社会整体来说却是一个悲剧，且最终将损害个人或者其下一代的利益。这也就解释了国家为什么要建立自然保护区，将这里的自然资源所有权归属于国家，由专门的管委会对其进行严格的保护。

3. 无线电频谱财产权的出现。无论是 2007 年的《物权法》还是 2020 年的《民法典》，都规定，“无线电频谱资源属于国家所有”。而之前的 1982 年《宪法》和 1986 年《民法通则》① 均没有在无线电频谱之上设定财产权。这一立法变化也反映了我国的广播和无线电通信技术的发展水平。在无线电通信技术被广泛应用之前，无线电频谱并不具有稀缺性。但在无线电通信技术被推广之后，不同无线电信号传输者可能在同一空域采用同一频率，并形成相互干扰。这也就要求在无线电频谱上设立财产权，由权利人统一分配和管理频谱的利用，以避免无财产权状态下的使用冲突问题。在那些无线电通信技术发展得比较早的国家，无线电频谱财产权很早就出现了。以美国为例，其在 1927 年就颁布了《广播法案》，并在 1934 年成立了“联邦通信委员会”，负责统一

① 《民法通则》第 81 条仅在森林、山岭、草原、荒地、滩涂、水面、矿藏、水流等自然资源上设定了财产权。

分配和管理无线电频谱的使用权。[①]

前述场景分析表明，个人主义私法哲学所主张的自发社会秩序难以对各类场景下财产权制度的发生逻辑做出周延的解释。相反，从有效促进人际社会合作的制度建构视角，我们能够对各类场景的财产权设立现象做出统一的解释。

1.3 财产权的分割

经典的财产权学说将财产权的权能四分，即占有、使用、收益和处分。当一宗财产上的各种权能都归属于同一个人享有时，我们说此人享有该财产的“所有权”，即“完整的财产权”。对此，我国《民法典》第 240 条规定：“所有权人对自己的不动产或者动产，依法享有占有、使用、收益和处分的权利。”

1.3.1 财产权分割与制度想象力

不过，在大量情况下，如果一宗财产上的全部权能由同一个人支配，那么财产就得不到最有效率的利用。相反，如果将这些权能予以分割，由不同的人支配，相互合作开发同一宗财产上的

① 关于特定无线电波频谱的分配机制、使用期限、续期和转让问题，美国曾一度存在比较大的争议。关于这方面的讨论，可见 Ronald H. Coase, *The Federal Communications Commission*, Journal of Law and Economics 2: 1–40 (1959); R. Preston McAfee & John McMillan, *Analyzing the Airwaves Auction*, Journal of Economic Perspectives 1: 159–175 (1996)。但这些争论并不影响这里关于“无线电波频谱财产权的出现”的观察。

利用机会，那么该财产将发挥更大的价值。这种对同一宗财产上的权能的分割区别于对该宗财产的物理切割，且并不限于“占有、使用、收益和处分”这类简单的四重分割。农村土地承包经营权上的复杂权利分割就是代表性事例。[①]可以分割的具体方式并没有一个先天存在的标准，也不大可能有一个个人主义私法哲学所说的自发秩序。相反，分割的方式和技术手段在很大程度上取决于人类的制度想象力，具有浓厚的后天建构色彩。只要能够构想出一种既有利于提高财产的利用效率，又不会因分割导致过高的社会成本（特别是公示成本），那么，这种分割就是有经济价值的，有助于促进人与人之间对各宗财产的合作开发、利用。

分割方式既可以是“合同租赁”等并不依赖于一套昂贵的公示系统的分割方式，也可以是各类“物权”等涉及不同程度公示成本的分割手段。例如，甲系公路边上一块农地的使用权人，且系该土地上一玉米制品加工厂的所有人。其可以（1）将其土地和加工厂出租给乙，用于耕种和加工玉米，租期20年；（2）允许广告商丙在土地中央竖立一个巨幅立柱广告牌；（3）将玉米加工厂抵押给银行丁，用于担保银行向其提供的商业贷款……这样一来，多个主体可以根据不同方式同时支配和利用这一块土地，让

① 即便是“占有、使用、收益和处分”这四重分割方式之间，也常常显得过于抽象、交叉重叠，难以准备描述实践中多元的物权形态。关于这一点的讨论，见常鹏翱：《体系化视角中的物权法定》，载《法学研究》2006年第5期，第4–8页。

土地所有人和其他人都从中受益。[①]

从财产分割的方式上看，财产权可以按照多种不同的方式予以分割。上例中的同步分割（多个人分别同时享有同一宗财产上的不同支配权）是现实生活中最为常见的一种财产分割方式。此外，财产权还可以按照如下方式分割：一是根据时间段来分割。

① 我国农村的土地一般归集体所有，但农民家庭或个人可以享有比较稳定的承包经营权。出于社会保障等方面的考虑，我国法律此前对农地承包经营权的流转设置了诸多限制。例如，农村集体的“土地所有权”和农户的“承包经营权”都不得抵押。原《物权法》第184条规定：“下列财产不得抵押：（一）土地所有权；（二）耕地、宅基地、自留地、自留山等集体所有的土地使用权，但法律规定可以抵押的除外……”这里不对这一立法规定在经济上的利弊作评价，因为其并不影响本节关于财产权分割的讨论。不过，近年来，随着土地在满足农民融资需求功能上的提升和在社会保障上的功能的逐渐弱化，理论上和实践中日益支持对“承包经营权”作进一步分割，允许其中部分权利进入市场流通环节。至于采取何种分割技术，目前学界和实务界做法不尽一致。关于这方面的专题讨论很多，如冯华、陈仁泽：《农村土地制度改革，底线不能突破——专访中央农村工作领导小组副组长、办公室主任陈锡文》，载《人民日报》2013年12月5日，第2版；冯海发：《为全面解决“三农”问题夯实基础——对十八届三中全会〈决定〉有关农村改革几个重大问题的理解》，载《农民日报》2013年11月18日，第1版；张红宇：《从“两权分离”到“三权分离”——我国农业生产关系变化的新趋势》，载《人民日报》2014年1月14日，第7版；谢鸿飞：《依法推进“三权分置”改革》，载《人民日报》2016年1月28日；蔡立东、姜楠：《承包权与经营权分置的法构造》，载《法学研究》2015年第3期；丁文：《论土地承包权与土地承包经营权的分离》，载《中国法学》2015年第3期；高飞：《农村土地“三权分置”的法理阐释与制度意蕴》，载《法学研究》2016年第3期。在没有特别说明的情况下，本注释以后的正文讨论以土地使用权可以自由流转为背景。自2019年起，《农村土地承包法》和《民法典》吸收了这些研究成果，允许将土地承包经营权中的“承包权”与“经营权”进一步分割，在此基础上允许“经营权”的自由流转。这本身就是在坚持农村土地的社会保障功能的同时，促进土地价值更好合作利用的一项重要改革。

例如，度假村的住房可以在春、夏、秋、冬季节中分别归四人所有，满足人们不同的度假时间爱好。这在美国等一些国家和地区较为流行。再如，大量业主在三亚购买房屋，主要是为了度假用。但其中大量房屋在相当长的一段时间内（即便是在度假期）都处于空置状态。这些房屋未来也可能以分时段租赁或者所有的方式做进一步的利用。二是根据偶发性条件来分割。例如，一份老人的遗嘱规定：其遗产由在其离世之前已经考上 985 重点大学的孙子女平均继承；否则，将全部遗产遗赠给由其指定的某个希望小学。

从被分割的权利内容上看，有时可能发生财产受益权（注意：不同于“收益权”）与财产管理权之间的分割。这种分割也就意味着财产权受益人与财产权管理人之间的分割。所谓的财产受益人，也就是财产权上利益的最终归属者。财产所有人通常就是财产权的管理人和受益人。一般来说，由财产所有人 / 受益人自主管理财产、自主决定对外转让（是否转让、转让给谁、以何种价格转让）等管理事宜是最经济的。因为财产所有人 / 受益人通常更了解财产的性能和价值，能够更准确地判断对外转让能否获益。但这也有例外。在一些情形下，财产所有人 / 受益人可能缺乏作出理性判断的必要知识或者智力。例如，未成年人涉世未深，不仅缺乏对财产价值和市场交易的必要知识储备，且没有作出理性判断的智力水平。在这样的情形下，应当由其监护人代理其行使财产的管理权，就财产的管理事宜代为作出决定。这样的安排更符合财产所有人 / 受益人的财产利益。对此，我国《民法典》第

19–23 条作出了明确的规定。[①]

此外，在传统的信托实践中，受益权与管理权的分割也是一种经济的财产分割。例如，委托人为了受益人（如未成年人）的利益，将一定的财产（如一栋商业楼房）交由受托人（如信托公司）管理。信托公司按照委托合同将信托财产用于各种交易活动（如出租），并将管理的收益交付给受益人。在美国等一些国家，此类为受益人利益而开展的实物信托比较流行。中国缺乏这样的信托传统和实践，目前的信托主要是资金信托，是一种投资工具。

1.3.2 分割收益和实现方式

在前述土地和加工厂的财产权分割案中，财产权的分割表现出了十分明显的益处。相关当事人之间相互合作，最大限度地发挥一宗财产上的利用机会。一方面，土地之上的诸种财产权被分配到了那些能够实现物尽其用的地方，实现了多重有效率的利用。作为一种财产，土地的财产价值因为分割使用而得到了极大的提

---

① 《民法典》第 19 条规定："八周岁以上的未成年人为限制民事行为能力人，实施民事法律行为由其法定代理人代理或者经其法定代理人同意、追认；但是，可以独立实施纯获利益的民事法律行为或者与其年龄、智力相适应的民事法律行为。"第 20 条规定："不满八周岁的未成年人为无民事行为能力人，由其法定代理人代理实施民事法律行为。"第 21 条规定："不能辨认自己行为的成年人为无民事行为能力人，由其法定代理人代理实施民事法律行为。八周岁以上的未成年人不能辨认自己行为的，适用前款规定。"第 22 条规定："不能完全辨认自己行为的成年人为限制民事行为能力人，实施民事法律行为由其法定代理人代理或者经其法定代理人同意、追认；但是，可以独立实施纯获利益的民事法律行为或者与其智力、精神健康状况相适应的民事法律行为。"第 23 条规定："无民事行为能力人、限制民事行为能力人的监护人是其法定代理人。"

高。另一方面，对每个参与分割的当事人来说，都能通过分割得到实实在在的好处，增加自己的利益。土地承租人乙可以发挥其种植玉米的经验和技术获得收益；广告商丙通过投放广告获得营业收入；银行丁也因为加工厂担保而有信心放贷并获得利息；土地使用权人甲则可以同时向承租人、广告商收取租金，从银行获得贷款。

在本案中，土地之上财产权益的分割的确很有可能是自发实现的，即经过所有人与其他人之间的自由谈判和合同约定产生的。之所以能够自发实现，有两个重要的条件：（1）土地使用权人甲和其他接受分割财产权的人都能够通过分割得到好处，每个人都有动力去交易分割后的财产权。（2）存在一个关于财产权交易的竞争性市场，即只有当分割财产权的交易符合"出让人"（甲）与"受让人"（乙、丙、丁）双方的利益时，这一块土地或房屋上的交易才会发生。否则，如果出让人要价过高，潜在的买家则可能另谋出路，去找那些价格适中的出让人。例如，除了甲的报价之外，广告商丙可以在同一路段寻找其他土地使用权人的报价。

不过，在一些情形中，这两个条件（特别是后一个条件）并不具备，当事人自发实现有价值的分割与合作利用的可能性并不高，个人主义私法哲学所依赖的自发秩序并不能起到有效的作用。例如，戊有一块土地与甲的土地相邻。受地理位置的客观限制，戊需要从甲的土地上获得取水或排水的便利；或者需要从甲的土地上通行（口袋地是最极端的例子）。换言之，这里出现了对相邻土地的财产权予以分割的必要，以使得另一块土地权利人戊获得役使甲的土地的权利（这里简称其为“地役权”）。[①] 否则，戊要么无法利用其土地，要么需要付出巨大的“绕行”成本，大大降低其土地的利用价值。与这样的代价相比，地役权给甲造成的负担和利益减损要小得多。因此，由甲向戊提供地役权（或者说从其土地财产权上分割出地役权）是一种经济的做法。

在现实生活中，这种分割与合作利用的确有可能自发实现，即甲自愿为戊免费提供通行便利、取水便利和排水便利。甲之所以这样做，大致有两种原因：一是出于互利互助的朴素道德观念，为他人提供帮助。二是出于对自身同样处境的考虑。因为甲的这一块土地或者其他土地同样需要从相邻土地上获取便利。不过，并非所有人都像甲那样“善解人意”。有的人可能因无利可图而拒绝向邻人提供便利，或者向邻人索要高额的回报。这将使得相邻财产得不到有效利用，既不符合个人利益（特别是考虑到土地使用权人处境的可互换性），也不符合社会整体利益。遇此情形，有必要通过法律对财产权的分割作出强制性要求，以保证财产得到最有效的合作利用和权利人福利水平的提升。在这个意义上，我们就不难理解《民法典》物权编第七章关于“相邻关系”规定背后的经济原理了。该法第 288 条规定：“不动产的相邻权利人应

① 这里在广义上使用“地役权”的概念，可能与一般的物权法教科书不同。值得注意的是，我国《民法典》物权编将这类问题归属于“相邻关系”，规定在第七章，区别于第十五章规定的“地役权”。由于这里将阐述的原因，相邻关系中的地役权分割可能难以通过合同自发的分割，需要法律强制要求，也可以理解为“法定地役权”。而《民法典》第十五章规定的主要是通过自愿约定发生的地役权，也可以称为约定地役权。

当按照有利生产、方便生活、团结互助、公平合理的原则，正确处理相邻关系。”第 290 条第 1 款规定：“不动产权利人应当为相邻权利人用水、排水提供必要的便利。”第 291 条规定：“不动产权利人对相邻权利人因通行等必须利用其土地的，应当提供必要的便利。”对于第 291 条规定的“便利”，学理上也有人将其称为“法定地役权”。[①]

1.3.3 分割成本及应对方案

既然财产权的分割能够带来如此多的益处，那么，我们能不能说：权利人对财产的分割越充分、越自由越好呢？答案是否定的。遵循“物权法定原则”是世界各国的普遍做法，且符合经济学原理。我国《民法典》第 116 条也规定，“物权的种类和内容，由法律规定”。也就是说，权利人只能在法律认可的物权种类和内容清单范围内分割财产。否则，其分割将不会被法律认可。

毕竟，物权性财产权分割在带来益处的同时还会引发多种成本，在自发的秩序下容易阻碍人与人之间合作起来分割和利用相应的财产。特别是，前文对土地分割案例的讨论是在一个封闭的社会环境中展开的，尚未考虑甲、乙、丙、丁、戊之间的土地分割行为可能对其他社会同伴造成的负担（如有意向购买甲之土地所有权的“己”，需要了解甲的土地上到底有哪些财产权被分割出去了）。从整个社会的福利来评价，当这些社会成本之和超出了财产

---

① 类似的例子还如，供电公司经科学测绘设定了一条非高压输电线，恰好需要经过一块农地，需要在该土地上竖立一根占地面积非常小的电线杆。

权分割带来的各种益处之和时，财产权的分割就很可能缺乏经济上的正当性。如果从增进社会福利这一点出发，那么，就有必要通过理性的思考和制度设计来治理那些副作用较大的分割行为。

具体来说，财产分割可能引发三类成本，分别对应着不同的法律治理方案。在广义上，这些治理方案都系法律对私人财产权分割施加的限制，属于“物权法定原则”的体现。这也就意味着，限制财产权分割自由的原因是多元的。我们无法简单地用其中某一种成本作为解释“限制财产权分割自由”的唯一原因，而需要针对不同成本发生原因讨论有针对性的应对方案。①

1. 谈判和订立财产权分割合同的成本，也称缔约成本。只要财产权的分割能够让出让人和受让人都有利可图，他们会自动计算缔约成本。通常来说，这类成本比较小，低于财产权分割给双方带来的收益，不会阻碍那些有益各方当事人的分割行为。

不过，在前述相邻土地之权利的分割等情形中，在个人主义私法哲学所主张的自发社会秩序中，如果一方权利人“敲竹杠”，则将引发畸高的缔约成本，阻碍当事人通过自由谈判实现有益的分割。对于这样的情形，有必要通过法律的强制性规定，让土地权利人承担分割的法律义务，从而消除潜在的“敲竹杠”风险。

2. 因碎片式分割而减损财产的使用价值。对财产权的适度分割有助于提高财产的利用价值；但对财产权的过度分割可能会阻

① 如果尝试只用某一种成本来说明限制财产权分割自由的全部正当性，必然遇到这样或者那样的理论障碍。如张鹏：《美国法上的物权法定原则》，载《法学》2003 年第 10 期，第 110–111 页。

碍对财产的集中化和规模化利用，从而减损财产的使用价值。

例如，在 1978 年之后，中国将“集体所有、集体耕种”的土地包产到户，让每一个家庭分得一定的承包经营用地，有利于发挥各家庭的劳动积极性，提高土地的利用效率。然而，随着农业耕种机械化水平的逐步提高，原来的分割方式不仅因为承包经营户修筑的田埂导致土地浪费，而且阻碍运用农业机械或者其他规模经营方式来开展高效的农业耕种活动。对此，政府可以考虑通过补贴、奖励或者政治动员等方式，激励村民之间将分散的土地集中起来合作耕种，或者通过交易将土地的经营权集中起来由同一主体行使，或者通过赋予土地按份共有人优先购买权，[①] 提高土地的利用效率。例如，将闲置的承包经营用地集中起来搞养殖。要实现这一目标，我国目前面临两大障碍：一是市场交易上的障碍。如果由养殖场投资人与分散的承包经营权人逐一谈判，在个人主义所主张的自发秩序中很可能因为敲竹杠、集中谈判成本高等原因而失败。因此，有必要通过集体土地所有人（村集体）来扮演必要的协调角色。二是国家政策障碍。在很大程度上，我国农村地区正在探索的所有权、承包权和经营权的“三权分置”改革就是为了降低土地财产的碎片化成本。不过，一方面，中国农村土地的基本生存保障功能虽然在不断弱化，但对大量农民来说仍然是十分重要的。毕竟，那些有效率的土地集中利用方式通常

① 关于土地按份共有人优先购买权在防止土地碎片化利用上的功能，见张鹏：《按份共有人优先购买权制度的经济分析》，载《法商研究》2016 年第 1 期，第 61 页（不过，笔者并不赞同张鹏教授对“按份共有人优先购买权制度”所做的经济分析框架和结论）。

要求长达数十年的“经营权”转让。出让人在这期间无法再实际利用土地。而一些农地经营权的出让者，特别是农民工，可能随着年龄的增长、劳动力的衰退或者其他生活变故而需要重新回到土地上生活。但他们在出让“经营权”时并没有足够充分的信息或者能力预见和安排这些需求。另一方面，采用何种定价机制才能保障出让人获得合理的出让费也是一个难点。毕竟，农地经营权的转让通常以规模化交易为背景，不太可能通过个案谈判的方式来解决。出让农户很可能并没有直接参与议价的机会和能力。因此，“三权分置”改革在提高土地利用效率的同时，如何解决这部分出让者未来可能面临的基本社会保障问题和出让交易中的合理定价将是难点。[①]

再如，在中国目前的旧村改造活动中，由每家每户单独行动、各自为政，则旧村改造的进度和质量都不可能得到比较好的保障。反之，如果能够将各村民户的宅基地集中起来搞规模规划和开发，则可以大大降低旧村改造的成本。此外，规模开发在改善村民居住条件的同时，还可以将新开发的房屋对外出售，实现土地的增值。如果有一个公平的分配机制，则村民、开发商和新的购房人都能从中受益。至于“以何种方式将土地集中起来”，则是一个需要进一步研究的问题。比较确定的是，开发商（资本投入者）很难通过与每户村民（土地投入者）之间的逐一谈判和缔约来实

① 关于这方面的专题讨论，除了第240页的注释1中的文献外，还可见高圣平、刘守英：《集体建设用地进入市场：现实与法律困境》，载《管理世界》2007年第3期；宋志红：《农村土地“三权分置”改革：风险防范与法治保障》，载《经济研究参考》2015年第24期。

现土地的聚集。这不仅是因为村民众多，谈判成本过高，而且还可能受制于自发社会秩序中的“敲竹杠”现象，即通常所谓的“钉子户”问题。由政府通过统一征收的方式来聚集土地倒是一个值得考虑的方案。不过，这是以政府公开透明、依法行政为前提的。我国十多年的征收实践表明，如果政府行为不公开透明、不依法行政，则面临着比较大的权力寻租风险，使得投入土地的村民无法最终从开发增值中受益。[①] 再加上，“我国农村土地产权集体所有制是完全私人所有权与完全公共所有权之间的一种”，农村土地集体所有权和家庭承包经营权的权属边界本身具有较大的模糊性和不确定性，很容易“异化为行政控制所有制和官僚所有制”。这又进一步加剧了我国农村土地产权制度的复杂性，有待开展深入的专题研究。[②]

值得注意的是，因为财产权过度分割而导致的重新集中障碍，在发生原因主要表现为市场谈判成本和公共政策限制，不是下文将谈到的实行物权法定的主要经济因素（如财产权分割后的公示和识别成本）。[③]

---

① 关于土地耕种和旧村改造中的私人合作障碍及其治理问题的系统讨论，可见熊丙万：《私法的基础：从个人主义走向合作主义》，载《中国法学》2014 年第 3 期。

② 关于中国农村土地制度的经济分析的一般论述，可见柯华庆：《农村土地产权问题》，载冯玉军主编：《法经济学》，中国人民大学出版社 2013 年版，第五章第二节。

③ 对这一点的强调，见 Henry Hansmann, Reinier Kraakman, *Property, Contract, and Verification: the Numerus Clausus Problem and the Divisibility of Rights*, 31 J. Legal Stud. S418–419 (2002)；张巍：《物权法定的效率问题再思考——文献回顾与视角转换》，载《中研院法学期刊》第 13 期，第 249–251 页。

3. 分割财产权的公示和识别成本。与“缔约成本”和“碎片化分割成本”相比，与财产权分割相伴而生的公示和识别成本更为普遍、更加重要。虽然第一项和第二项两项成本也是实行物权法定原则的重要原因，但通常意义上说的“物权法定原则”（狭义的物权法定原则）针对的是这里的公示和识别成本。这也是中国财产法学界一直以来争论不休的问题，即应当坚持物权法定原则（在当前学术界，坚持采用物权法定原则的同行一般持“法定物权 + 个别授权”这样一种相对开放式的主张，认为应当通过零售式地承认习惯物权来缓和物权法定的讲话），还是应当采取物权自由原则（即对于那些可以通过登记加以界定和对外公示的财产权，不管是《民法典》物权编明文规定的有限物权类型，还是无限的私人债权安排，都应当认可其登记能力公示）。[①]

从十多年来的既有学术文献来看，围绕物权法定或物权自由的新近辩论，主要围绕两种模式所涉及的四大成本来展开，包括：（1）物权人完成对外公示所需要的成本；（2）搭建和维护特定公示系统所需要的公共成本；（3）给未来潜在的交易人造成的权属信息识别成本；（4）拟创新物权者因不能创设物权而绕道采取其他合同安排所面临的成本。

对这些成本的系统评估和研究，已经超出了本书的篇幅所限。但可以确定的是，对这些成本予以理性地评估并有意识地建构成本控制方案，有助于更好地促进人与人之间对各宗财产上的利用

① 这方面的文献很多，新近回顾可见冉克平：《物权法总论》，法律出版社 2015 年版，第 54–78 页。

机会予以合作开发。反之，在个人主义私法哲学所依赖的自发社会秩序中，这些利用机会很可能会被浪费，因为缺乏制度上的安排来控制前述交往成本。

1.4 财产权的取得与流转

我们生活在一个社会分工高度发达的社会。除农民自给自足的少部分农产品外，绝大多数生产、生活和居住用品都是通过专业化生产和流转取得的。今天，即便是最为传统的农业耕种，也需要购买杂交育种、杀虫剂和化肥。因此，研究人与人之间在何种秩序下能够更好地合作起来，从事财产权的取得与流转，就显得十分重要。

财产权的取得方式有很多种。除了通过自我生产、发现无主物、获得孳息等方式原始取得之外，还可以通过合同买卖、善意取得、赠与、继承和征收等方式流转取得。[①] 从经济学上看，财产权的流转和取得规则要符合以下目标：在投入合理成本的前提下，促进潜在财产的发现和创造，提升既有财产的有效利用。前文关于财产权分割方式的专门讨论，在广义上也属于“财产权的取得与流转范畴”。这里以财产权的整体取得与流转为语境，结

① 有的法学家将善意取得归类为“原始取得”。这只是一个纯形式化的解释选择的问题，或者说是一个法学术语上的形式美学问题，不影响实质问题的分析。王轶教授对此有精彩的评论，参见《对话：王轶〈民法典编纂争议问题的梳理与评价〉》，载中国民商法律网“法学讲坛”栏目，http://www.civillaw.com.cn/zt/t/?id=31173#，最后访问日期：2016 年 8 月 29 日。

合具体事例来说明何种秩序下的财产权取得与流转规则能够促进或者阻碍财产的取得与流转，是个人主义私法哲学所主张的自发社会秩序，还是合作主义私法哲学所强调的理性建构秩序？

1.4.1 无主物的发现：乌木应归谁所有？

通过劳动生产形成的财产应当归劳动者自己所有。这一点自不待言。前文对此也作了深入论述。问题在于，如果有人发现了原本存在，但没有所有人的财产，应当归谁所有？由于多方当事人都可能就被发现的无主物提出权属主张，且并没有相关的自发秩序（因为此前可能就没有发生过特定类型的无主物发现问题，自然就谈不上自发秩序），那么，国家立法在面临多重归属方案时，一个比较好的考虑方向就是合作归属方案有助于更好地促进相关当事人之间合作起来发现和利用有价值的无主物。

我们先看一看拾荒的例子。在中国城市有大量拾荒者，他们从垃圾箱中捡拾那些可以回收利用的废弃纸品、金属制品和玻璃制品等，然后出售给废弃物品回收公司。对抛弃者来说，废弃物品没有价值。但如果法律将这些废弃物的所有权归属于拾荒者，那么，这不仅会鼓励拾荒者通过劳动投入将这些抛弃物变废为宝，创造新的财产价值；而且会节省公共市政部门的废弃物运输、筛选成本。反之，如果拾荒者不享有所有权（国家所有），那么，一方面，很多拾荒者因为担心劳动成果被剥夺而停止或者减少劳动投入，废物再生的概率就会实质性降低。另一方面，国家需要投入专门的成本来执行对废弃物的所有权，是一种浪费。在这一点上，的确有比较长期的社会实践，有个人主义私法哲学所说的自发社会秩序。

然而，乌木呢？

物以稀为贵。乌木便是一个很好的例子。乌木是由地震、洪水、泥石流将地上树木全部埋入古河床等低洼处，在缺氧、高压、微生物作用条件下，经过成千上万年炭化过程形成炭化体。其兼具木头的古雅和石头的神韵，被誉为“东方神木”或“植物木乃伊”，成为家具商和艺术家的新宠。一根普通乌木的市场价值就达数十万元，品质好的则上百万元、千万元。

近年来，我国先后多地有村民发现市价不菲的乌木。但随之而来的是地方政府（通常是镇政府）的所有权主张与发现者所有权主张的剧烈冲突，可谓争议不断。镇政府主张，“乌木”属于《民法典》第319条规定的“埋藏物”，属于无主物，应当归国家所有。[①] 政府有权代表国家行使对乌木的国家所有权。从经济学上看，《民法典》物权编的规定合理吗？采取何种归属方案，才能有助于土地耕种权利和其他权利人与乌木发现者之间合作起来发现和利用乌木呢？

为此，我们比较三种不同权利归属下的经济影响。

1. 乌木完全归国家所有

首先需要说明的是，乌木的发现过程与拾荒之间存在重大区别：乌木这样的“埋藏物”通常是人们偶然无意中发现的，不需

---

① 《民法典》第319条规定：“拾得漂流物、发现埋藏物或者隐藏物的，参照适用拾得遗失物的有关规定。”第318条规定：“遗失物自发布招领公告之日起一年内无人认领的，归国家所有。”

要通过大量的劳动投入来创造其价值；而拾荒者是需要通过有意识的“拾荒”劳动投入才能变废为宝的。前者是天下掉馅饼，可遇不可求（至少在现有技术条件下，我们无法预期通过合理的成本投入就能发现乌木）；后者是劳动创造的结果。

这也就意味着，无论乌木归谁所有（国家、发现者或者二者共享），一般都不会影响乌木被人类发现的概率。即便发现者意识到乌木将被收归国有，但其在发现乌木的初步线索之后，无论是出于好奇的心理，还是出于“私吞”的想法，抑或出于奉献国家的高尚情怀，都有动力一探究竟（可能是私密地进行）或者将线索报告给政府。其结果是：乌木最终会被发现。

不过，那些积极将乌木完全无私地交给镇政府的发现者的比例不会太高。毕竟将到手的财产无偿交出对发现者来说没有什么物质收获。除了自身利益最大化的心理之外，还有一个原因：担心政府取得乌木后加以挥霍，无法最后惠及发现地的村民。近年来连续不断的争议就很好地说明了这一点。

因此，如果由地方政府代表国家对乌木行使完全的所有权，那么，发现者为了私自拥有该财产就可能采取如下措施：（1）私密地开采乌木，或者开采后将乌木分割成小块，以便运输和出售。但这样会损害乌木的整体价值，消耗社会财富。（2）与政府之间发生持续的权利归属争议和冲突。例如，提起诉讼，暴力对抗等。这已经在实践中出现。而对社会来说，争议和冲突本身是一种高消耗、无回报的活动。（3）为了等待合适的私自开采机会，可能付出成本临时掩盖乌木。而这三项成本非但没有增进乌木的价值，反而导致了无谓的社会财富浪费。

2. 乌木完全归发现者所有

如果乌木完全归发现者所有，不仅可以避免前述三项成本，而且发现者有动力投入成本去完整保护和处置该财产。当然，这只是经济上的客观效果。至于让发现者独享“天下掉下来的大馅饼”是否具有价值判断上的正当性，那是另外一回事。后面将予以进一步讨论。

3. 乌木由国家和发现者按比例分享

如果由国家和发现者按照一定比例分享乌木的价值，只要发现者能够分得的比例足够，那么，发现者同样有动力去积极投入开采并保护乌木的完整性，或者将信息及时报告给政府（由政府组织开采）。至于这种比例分配的形式，可以通过一定的百分比分配（如 30%），也可以通过政府奖励的方式来实现，还可以通过对发现者征收所得税的形式来实现乌木价值的分享。但无论如何，只要财产价值分享规则明确，就可以避免政府与发现者之间的争议与纠纷。①

以上分析表明，与《民法典》物权编现行的做法（完全归国家所有）相比，后两种权属分配方案引发的社会成本要小得多，更有助于人与人之间合作起来发现和利用乌木的经济价值。关于“完全归国家所有”这种做法，除了前述关于成本的分析之外，当前大量地方政府（特别是镇政府）与发现乌木的村民之间的剧

---

① 与固定比例分享、政府奖励两种方式相比，征税的方式更能节省公共行政成本，且在中国语境下更有助于防止国有财产被廉价处理等风险。类似观察可见朱虎：《国家所有和国家所有权——以乌木所有权归属为中心》，载《华东政法大学学报》2016 年第 1 期，第 24 页。

烈冲突就比较好地反映了这一点。因此，简单地将“乌木”归入《民法典》第319条的“埋藏物”，并对其适用完全的国家所有制，将引发比较高的社会成本，是一种不经济的做法（当然，这并不是说对其他“埋藏物”适用完全国家所有权制度也是不经济的。因为乌木主要是一种凭借偶然机会发现的财产，人们有意识地专门探测和开采活动不仅成本很高，而且发现财产的概率很低。所以，不太会有人专门从事这方面的投入。但是，对于古墓葬品等埋藏物，如果允许私人所有，则不仅可能激励很多人投入过度的精力去发掘墓葬，毕竟藏品数量有限；而且会损害古墓及其葬品的文化艺术价值。因此，这类埋藏物以国家所有和统一管理为宜）。

接下来的问题是：第2种与第3种方案哪一个更好？这两种方案对社会整体的成本和收益影响差不多。只不过，财产权的社会分配方案有比较大的不同。第2种方案让发现者独享了偶然发现的巨额财产；第3种方案将一部分归发现者享有，另一部分归国家享有。在第3种方案中，如果有制度防止代表国家行使所有权的地方政府去侵占或挥霍偶然增加的财政收入，则有可能通过新增财政收入增进该地方的公共福利，如改善教育水平、交通设施和医疗卫生条件。

因此，关于这两种方案的比较问题，如第一节所指出的那样，已经超出了科学意义上的经济分析的研究范畴。这属于价值判断问题，需要诉诸政治哲学作进一步讨论，包括去考察一个国家国民在社会财富分配问题上的基本观念和国家《宪法》设定的政治体制等因素。[①] 在不同的时空范围内，答案很可能出现差异。在一些国家，人们可能在整体上更在乎行为自由，而不是财富的分配。但在中国，社会财富的相对均匀分配一直是国民追求的理想。且我国《宪法》第 6 条、第 9 条明确了全民所有制，强调社会财富的全民共享。[②] 在这个意义上，第 3 种方案可能更容易被社会所广泛接受。

1.4.2 财产权的变动方式

通常情况下，财产权的变动（以买卖为例）是依据买卖双方当事人之间的合同约定实现的。如果一个世界只有两个人，只要当事人约定清楚物权变动的时间就好；但是，在有第三人的世界里，问题就复杂起来了。因为两个人之间约定的时间可能不为第三人所知，而第三人却可能在多个场景与两个交易当事人之间发生交易，并引发所谓的交易安全问题。此时的问题就来了：一宗财产的财产权从什么时候开始发生变动，即由一个人所有变为另一个人所有？关于这一问题，在一些小的社会群体内部，特别是熟人社会，的确可能有在历史长河中自发形成的秩序；但是，在规模化的陌生人社会，一套自发形成的、被广为理解和实践的秩序几乎不太可能。相反，为了协调陌生人社会的大规模财产交易，国家需要在立法层面研究和比较各种不同的权利变动和公示方

---

① 关于这方面的一种代表性论述，可见王旭：《自然资源国家所有权的宪法规制功能》，载《中国法学》2013 年第 6 期。

② 参见朱虎：《国家所有和国家所有权——以乌木所有权归属为中心》，载《华东政法大学学报》2016 年第 1 期，第 18–20 页。

案，以最大限度地控制各方交易当事人参与相关交易的总成本或者说负担，从而让各方当事人能够更好地交易。

1. 不动产登记。[①] 今天，大多数国家将登记规定为不动产（如房屋）财产权的确认和变动方式。在封建社会，不动产登记制度建立的初衷并不在于向社会公示物权，而主要是为了实现国王和封建领主的管理和赋税征收需要。[②] 在英国国会于 1536 年颁布《用益法》（The Statute of Uses）和《登记法》（The Statute of Enrolments），要求财产（主要是不动产）的转让或者用益权变动必须以书面形式作出，且需要到法院办理登记，其目的在于防止财产权人秘密地移转不动产权，损害国王和封建领主的赋税收入。[③] 但今天，不动产登记不再是出于国家税收的需要，而是便于市民之间的自由和高效交易。

我国不动产物权变动采用登记要件主义，即便当事人达成了物权移转的合意，物权只有在办理变更登记之后才能发生转移。这些都在一定程度上限制了当事人的行为自由，因为实践中的确有大量不动产占有人就是所有人，且交易当事人对拟交易产权信息有充分了解，无须通过登记簿查询或公示产权信息。例如，前面谈到的乡土熟人社会的房屋所有人。但随着我国城市化进程的

① 关于这一点的更多论述，可见熊丙万：《私法价值判断方法论——一种源于社会政治基础的考察》，中国人民大学法学院 2011 年博士学位论文，第 3.1.2.4。

② William Holdsworth, Political Causes which Shaped the Statute of Uses, 26 Harv. L. Rev. 108, 1912–1913.

③ J.H. Baker & S.F.C. Milson: Source of English Legal History, Butterworth, London, 1986, pp.114ff.

快速推进，城乡之间的界限和区别变得日益模糊。既有农村人到城里置业，也有城里人到农村买房，原来的熟人社会关系已经悄然发生了重大变化。在日益复杂和迅捷的不动产社会交往关系中，大量不动产交易当事人难以通过不动产登记簿之外的信息确认拟交易不动产的权属状况。

虽然交易当事人是自由的和理性的，但如果在个人主义私法哲学所主张的自发社会秩序下，没有国家建构和背书的统一不动产登记和公信力制度，则大量当事人将在交易前付出大量产权调查成本。美国不动产法律实践就是一个明显的例证。美国只有两个州采取登记要件主义不动产物权变动模式。在其他州，买卖当事人确保产权真实性的主要办法就是购买昂贵的产权保险调查。产权保险公司负责实施产权信息调查服务。① 相反，登记要件主义物权变动模式虽然限制了部分交易当事人的行为自由，但降低了整个社会的不动产交易成本，增进了社会整体福利。

2. 动产交付。我国《民法典》物权编第 224 条规定："动产物权的设立和转让，自交付时发生效力，但是法律另有规定的除外。"据此，只要卖方将动产（如一台电脑）交付给了买方，则后者就成为电脑的所有权人。应当说，该规则是符合经济效率要求的。其中的原因很多。② 第一，如前文所述，登记不能成为普

---

① See Quintin Johnstone, Title Insurance, 66 Yale L.J. 492 (1957); William B. Stoebuck & Dale A. Whiteman, The Law of Property, 3rd ed., 2000, §11.15.

② 有一种较为流行的观点，认为"交付"具有动产物权公示的功能，包括公示物权变动的功能。对这一学说教化的批评，见纪海龙：《解构动产公示、公信原则》，载《中外法学》2014 年第 3 期，第 697–701 页。

通动产权利的公示方式，因为动产数量太大，登记成本过高，没什么必要性。因此，登记也不会成为动产物权变动的方式。第二，很多动产在订立（买卖）合同时尚不存在，如生产合同，也难以通过合同约定一个动产物权变动的具体时间。第三，“交付”通常是与“占有人变更”同步的，而后者涉及动产保管义务、灭失风险的分配问题。即便是在指示交付的情形，也涉及受让人对保管人的信任和选择问题。这样有助于激励合适的主体去保管财产。

不过，将交付作为动产物权变动的方式，会面临冒名处分的问题。例如，电脑的借用人、维修人或者偷盗人都可能冒充自己是电脑的所有人，将其出售给不知情的第三人。因为电脑只有一台，最终，原所有人与第三人只有一人能够取得该电脑的所有权。剩下的人只能找无权处分的人索赔，将引发纠纷解决成本。后面将进一步讨论这一问题。不过，动产通常比较固定地由所有人占有和使用，发生前述冒名处分的概率不会太高。因此，与动产登记所要求的成本相比，这里的成本要低得多。

3. 特殊动产。与电脑不同，船舶、航空器和机动车等动产有其特殊性：第一，后一类动产主要是交通工具，涉及公共安全，必须要有一个公共登记系统，以便政府管理部门及时掌握这些交通工具的归属和运营状况。第二，与手机、电脑、图书资料等动产相比，交通工具型动产在总体上数量是有限的，不会导致高得难以承受的成本。第三，对多数人来说，这类动产的价值比其拥有的其他动产的价值要高，甚至高于不动产房屋的价值。考虑到这些特殊性，将登记确定为物权变动方式是合理的。虽然我国《民法典》第 225 条规定：“船舶、航空器和机动车等的物权的设立、变更、转让和消灭，未经登记，不得对抗善意第三人。”也就是说，在没有善意第三人介入的情况下，交付也可以在买卖双方之间发生物权变动的效果。但从这类财产的买卖实践来看，大多数交易当事人都会选择过户登记，以确保安全。那些不选择变更登记的买卖活动，通常发生在熟人之间，发生道德风险的概率较低。

1.4.3 财产权的善意取得

1. 动产的善意取得

无论是动产还是不动产，冒名处分现象在实践中都时有发生。例如，张三是电脑的所有人，但电脑的借用人李四称电脑是自己的，将电脑出售给第三人王五。而这种处分是违背张三的意志的，在法律上被称为“无权处分”。如果王五事先知道李四并不是所有权人，那么，法律就不应该保护王五的购买合同，应拒绝王五的所有权诉求。原因很简单，“无权处分”行为本身通常是负效率的。法律不支持王五的所有权，有助于激励那些知情人拒绝购买，从根本上消除“无权处分”行为。但如果王五是善意的，对李四的无权处分行为不知情，那么，法律就有必要保护王五对电脑的所有权。在理论上，这被称为“善意取得”。我国《民法典》物权编第 311 条对此作出了规定。①

---

① 《民法典》第 311 条规定：“无处分权人将不动产或者动产转让给受让人的，所有权人有权追回；除法律另有规定外，符合下列情形的，受让人取得该不动产或者动产的所有权：（一）受让人受让该不动产或者动产时是善意；（二）以合理的价格转让；（三）转让的不动产或者动产依照法律规定应当登记的已经登记，不需要登记的已经交付给受让人。受让人依据前款规定取得不动产或者动产的所有权的，原所有权人有权向无处分权人请求损害赔偿。”

在讨论善意取得制度的正当性时，不少法律同行习惯性地把“无权处分人基于占有的权利外观”作为主要理由。“权利外观”的确是善意取得制度需要着重考虑的一项因素，但这主要是一种较为表层的理由。[①] 在其背后，有待作进一步的经济观察。概括而言，善意取得制度的核心是比较“原所有人对虚假外观的防患能力”和“第三人对虚假外观的识别能力”，让更有能力防患或者识别的那一方去承担因无权处分带来的不利后果。[②] 也就是说，法律通过对此种风险防患成本的分配，会在无形中激励原所有人和第三人之间合作起来，以最低的成本最大限度地防患无权处分的发生，降低原所有人与第三人之间发生争议的可能性。相应的制度设计需要尽可能地为各方相关当事人（而不是原所有人、无权处分人或者第三人中的某一方当事人）提供激励，以实现通过尽量低的社会总成本来实现“无权处分风险”的最大限度预防。[③] 这一点在盗赃物的善意取得问题上更为明显。

具体来说，（1）如果不保护王五的所有权，那么，广大的潜在购买人在未来购买他人电脑时，都可能因为担心出卖人的真实权属状况而付出巨大的产权核实成本。否则，其将承担怠于核实

① 对“动产权利外观”学说的系统批评，见纪海龙：《解构动产公示、公信原则》，载《中外法学》2014 年第 3 期，第 703–713 页。

② 关于这一点的更多论述，可见熊丙万：《论赃物的善意取得及其回复请求权》，载《法律科学》2008 年第 2 期；《论善意取得制度正当性的运用——以一起冒名出售房屋案为分析对象》，载《判解研究》2009 年第 2 辑。

③ 关于对涉案各方当事人（而不是单方当事人）提供系统激励的讨论，see Robert Cooter, *Unity in Tort, Contract and Property: the Model of Precaution*, 73 Cal. L. Rev. 1（1985）。

的效果。但是，动产是没有登记的，要么是无从核实，要么是核实成本特别高，最终使得交易无法发生。而这阻碍财产流通到价值最大化之人的手中。毕竟，实践中无权处分是少数。如果因为少数情形给整个社会的交易都施加了严重的核实成本，或者阻碍了更广范围的交易和财产流通，则是一种没有效率的做法。（2）如果保护王五的所有权，必然会给张三造成损害。张三至少需要向李四索赔。这不仅有索赔成本，而且还有索赔不能的风险（李四无赔偿能力）。不过，这样可以激励张三更谨慎地选择移转电脑占有的对象，降低无权处分发生的风险。只要张三不是因为被盗窃等非法手段失去占有，那么，其对移转占有人的了解程度通常要高于王五对出售人的了解程度。特别是在公开市场上，王五常常不认识出售人。

2. 赃物的善意取得

问题在于，如果李四是通过盗窃的方式取得电脑，然后以市场价格出售给了不知情的王五呢？无论是传统法学理论还是司法实践，在这个问题上的争议都比较大。《民法典》物权编也回避了这一个问题。出现争议的主要原因有二：第一，动产占有从张三到李四的移转并不是出于张三的意思。换言之，张三很可能并没有甄别和选任移转占有人之品行的机会。第二，无论是张三还是王五，最后都少有机会找到李四并向其索赔（特别是在盗窃情形下，诈骗时好一些）。也就是说，注定二人之一要受损，有些类似于自然风险。

不过，即便是自然风险，人类也需要尽可能地防患，减少损害。盗赃物的冒名处分问题同样如此，有通过制度设计予以调控的可能性：

一方面，法律要对第三人的“善意”作严格把握，激励第三人少买赃物。很多人都有这样的经验：马路上一个陌生人走近你，从衣袖里拿出一个高档手机，问你要不要；或者说有一个苹果电脑，问你要不要。稍有社会经验的人，都知道这是赃物。对于这样的情形，即便买受人付出了合理的价款，也不应当认定为善意。市场需求降低了，盗贼继续从事盗窃活动的概率就会降低。在这类情形下，与赃物的原所有人防患财物被盗（并被无权处分）的成本相比，第三人去识别无权处分人的虚假权利外观的成本更低。在此情形，要求第三人承担识别虚假外观以及懈怠识别的不利后果，对整个社会中全体参与财产交易的人来说，是更有效率的。

当然，对于那些在公开二手市场购买的“赃物”，由于第三人通常缺乏识别的能力，法律应当给予保护。否则，正常的二手市场交易将面临重大障碍。因此，对于那些在二手市场上购买的商品，即便是盗赃物，购买人也能够经善意取得获得所有权。其法律依据为《民法典》第 311 条关于善意取得的规定。

另一方面，对于那些真正的善意第三人予以保护，也就意味着原所有人需要承担向盗贼追索的负担和追索不能的风险。因此，所有人会提高警惕，采取必要的安全措施，减少被盗的概率。例如，大学教室常有盗窃案发生。那么，无论是因为善意第三人依法取得所有权，还是因为根本没有机会遇到第三人，所有人一般都会有动力在离开教室时带走贵重物品。

当然，我们不要指望仅凭这样的财产权分配和激励机制就能很好地应对盗窃问题。事实上，这样的效果毕竟是有限的。况且，无论是第三人的注意义务还是所有人的防患措施，都涉及很高成本。如果把这些成本加起来，数字将高得吓人。更好的替代方案是加强公共安全治理，如通过刑事制裁来威慑犯罪、通过公共教育来减少犯罪等。

1.5 总结：财产权的私人合作

本章不仅从宏观层面评述了财产权制度的建构与否对私人之间合作生产和利用财产的现实影响，而且从微观层面呈现了后天建构的财产法律制度是如何解决人际合作生产、发现和利用财产的障碍，提升人与人之间在生产、发现和利用财产方面的效率的。在这些问题上，我们能够明显看到，个人主义私法哲学所倡导的自发社会秩序常常遇到对既有财产法现象的解释力；而当我们从人际社会合作的目标出发，去理解有意识的制度设计是如何有针对性地促进人际合作时，我们能够对相关制度安排有更整全的理解。更重要的是，我们可以根据这样的思考方式更好地憧憬和建构未来。

作为本章的结尾，我们不妨换一个微观场景，即从前面重点讨论的私人财产权领域，转向公共财产权领域的社会合作问题，以便更好地理解本文致力于阐述的合作主义私法哲学观念。无论是在中国还是在欧美社会，都有大量公共财产（如图书馆、高速公路），由政府机关或者市政部门管理和运行。在人口密集的中国，城镇居民大都居住在小区之内。包括公共绿地之类的小区公共设施都是由业主管理委员会或者其授权的物业公司统一管理。问题在于：

（1）为什么使用这些财产的私人（如小区业主）无法自发地提供这些产品（如公共绿地）？（2）为什么这些产品（如国家图书馆、城市公园）应当交由市政管理部门来运营，而不是由私人企业来经营？

1. 小区公共绿地的供给[①]

在一个理想的社区，全体业主按一定比例（如住房面积）积极投入资金，用于修建美丽的小区公共绿地，符合业主们的最佳利益。然而，理性的业主们为什么常常难以自发地组织起来实现这一理想状态？细致观察，至少有两大原因，使得小区业主难以自发地组织起来，合作建设公共社区绿地（以及其他公共设施）：

一是组织和协商成本。如果一个小区的业主数量很少，那么，一旦有人自发地领头，就很有可能将所有业主聚集到一起商议小区治理问题。但在中国城市的大多数小区，业主动辄上百上千，且业主分散在不同的地方工作，少有相互接触和认识的机会。即便有人愿意自发地组织业主大会，来参会的业主数量也很有限。小区业主数量越多，组织成本越高。

即便把所有业主都组织到一起来，也会面临众口难调的问题（每个人可能对社区治理的偏好不一样，如修建什么档次的绿地）。业主们就特定事项达成一致意见的时间成本和协商成本很高。

二是搭便车行为。中国有句古话：一个和尚挑水吃，两个和尚抬水吃，三个和尚没水吃。虽然这一观察具有很大的夸张成分，

---

① 更系统的论述，见熊丙万：《私法的基础：从个人主义走向合作主义》，载《中国法学》2014 年第 3 期。

但却提供了一项重要启示：当社会个体之间分享共同利益时，虽然个体间的集体行动将促进个体利益的实现，但共同体规模越大，共同体成员间的自发合作就越困难。而造成该困难的主要原因正是一些人选择了搭便车。

在业主规模较小的小区中，业主通常能够自发地采取集体行动。这不仅是因为业主们能够清楚地认识到合作的前景，即每个业主经合作投入得到的收益将超出其投入的成本，且整个小区的收益将超过整体投入成本。更重要的是，每个业主都会清楚地意识到，如果其不积极参与合作并贡献投入，那么，其他业主也会因为部分成员的消极而选择不作为，最终合作建绿地的事情不会发生，其自己也就无法从集体行动中受益。

然而，随着小区业主规模的逐渐扩大，搭便车现象也相应地出现。在业主规模庞大的小区（大量中国社区是这样的），搭便车者往往不少，因为其不容易被发现和制裁。在一个自发的模式中，即便有部分业主积极主动地投入公共绿地的建设，但是，没有一个机制能够担保搭便车者也积极追加投入。积极投入的业主对继续投入的收益就会面临很大的不确定性。因此，积极合作者可能会在小区最优水平达到之前就停止投入。再加上一些业主尤其是那些在小区中所占份额较小的业主，因为能够从其他业主的投入中免费得到好处，其积极参与合作并支付成本的动力进一步降低。

即便小规模小区通常能够自发地采取合作行动，但自发合作一般也不会达到最优水平。例如，单元楼小区一层业主在修剪单元楼正下方的草坪时，虽然草坪的美化能够让二楼以上的业主在不同程度上受益，但只要一层业主自身获得的好处大于其单方修剪的成本，其就有动力去修剪。不过，如果让其单方修剪单元楼正下方以外的小区草坪时，则其单方付出的成本很快就会超过其单方收益，因为其劳动成果的更大比例被他人免费分享了。而对整个小区来说，将单元楼正下方以外的草坪进行修剪，则全部小区业主获得的总收益很可能超过总成本。因此，如果二楼以上的业主也从搭便车者变成积极投入者，则将相应地降低一楼业主的成本，使一楼业主也有动力继续投入。

通过这些观察，我们能更系统地解释为什么小区的公共绿地（和其他公共设施）难以通过私人的自发生产来提供了。对于这样的产品，最好是由一个公共机构统一提供。当然，这个机构不一定要是政府，也可以是业主委员会或者物业管理公司等其他组织。这也是为什么立法强制要求所有小区业主按照一定比例向业主委员会或者物业管理公司缴纳物业费用，用于维护或改善小区公共环境。

2. 图书馆的经营管理

图书馆也是一个无法由私人（广大读者）来提供的产品。与小区中的业主相比，广大的分散读者聚集到一起发起集体行动（建立图书馆）的可能性几乎为零。问题在于，小区物业可以由私有物业公司来经营管理，而为什么少有图书馆是由私人经营管理的呢？

为了认识这一点，我们有必要建立一个简单的模型：

（1）假设一个图书馆每天有 10 位潜在读者。每位读者使用图书馆后的阅读收益分别为：1，2，3……10 元 / 天。如果每位读者都可以进入图书馆，那么，该图书馆每天可以创造 55 元的收益（1+ 2+ 3……+10 =55）。（2）假设图书馆由私人经营管理，则私人需要向读者收取阅读费。如果管理人能够准确识别每位读者的阅读收益，就可以为每一位读者分别定价，收取 1 元到 10 元不等的阅读费。这样，每位读者都会使用图书馆（因为每位读者都可以获益），图书馆创造的日收益为 55 元。（3）现实情况是，图书馆经营者不可能识别每位读者的阅读收益。因为读者数量太多，且个体差异很大。但私人经营者为了实现利益最大化，仍然需要定价收费。经营者无法为每位读者量身定价，而只能制定统一价。统一定价为“6 元 / 天”能够实现经营者利益的最大化。因为阅读收益为 6–10 元的 5 位读者会去阅读，给经营者创造 6 × 5=30 元经营收入（统一定价为“5 元 / 天”，会有 6 位读者，经营收入同样为 30 元，但经营成本增加了）。不过，该图书馆发挥的总收益不再是 55 元，而是 40 元（6+7+8+9+10=40）。因为阅读收益为 1–5 元的读者因为价格太高而不会来阅读了。（4）假设图书馆由市政统一管理，免费向读者开放。那么，这 10 位潜在读者都会来阅读，并且获得 55 元的阅读收益。与私人经营管理相比，这不仅将提升了 15 元的阅读收益，而且还免除了收费成本。

这一模型说明，私人经营管理将会因为价格障碍，使得图书馆的价值得不到最大限度的发挥，且会引发收费带来的成本。这一观察对城市公园同样适用，且引发的收费成本会比图书馆高得多（为了防止逃票，私人经营管理者需要建立围墙，设置多个收费口）。相反，如果由市政统一经营，免费向公众开放，那么将创造更高的收益（知识的增长，身心的健康）。而这些基础性收益将使得人们有能力去创造更多的社会财富。至于市政运营图书馆的支出，则可以通过税收和公共财政来解决。

2 合同法：违约方解除权与私人合作

在讨论财产问题之后，本章进入合同领域，以“违约方的合同解除权”这一我国民法典编纂过程中的重大疑难问题为样本，对比呈现个人主义私法哲学与合作主义私法哲学之优劣。如笔者曾细致呈现的那样，[①]个人主义私法哲学认识论和方法论之所以推崇自发的社会秩序，认为自发的社会秩序比有意识设计的秩序要好，其一个核心理由在于：在自发的社会秩序中，习俗和道德规范是经过时间洗礼的社会组织规则，比人为设计的社会规范的社会合作促进效果更好。习俗和道德这类通过缓慢的社会教化形成的社会规范在稳定的社会结构中的确具有良好的社会调解作用，但在社会生产和交易结构快速变迁的社会，习俗道德这类教化规则并不可靠。相反，用在缓慢的历史进程中形成的教化规范来调整社会生活将造成适得其反的效果，在不同程度上阻碍人与人之间的高效合作交往。

在这一点上，“违约方是否应当享有解除合同之权利”就是一个代表性事例。在围绕这一问题展开的立法学术辩论中，朴素

---

① 参见熊丙万：《私法的基础：从个人主义走向合作主义》，中国法制出版社2018年版，第二章。

的道德判断发挥着重要的影响，阻碍了学术同行去精准地认识这一问题背后的社会合作及其障碍，以及国家介入组织的必要性和可行性方案。此外，关于这一问题的讨论，常常与来自比较法上的"效率违约"理论勾连在一起。而本章将阐明，由于我国法律学术同行在继受比较法律学说和理论时出现了重大的理解偏差，这进一步加重了从道德层面来评判"违约方解除权"问题的民法学术同行对这一具体问题的误判。这些都在不同程度上阻碍了民法学术同行深入交易场景，细致地认识私人之间达成更有效率、更有利于各方当事人利益的合同安排的前景；当然也在过往的一段时间内阻碍了民法学术同行去构想一套能够帮助实现对各方当事人都有利的"违约方解除权制度"。

2.1 违约方有权解除合同吗？

《民法典合同编（草案）》（二审稿）第353条第3款规定："合同不能履行致使不能实现合同目的，有解除权的当事人不行使解除权，构成滥用权利对对方显失公平的，人民法院或者仲裁机构可以根据对方的请求解除合同，但是不影响违约责任的承担。"这也是此前学术界热议的违约方合同解除权制度的雏形，最终表现为《民法典》第580条第2款的规定。[1]实际上，这一规定的

---

[1] 《民法典》第580条规定："当事人一方不履行非金钱债务或者履行非金钱债务不符合约定的，对方可以请求履行，但是有下列情形之一的除外：（一）法律上或者事实上不能履行；（二）债务的标的不适于强制履行或者履行费用过高；（三）债权人在合理期限内未请求履行。有前款规定的除外情形之一，致使不能实现合同目的的，人民法院或者仲裁机构可以根据当事人的请求终止合同权利义务关系，但是不影响违约责任的承担。"

出现经历了艰苦的学术辩论。即便在今天，围绕这一条展开的争论仍然没有停止。

实际上，早在中国民法学会起草的《民法典合同编》（专家建议稿）中，就有一条建议规定："法定解除权原则上由非违约方享有，但在维持合同效力将显著不当增加违约方负担的情形下，违约方也有权解除合同。"不过，在多次学术研讨中，不少民法同行提出"有违契约严守""自古都是非违约方享有解除权""违约本身就是一种不道德、不诚信的行为，怎能反过来享有解除权"，批评该立法动议。[①] 如前所述，这是个人主义私法哲学观所倚重的自发道德秩序的典型应用。

的确，这类基于朴素道德教化和经验的判断，在日常的违约情形是经济的。如果当事人可轻易违约且不用足额赔偿相对人的预期利益，那么，这不仅容易诱发机会主义行为，刺激一方当事人在稍有更好交易机会时就"跳出"合同；而且会严重损害相对人的缔约预期，激励相对人采取措施来防患因被违约而面临的各种不利局面，徒增交易成本。但问题在于，另有不少情形，当事人一方或者双方在缔约时所预测的未来履约情景发生重大变化。这种变化虽不至于严重到"不可抗力""法律上或者事实上履行不能"这样的程度，但实际履行将给一方当事人造成的经济负担会超过相对人因此获得的预期利益。在土地、房屋、油罐、集装箱等长期租赁合同中，承租人和出租人都可能面临这样的困境。

① 这类表达同样可见于学术文献，参见孙良国：《效率违约理论研究》，载《法制与社会发展》2006 年第 5 期，第 107 页。

在此情形下，如果能够相对准确地确定相对人的预期利益并保证其获得足额或稍高赔偿，那么，允许一方当事人解除合同是否会有助于实现各方当事人的“共赢”呢？特别是，是否有必要通过国家法律的形式，明确承认这种可能带来共赢局面的“不道德”违约行为呢？

为了回答这一问题，我们转入下一节关于这一问题之“效率违约”属性的讨论。

2.2 违约方解除权背后的效率违约之争

对于前述可以引发“多方共赢”效果的违约问题，在经济学上常常被称为“效率违约”。效率违约，又称有效违约，最初起源于普通法。概括地讲，效率违约理论主张，法律活动和法律制度的目的是最有效率地利用资源，以增进社会福利的最大化。法律应当以效益作为分配权利和利益的标准，效益就是用最小的资源消耗取得同样多的效果，或用同样的资源消耗取得较大的效果，以价值得以极大化的方式分配或使用资源。①

事实上，关于前述因为违约方解除合同而带来的“双赢”前景，当事人常常能自发地通过事前合同安排或事后重新协商来实现。实践中，大量合同会就未来可能影响履行的情形作出预测和特别安排，不少合同当事人在特殊情形出现后，以给予相对人足

---

① 江钟奇：《预期违约的法律价值及其经济分析》，载《经济与法制》2006年第6期。

够赔偿的方式（通常超过相对人的预期利益）来协议解除合同。然而，无论是事前安排还是事后重新谈判，都不是无成本的，有可能阻碍当事人有效率地解除合同。[①] 特别是，在一方当事人面临重大经济负担，而相对人却敲竹杠时，双方可能难以通过自发谈判来达成“双赢”结果。“新宇公司诉冯某梅商铺买卖合同纠纷案”[②] 就是典型例子。原告新宇公司所开发的大型商铺因经营不善而需进行业务转型，导致继续履行与被告冯某梅签订的单个商铺买卖合同成本过高。而在大多数单个商铺店主接受协议解约的情形下，承租人冯某梅在解约谈判中提出了畸高的赔偿要求，很可能远超实际履约给其带来的预期利益。这类敲竹杠行为与征收拆迁中的“钉子户”现象类似，会阻碍社会更有效率地利用财产或开展交易。

而这一问题，是我国民法学界围绕“效率违约”理论争论不休的问题。该理论自 1987 年叶林教授首次引进以来，[③] 已经历时 30 年之久。然而，自被介绍到我国民法学界以来，“效率违约”理论就面临诸多误读和误用，并牵连到对“违约方的合同解除权问题”的准确认识。在大量民法学家的眼中，效率违约问题主要是一个道德判断问题，涉及“诚信”这一重要道德观的维护问题。即便有不少民法同行认识到效率违约问题主要是一个经济问题，

---

① See Steven Shavell, *Foundations of Economic Analysis of Law*, at 314–316, 367 (Cambridge: Harvard University Press, 2004).

② 参见“新宇公司诉冯某梅商铺买卖合同纠纷案”，载《最高人民法院公报》2006 年第 6 期。

③ 叶林:《违约责任及其比较研究》，中国人民大学出版社 1997 年版，第 36 页。

即关于“相对人预期利益的足额赔偿和准确判断”的务实问题，不少人也因为没有能够具体到交易场景来分析这个问题而产生严重的误评。

在系统呈现效率违约这一合同法领域常讨论的经济学说之前，我们有必要先大致了解效率违约在民法学界所面临的三种常见批评。

2.2.1 道德瑕疵批评

民法学的发展有三大基石：私权神圣、责任自负和契约严守。尽管合同法的工具理性越来越受到重视，但是，分配风险的理念没有全面占据道德伦理统治的领域，区分善恶而决定违约责任的有无，仍然具有合理性和正当性，灿烂星空和道德律令这两个令先哲康德敬畏之物尚未过时。[①] 而效率违约的核心基础就是法律与道德的分离，有将契约仅仅视作当事人谋取经济利益的工具，而忽视契约的道德价值之嫌，这是其广受批评之处。

学者对于效率违约道德批评可谓俯拾即是。比如，效率违约秉持的是“使资源流向更具使用价值的人”手中的结果论，忽略了“契约应当严守”的道德价值、团结和合作价值、鼓励专用性投资的价值以及实现动态效率的价值。[②] 如果在侵害权利的情形下，坚持以效率违约原则作为认定责任的标准，有可能颠覆传统的侵权因果关系，“损害责任”的考量被悄悄地替换成了“获利的

① 崔建远：《合同法》（第五版），法律出版社2010年版，第297页。
② 孙良国：《效率违约理论研究》，载《法制与社会发展》2006年第5期。

返还”，导致“继续侵害”的恶果。[①] 即使允许卖方在生产成本升高的情形适用效率违约，仍有道德风险的问题：买方可能会夸大其期待价值，而卖方可能会夸大其成本增长的幅度，这都是确定损害赔偿数额的障碍。[②] 一言以蔽之，效率违约与其他经济学命题一样，将人的复杂动机与需要简单化为可计算的数字，完全抹杀了合同主体之间的共同体关系，在缔约目的非为取得财产利益时，效率违约根本难以满足其需求。[③]

2.2.2　效率存疑批评

另一种常见的批评认为，如果违约获得的利益大于继续履行合同所获得的利益时，一方可以选择违约，难以充分赔偿守约方因违约受到的损失，不能实现效率的目的。具体而言，批评者是从获益型和减损型两种范式展开的：在获益型违约情形下，“违约方”认为通过支付损害赔偿足以弥补守约方因违约而受到的损失，仅根据合同价格和另外进行的交易价格相比较得出的价格差额进行计算；相反，在避害型违约情形下，“违约方”则根据履行成本与违约损害赔偿的比较来决定是否违约。“违约方”往往无法预估对方实际损失的数额，当“违约方”仅通过履行成本和合同法规定的损害赔偿数额计算，从而得出不履行可以从中获得利益的

① 冉昊：《反思财产法制建设中的“事前研究”方法》，载《法学研究》2016 年第 2 期。

② 许德风：《论法教义学与价值判断　以民法方法为重点》，载《中外法学》2008 年第 2 期。

③ 谢鸿飞：《合同法新发展》，中国社会科学出版社 2014 年版，第 478 页。

结果，这并非守约方实际受到的损失的数额，即难以完全弥补守约方的损失，对守约方来说并不是一个有效率的方案。由于效率是效率违约理论的生命力和正当性基础所在，如果该批评能够成立，将对效率违约理论造成釜底抽薪式的冲击。

2.2.3 预设条件存疑批评

第三种批评意见认为，任何一个理论都有其预设条件，效率违约也不例外，一般认为，其预设条件主要如下：一是合同约定的标的物能够替代，只有在标的物具有可替代性的时候，才有用损害赔偿方式替代履行的可能性；二是履行利益能够精确计算，唯有精确计算出履行利益才能进行等价赔偿 ；三是“违约方”拥有对守约方的充分信息，意味着“违约方”可以充分掌握守约方对契约标的价值的信息，并且根据此信息进行评估对比违约收益，得出违约是否有效率的结论 。

批评者认为，实践中以上三个预设条件是不存在的：一是在许多情况下，合同所约定的标的物属于特定物（如房屋、土地、祖传物、古董等），具有特定性和专属性，无法替代；二是对履行利益的精确计算常常是困难的，因为市场价格和当事人的主观价值并不一定相符；三是通常情况下，“违约方”仅能知道守约方对标的物价值的评估高于约定价格，守约方却从不会将实际估值向“违约方”透露，缔约后守约方改变用途导致估值改变的，“违约方”更是无从得知，也就无法根据标的物对守约方的价值进行效率评估。

尽管面临前述三大批评，但我们需要进一步冷静思考的问题是，这些批评是否真的有的放矢，还是设定了错误的批评靶子，并导致了一系列后续错误认识和评判（特别是关于“违约方解除权”的评判）？要回答这一问题，我们需要重新回到“效率违约”理论所描述的具体场景，去细致分析何为“效率”。

2.3 效率违约理论中的“效率”

效率违约作为一种描述性的经济理论，与其说是在鼓励当事人违约，不如说是在描述当事人在合同交易中乃至整个社会生活中的行为选择规律。[①] 其要义在于：（1）当事人之所以缔结合同，是因为在缔约时预测：未来依约履行合同义务将让双方都能从中获益。不过，这种“共赢”前景是以合同当事人对未来履约时所处的社会情境或者条件的预判为前提的。（2）而在缔约时，合同当事人无法就未来可能对双方履约成本和收益造成实质性影响的情境进行逐一预测和谈判（如大型商铺需整体转型，否则面临重大亏损）。其中一些情境将对一方当事人的履约成本造成超出缔约预期的重大影响，以至于一方当事人因不履约而节省的成本（或者说因不履约而获得的收益）超出了相对人因履约而获得的利益。（3）在此情形下，免除一方当事人的履约负担（允许其“违约”），并让其向相对人提供不低于预期利益的赔偿，将使得双方都能从中获益。在市场交易中，效率违约主要有现货合同

① 参见唐清利：《效率违约：从生活规则到精神理念的嬗变》，载《法商研究》2008 年第 2 期，第 132–133 页。

和生产合同两种类型，以下举例分述之，顺带回应学者关于“效率存疑”的批评。

2.3.1　现货买卖合同

在现货合同中，效率违约的适用需要满足以下条件：（1）商品对买方的价值相对确定。（2）第三人以更高的价格向卖方发出购买要约，这种出价信息在市场中是有价值的，因为无利可图，卖方一般没有动力将第三人的出价信息告诉买方。（3）买方与出价更高的第三人之间相互不认识，缺乏进一步交易（转卖）的机会，易言之，买方取得商品之后没有机会转卖给出价更高的第三人。（4）最后也是极关键的一点，商品对第三人的价值高于对于买方的价值，也就是二者对商品的估值不同。

举例言之，卖方与买方签订古董买卖合同，古董对卖方的价值是 80 万元，对买方的（转卖）价值是 120 万元，合同约定价格为 100 万元，双方均能获益。之后，第三人向卖方出价 130 万元购买该古董，因为该古董对第三人的价值为 150 万元。此时，卖方为了获取更多的利益，必然主动与买方谈判，提议以赔偿其履行利益代替实际履约。假设卖方与第三人的谈判成本（卖方负担）、卖方和买方的重新谈判成本（卖方负担）和买方的转卖成本（买方负担）均为 1 万元，在买方不存在投机心理的情形下，按照法律语境下理性人的假设，依据双方谈判实力的不同，双方会在 19 万元（20–1，买方将来可以节约的转卖成本作为一种消极利益将拉低其要求“赔偿”的底线）和 28 万元（30–1–1，卖方额外承担的 2 万元谈判成本必然要从“违约”中弥补）之间的范围内容达成“赔偿”协议，实质效果是卖方和买方分享了第三人提供的10万元额外价值，且需分担增加的交易成本总额1（1+1–1）万元。

需要说明的是，在综合考虑交易成本之后，当且仅当第三人的出价高于121（120+1+1–1）万元的时候，才能满足效率违约的条件，因为在121万元之下时，卖方在赔偿买方的履行利益后不能获利，也就没有动机去“效率违约”，唯有第三人出价在121万元之上时，卖方和买方才有可能分享超出二者预期利益之外的额外收益，增进整体的福利（忽略交易成本时，各种情形下的各方收益比较，如图1所示）。

第三人出价（万元）	实际履行获得的收益（万元）			损害赔偿获得的收益（万元）			效率违约的收益差（万元）
	卖方	买方	总收益	卖方	买方	总收益	
80	20	20	40	−20	20	0	−40
110（80–120）	20	20	40	10	20	30	−10
130（大于120）	20	20	40	25	25	50	10

图1

通常来说，在市场信息充分度和竞争程度都较高的领域，不存在效率违约的问题，如城市商品房买卖市场，原因在于，不同市场主体对于商品的估值达成一致的可能性会明显提高，消除了效率违约的前提条件。一方面，在竞争充分的市场，买方的估值很可能随着商品价值的上升而提高，如人们对商品房的价值预期也会随着市场波动而普遍调整（除非对特定人有特定纪念意义的祖产，但商品房不适用），一般不存在“商品的买方对商品的估值低于第三人的估值”的情形。另一方面，即便商品买方对商品的价值预期不高，但也有动力和能力获取交易信息，然后在市场中转卖，独占上例中第三人提供的10万元额外利益，不会同意“违约方”的“违约”请求。可见，基于前述两个原因，商品总会流向估值最高的市场主体手中，要么是买方自身，要么是通过买方转卖给估值更高的市场主体。

另外，在商品房市场上，在房价波动幅度较大的时候，即便“违约方”（房价下降时，“违约方”为主张退房的买方；房价上涨时，“违约方”为主张退款的卖方）要求违约并按照合同约定的违约金计算条款（有的高达房价20%，如某些房屋中介的格式合同条款）进行赔偿，一般也不能完全补偿守约方在实际履行后可以获得的履行利益，根本就不是适用效率违约的情形，遑论依据效率违约进行“退房”，此时，法院支持实际履行的请求是更符合经济效率要求的。故，如果以“退房潮”中对出售人的履行利益保护不周来批判效率违约的“效率存疑”，无异于打在了错误的靶子上。

2.3.2 生产合同

在市场中，还有一种常见的交易模式有可能适用效率违约，那就是生产合同，即买方与卖方约定以确定的价格购买将来物，然后，卖方再去按照合同约定组织生产。一般而言，从签订合同至卖方准备生产的期间，有多种因素可能影响当事人对将来物的估值，如该商品的供求关系变化、原材料的价格起伏、是否有第三人向卖方提供更高的购买价格等，为简化起见，此处仅讨论生产成本变动的情形。

在生产合同中，效率违约需要满足以下条件：一是买方对将来物的估值不变；二是卖方的生产成本上升，且高于买方的估值预期。比如，买方与卖方约定以 100 万元的价格购买一批商品，卖方预期的生产成本为 80 万元，买方对商品的估值是 120 万元，故，如无变故双方都能获利。后来，生产成本上升，如果生产成本在 80 万元至 120 万元，卖方会决定继续生产。在生产成本高于 120 万元，如 130 万元时，卖方会主动与买方谈判，假设谈判成本 1 万元由卖方承担，如不履约买方亦可节省 1 万元的转售成本，则双方依据谈判能力的不同，按照理性人假设，双方必然在 19（20–1）万元至 29（30–1）万元（假设达成赔偿 25 万元的协议）的范围内达成赔偿协议，代替实际生产。谈判的实质效果是双方分享免予实际生产可以消极增加的 10 万元收益，买方和卖方都能获得比实际生产更多的收益，增进福利的最大化（忽略交易成本，生产成本在各种水平下的各方收益比较，如图 2 所示）。

生产成本（万元）	实际履行获得的收益（万元）			损害赔偿获得的收益（万元）			效率违约的收益差（万元）
	卖方	买方	总收益	卖方	买方	总收益	
80	20	20	40	−20	20	0	−40
110（80–120）	−10	20	10	−20	20	0	−10
130（大于120）	−30	20	−10	−25	25	0	10

图 2

至于学者所批评的，在生产成本升高至买方对商品的估值以上时，适用效率违约是否会引发卖方夸大成本、买方夸大估值的道德风险，笔者认为并不足虑。首先，必须承认的是，双方的谈判经验是否娴熟、对于实际履行的需求程度乃至于对相对方信息的知悉程度均会影响谈判结果。但是，卖方夸大成本、买方夸大估值的道德风险终究不会逾越一定的界限，因为一方虽然不知道对方的真实信息，但对自己的利益底线却是无比清晰的，那就是谈判的结果不得比实际履行的收益要差。无论是卖方提出的损害赔偿过低，还是买方要求的损害赔偿过高，如果超出了实际履行的成本或者收益，对方都会拒绝损害赔偿，转而坚持实际履行。就上例而言，这个界限对于卖方来说，就是赔偿 30 万元以内，对于买方来说则为 20 万元以上，总之，最终的损害赔偿数额终究会在 20 万 –30 万元，属于谈判能力所能影响的正常范围，而非道德（投机）风险。

2.3.3 小结

综上可知，无论是在现货合同还是在生产合同中，只要第三人的出价或者生产成本在一定程度上高于买方对标的物的估值，卖方基于效率违约的思想，通过主动与对方谈判，用损害赔偿取代实际履行，都能在涵盖交易成本的基础上弥补买方的履行利益，然后由双方分享效率违约带来的额外利益，促进资源的有效率利用，增进双方的福利。至于学者对于效率违约的“效率存疑”和夸大成本或收益“引发道德风险”的批评，经分析可知是站不住脚的，难以否定效率违约的理论价值。

2.4 有效率的违约方解除权制度安排

法学是一个面向实践应用的学科，上文虽然能够证成效率违约的理论价值，但在现实中，特别是在司法实践中不具有可操作性，诚如批评者所讲，如果适用效率违约的预设条件根本就不存在，那就无法构建出可操作的裁判规则，效率违约只是文字游戏而已。

2.4.1 效率违约的预设条件

首先，损害赔偿与实际履行的法律评价是一致的。正如世界上不存在两片一模一样的树叶，损害赔偿和实际履行在救济效果上永远存在一定的差别，而这种差别并不能否定预设条件的存在。我们知道，经验事实并不同于法律事实，经验事实向法律事实的转化需要经过法律的评价，法律评价的过程就是抽象化的过程，其间必然要忽略掉一些对法律评价不重要的差别，以实现法律适用的稳定性。在多数情况下，法律是承认损害赔偿具有与实际履行相同效果的，典型如普通法中，违约救济以损害赔偿为原则，即使极为重视实际履行的德国法，也对以损害赔偿承担违约责任设置了例外。故，损害赔偿取得与实际履行相同或相当的救济效果乃是一种法律上的评价，难以用经验事实上的差别来否定损害赔偿的救济效果。

其次，效率违约的动机产生于交易信息的取得之后。在市场中，大部分市场主体在签订合同后并不会汲汲于“效率违约”，而是按照合同组织生产或者履行交付义务，这样才是正常的市场环境，也是值得鼓励的履约态度。当然，这并不排除某些市场主体在签订现货合同之后，从他处取得另外的交易信息，得知或者预感其他买方对该商品的估值更高（此处并非指类似商品房、汽油等整体市场价格变动的情形），卖方只有在取得这种信息之后才会主动与买方谈判，主张“效率违约”，而非买方念兹在兹地为了“效率违约”去收集买方的估值信息。

一般情况下，违约方是在确定或预感到实际生产的成本过高之后，才会产生效率违约的动机，原因是多种多样的，如生产成本预算错误、原材料价格骤升（以不影响买方对商品的估值为前提），还有因卖方订单量减少或者业务转型导致生产量骤减，失去规模效益，单件成本大幅上升的情形等。在最高人民法院公布的裁判案例中，“新宇公司诉冯某梅商铺买卖合同纠纷案”生动地说明了这种情形，该案中，原告新宇公司所开发的商铺因经营不善而进行业务转型，导致继续履行与被告冯某梅签订的商铺买卖合同成本过高，才主动与被告谈判解除（违约）买卖合同。[①] 也就是说，卖方提出效率违约恰恰是在已经取得或合理预感到了第三人的估值信息高于买方，或者是确悉生产成本过高的情况下，不会因为信息匮乏而导致效率违约无法实现，否则，卖方一般不会产生效率违约的动机。

2.4.2 司法裁判中的处理规则

按照不完全合同理论，在符合效率违约的情形，双方会通过

---

① 参见“新宇公司诉冯某梅商铺买卖合同纠纷案”，载《最高人民法院公报》2006年第6期。

谈判自愿达成以损害赔偿代替实际履行的协议，增进双方利益，无须司法的介入。不可否认的是，仍有一些符合效率违约的情形进入了司法程序，如果法官能够事后准确获取相关交易信息，那么，法官不仅可以确定特定违约请求是否符合效率观念，而且可以在符合效率观念的情形下作出对各方都有利的裁判。但现实是，除违约方与相对人自己外，几乎没有比他们更了解这两项经济信息的人了。当争议发生后，双方当事人都可能是机会主义者，"买受人可能会夸大其期待价值，而出卖人可能会夸大其成本增长的幅度，这都是确定损害赔偿数额的障碍"。[①]

而法官无论是高估还是低估这两项经济信息，都可能引发大量负面效应。如果高估相对人的预期利益，则使那些有效率的违约行为无法发生；如果低估相对人的预期利益，则使一方当事人轻易获得违约的机会，诱发无效率的机会主义违约。实际上，经济学家也深刻地认识到了法官的信息不充分问题，并认为实际履行通常更有助于实现当事人之间的"共赢"。[②] 因此，除"新宇公司案"这类存在明显敲竹杠、显著不当增加一方当事人负担的情形外，法官在坚持底线的前提下促成谈判，一般不宜支持效率违约主张，以防止此类解除权被一方当事人滥用。

在多数情况下，"敲竹杠"行为虽具有合法的权利外观，即按照合同约定要求对方实际履行，实质上却是利用对方的急需或

① 许德风：《论法教义学与价值判断》，载《中外法学》2008 年第 2 期，第 188–189 页。

② 代表性的论述，see Steven Shavell, *Foundations of Economic Analysis of Law*, Cambridge: Harvard University Press, 2004, pp.352–353, p.377。

者劣势地位以猎取不合理的利益，法官应该予以驳回，其正当性基础就在于法律对于经济效率的追求。原因在于，法律虽为社会控制的主要手段，但国家不可能将所有的规范形态都提升到法律层面，也不可能将所有的行为禁止都上升为法律禁令。所以，虽然一些行为不在法律明文禁止之列，但其与公认的道德或习俗格格不入，从而也应被论断为不正当，行为人亦不得为之。①

诚如“新宇公司诉冯某梅商铺买卖合同纠纷案”判决书所载的判决说理：在以分割商铺为标的物的买卖合同中，为有利于物业整体功能的发挥，买方行使权利必须符合其他商铺业主的整体意志，冯某梅以其在时代广场中只占很小比例的商铺，要求新宇公司继续履行本案合同，不仅违背大多数商铺业主的意愿，影响时代广场物业整体功能的发挥，且因失去了经营条件，再难以通过经营商铺营利，继续履行实非其本意。这种状况不仅使双方当事人的利益受损，且造成社会财富的极大浪费，不利于社会经济发展。从衡平双方当事人目前利益受损状况和今后长远利益出发，依照公平和诚实信用原则，尽管商铺买卖合同关系合法有效，冯某梅在履行合同过程中也无任何违约行为，本案的商铺买卖合同也应当解除。②

《民法典》第 577 条规定了继续履行、采取补救措施或者赔偿损失等多种违约责任方式，相比于赔偿损失或者支付违约金，之所以实际履行应该优先适用，一般多是大而化之地认为实际履

① 易军:《“法不禁止即自由”的私法精义》，载《中国社会科学》2014 年第 4 期。

② 参见“新宇公司诉冯某梅商铺买卖合同纠纷案”，载《最高人民法院公报》2006 年第 6 期。

行更有利于实现合同目的。从经济效率角度来看，违约救济优先适用实际履行的合理性在于，它能够保证合同承载的善的价值绝不会以低于买方估值的价格出售给合同外的竞争者，否则，会在一定程度上损害合同对于缔约双方的整体价值。[①]但是，守约方对违约救济方式的选择应该受到《民法典》第580条第1款第2项等的限制，即在“债务的标的履行费用过高”的情形，继续履行非但不利于合同目的的实现，并且有损社会整体效率，且实质上构成守约方对“违约方”的“敲诈”时，法官就应借鉴效率违约的思想，允许一方请求以损害赔偿代替实际履行，甚至判令解除合同。尽管合同法采用了无过错责任的违约归责原则，法官在允许以损害赔偿代替实际履行之后，应该将当事人的过错作为确定损害赔偿数额的重要考虑因素，特别是守约方的无过错因素，应该重点考虑。

其实，因《民法典》第580条第1款第2项所指的“履行费用过高”的具体标准不明，导致法官适用困难，早有学者主张借鉴效率违约原理，以“违约方”履约的成本是否超过合同双方基于合同所能获得的利益作为“履行费用过高”的判断标准，在满足该条件时就应允许“违约方”用损害赔偿代替实际履行。因为在这种情况下，履约所需要的财力、物力将超过其他合理救济措施所需要的代价，违约显然比履约更具有经济效益，在违约责任替代后，“违约方”可以充分补偿守约方基于合同所能获得的履

① Steven Shavell, *Foundations of Economic Analysis of Law*, the Belknap Press of Harvard University Press, 2004, p.378.

行利益，从而最大限度地削弱了违约给合同双方造成的损失。[①]

除了“敲竹杠”这种明显符合效率违约的情形，由于市场经营的专业性、多变性以及当事人需求的差异化，当事人之间谈判破裂的主要原因是信息不对称或者利益分享不均，也有可能是因根本没有满足效率违约的条件。在当事人尚不能提出充分证据证明符合效率违约的条件下，法官正确判断是否符合效率违约的可能性很低，法官不可轻易认定其符合效率违约的要求，允许“违约方”以损害赔偿代替实际履行，以免破坏“合同必须严守”的价值，损害当事人的合理预期。但是，法官在裁判中仍然应该将效率违约所体现效率价值作为一项重要的考虑因素，对于有可能符合效率违约的案件，应该尽可能地采用调解的方式，促成当事人之间自愿达成协议，以实现当事人之间的最佳利益配置，在调解失败且无充分证据证明符合效率违约时，法官不可搞折中，应该坚守严守合同的底线，明确驳回“违约方”的请求。

需要提及的是，冷静期制度值得在处理效率违约案件中予以借鉴，通过给予双方设置一定的冷静期，当事人之间能够更理性地理解自身的经济处境和选项，促进双方达成理性共识。不可回避的质疑是，当事人诉诸司法途径一般是经过多次谈判不成的结果，增加冷静期制度，可能非但于事无补，反而拖延了时间，增加了诉讼成本。这种质疑不无道理，却也不尽然。与起诉前当事

① 刘浩宇:《效率违约的价值评析——对我国合同法第 110 条的再思考》，载《河北法学》2000 年第 2 期。

人自由谈判不同，法官要求当事人经过一定的冷静期之后重新谈判虽然仅是程序事项，却在一定程度上表明了法官在违约案件中对效率的重视。

在一个案件中，最终是采用损害赔偿还是实际履行作为违约救济方式，法官毕竟具有一定的自由裁量权，冷静期能够给诉中当事人带来一定的压力，特别是在双方均已知悉损害赔偿对任何一方都更有利却因利益分配不均、有意不配合以及信息披露不足的情形，在有可能承担败诉风险的压力下，双方可能更有动力作出利益、信息披露乃至情绪方面的让步，达成最有效率的协议。其实，法官通过表达对案件的态度来促进争端的解决，属于中国传统审判的特色之一，在清代的民事审判中就已被广泛采用，因为这时双方都得考虑自己是否处在可据理力争的地位，假如要正式堂审，县官（法官）会作出怎样的判决，他们还得权衡得失、辩诉和其他呈词，缴纳正规的诉讼费用，[①] 这种种现实考虑都有可能促进双方谈判达成有效率的结果。

当然，这并不等于“效率违约”在诉讼程序之外无法发生。相反，在没有竹杠可敲的情形下，当事人之间常有机会通过事后自发的协商来调整既有合同（包括协议解除），从而实现共赢。比如在“新宇公司案”中，如果争议标的不是大型商场中的一个商铺，而是街边的一个独立店面的长期租赁权，那么，当新宇公司收到来自第三人的更高承租报价后，新宇公司可能以给

---

① 黄宗智：《清代以来民事法律的表达与实践》，法律出版社 2013 年版，第 101 页。

予冯某梅足额赔偿为条件要求解除长期租赁合同。在此情形下，冯某梅很可能提出高于其预期利益的赔偿请求，但在理性决策时不可能漫天要价（敲竹杠）。因为如果要价过高，新宇公司就会干脆选择继续履行（放弃转租给第三人），从而使得冯某梅得不偿失。

2.5 结论：违约方解除权的合作效应

本章的分析表明，对于“违约方解除权”这类牵涉到朴素道德观的复杂语境的经济交往问题，法律人不仅要避免简单地诉诸个人主义私法哲学所推荐的朴素道德判断，以免浪费通过制度设计来促进私人合作的机会；而且需要转入一种细致的语境化分析，借此针对不同场景设计有针对性的合同制度，以促进违约方、守约方和第三人之间的高效合作与共赢。

具体到“违约方的合同解除权”制度安排上，无论是现货合同还是生产合同交易模式，效率违约都是在弥补了守约方履行利益的基础上，对双方利益的增进，促进了资源最有效率地配置。然而，效率违约并非能够普遍适用于所有的交易类型，而是主要适用于对标的物估值存在差异的经济性合同中，且多是“违约方”已经取得履约成本上升或第三人估值更高的信息之后才会产生效率违约的动机，进而主动与对方进行谈判以损害赔偿代替实际履行。

需要特别强调的是，效率违约作为一个经济学理论，旨在客观描述这样一种现象：在合同履行过程中，由于交易成本或第三人对标的物的估值大幅上升；交易双方为了增进各自利益，很可能有动力对此前没有细致谈判和安排的合同（或者说不完全合同）进行重新谈判和调整。效率违约理论及其在"违约方的合同解除权"问题上的具体应用，并非赋予"违约方"不经对方同意就轻易"违约"的权利。相反，只有在一方当事人（守约方）"敲竹杠"或者出现其他阻碍合同当事人之间自发重新谈判和调整的情形时，法院或者仲裁机构才有介入合同、承认违约方解除合同的必要。而且，这种通过司法手段来允许违约方解除合同的行为，应当以守约方的预期利益得到满足为前提，否则就有违各方当事人之间合作共赢的趣旨。

在很大程度上，民法学术界和立法安排上为了避免关于"违约一方居然还有权解除合同？""违约方的解除权制度是不是鼓励违约？"等道德绑架或者学说误解，在后来的学说发展逐渐选择回避"违约方解除权"这类容易引起道德误判的术语，转而采用了"打破合同僵局""合同僵局下的司法终止"等术语。[①] 在实

① 这方面的代表性讨论可见：王利明：《论合同僵局中违约方申请解约》，载《法学评论》2020 年第 1 期；石佳友、高郦梅：《违约方申请解除合同权：争议与回应》，载《比较法研究》2019 年第 6 期；刘承韪：《论违约方解除合同规则写入民法典之必要与可行》，载《中国政法大学学报》2020 年第 3 期；韩世远：《继续性合同的解除：违约方解除抑或重大事由解除》，载《中外法学》2020 年第 1 期；孙良国：《违约方的合同解除权及其界限》，载《当代法学》2016 年第 5 期；肖建国、宋史超：《〈民法典〉合同司法解除规则的程序法解读》，载《浙江社会科学》2020 年第 12 期；武腾：《民法典实施背景下合同僵局的化解》，载《法学》2021 年第 3 期；路成华、谷昔伟：《交易僵局中违约方司法解除请求权的证立及限度——基于租赁合同典型案例的分析》，载《法律适用》2020 年第 10 期。

定法的表达技术上，也将这一制度安排从原来所在的法定合同解除权制度（《民法典》第 563 条）迁移到了合同履行不能制度中（《民法典》第 580 条）。这种学说实用主义和立法实用主义的确有助于回避特定历史时期不必要的争论，但从另一个视角观察，其并未把握住将合同法理论予以更新和现代化的机会。

3 网络平台：通讯录数据权属与私人合作

与人与人之间的日常生活交往（如姓名决定权问题）和有限数量的当事人之间的财产交易（如物权、合同问题）相比，网络平台无疑是一种新颖的社会交往与合作方式。这种围绕网络平台展开的私人合作方式，不仅涉及如何将广大用户群体动员起来，在同一个平台上展开合作，而且还涉及作为动员中枢的平台如何与用户群体之间展开持续高效合作的问题。在个人主义所倡导的自发社会秩序中，法律应当持这样的态度：平台与用户群体之间自由地展开谈判和合同交易，如此能够取得比政府介入组织更好的合作效果。的确，随着数据科技和平台技术的发展，网络平台近年来如雨后春笋般地出现，并在衣食住行等各个领域推动了规模化的用户群体之合作交往。在这个意义上，合作主义私法观与个人主义私法观并无分歧。

但问题在于，在一个纯自发的合作模式中，用户群体之间、用户群体与平台之间的合作水平是否有进一步提高的空间呢？本章所选择的通讯录数据这类新型财产的权属问题便是一个很好的素材，可以用于比较和检验个人主义私法观与合作主义私法观的优劣差异。而本章将着重关注参与合作的共同体规模对私人自发合作的影响，以及法律介入治理的方案。

本章将致力于说明，对于平台用户的通讯录数据这类特殊财产，我们既无法通过个人主义私法观下的财产权制度（物权、合同）对其予以有效描述，难以就数据财产上的权属做出一次性明确分配；又无法通过或有或无的方式来分配这宗数据财产上的权属。相反，我们需要从促进用户群体与平台之间的持续良性合作的视角，采用一种开放的权利束观念来描述数据上的财产权配置，并在用户的一些数据积极利用需求上采取“强制许可使用 + 公平定价”的方式来协同实现用户群体与平台之间的利益诉求。

概括来说，在腾讯与抖音的用户头像和昵称之争的背后，实际上是关于用户社会关系链这一种数据财产之上的权利束体的分割与归属争议，有必要从一个“开放的权利束”视角来理解和阐释。微信通讯录中的关系链数据具有社会资本属性（social capital），对大量用户而言具有不可替代性；与隐私期待一样，涉及大量微信用户的重大利益关切。法律需充分保障用户对其社会关系链数据的利用权；在不损害其他用户隐私的前提下，允许用户积极利用关系链数据。不过，该社会关系资本的积累，一方面依赖于腾讯的技术支撑和资本投入，另一方面用户也通过阅读广告、流量支持和信息交换等方式支付着隐性对价。法律在允许用户积极利用其关系链数据的同时，需借助会计专业知识，在数据迁移场景下就用户是否已经向腾讯支付了足额对价进行评估，并在支付不足额时公平定价。如果用户的利用行为会在平台之间引发直接的市场替代效果，也需在定价时予以考虑。

3.1 我的头像/昵称谁做主？

自2017年《民法总则》第111条和第127条面世以来，学术界关于个人信息或者个人数据[①]之法律性质与权属划分的讨论方兴未艾。不过，既有学术讨论多侧重于在一个较为抽象的层面，并辅之以简要个案例证的方式展开。而腾讯与抖音之间关于用户头像和昵称数据的权属争议，同时涉及了多个网络平台和大量平台用户之间的重大利益冲突与协调问题，为进一步思考和检验既有的数据权属学说提供了一次良好的机会。

本案中，[②]原告是腾讯旗下的三家公司：深圳市腾讯计算机系统有限公司、腾讯科技（深圳）有限公司、腾讯数码（天津）有限公司（以下一并称腾讯）。被告是字节跳动旗下的两家公司：抖音产品经营者北京微播视界科技有限公司（以下简称抖音）、多闪产品经营者北京拍拍看看科技有限公司（以下简称多闪）。被告一抖音是一款于2016年9月上线的创意短视频分享平台。被

---

① 个人数据是在计算机和网络上流通的关于个人的、以计算机符号组成的比特形式。个人信息是通过这些符号呈现出与特定个人相关联的、反映个体特征的、具有不同程度的可识别性的客观事实。数据是信息的表现形式和载体，信息是数据的内容。两者具有共生性、一致性和不可分割性。在本章设定的议题背景下，两者系一体两面之关系。我们围绕微信用户之社会关系链数据权属展开的研究，同时也是针对用户之社会关系链信息的研究。因此，后文若无特殊说明，我们将交替使用这两个概念。不过，在不同的语境中，两个概念的表达力存有差异。例如，当强调数据作为社会关系资本载体时，下文将使用“个人数据”的表达方式；当强调数据体现的私生活秘密等内容时，下文将使用“个人信息”的表达方式。

② 参见天津市滨海新区人民法院（2019）津0116民初2091号民事裁定书。

告二多闪是由抖音平台开发的好友小视频社交平台，于 2019 年 1 月 15 日上线。目前多闪仅提供抖音账号登录这一种登录方式，并自动实现与抖音平台之间的社交功能互通。

自 2010 年开始，腾讯向其他网络应用（也称第三方平台）提供开放平台接入和开发服务。根据《腾讯开放平台开发者协议》，腾讯通过开放应用程序编程接口（Application Programming Interface，API），从而使第三方开发者在腾讯旗下的开放平台注册并提交开发申请以后，可以将其自己的网络应用接入腾讯开放平台，以便于更好地向该第三方平台的用户提供服务。2016 年 9 月 9 日、2016 年 12 月 11 日，抖音（第三方平台）先后接入了腾讯旗下的 QQ 和微信开放平台，从而使抖音用户可以通过已有的微信 /QQ 账号快捷登录抖音。但从 2019 年 1 月 22 日开始，腾讯以抖音诱导用户将微信平台以外的内容分享给微信好友影响了用户体验为由，停止向尚未使用过微信 /QQ 登录抖音的用户提供登录授权。2019 年 2 月 18 日，因原、被告双方就抖音 / 多闪平台使用腾讯 API 接口登录抖音 / 多闪应用的合法性存在较大争议，原告以不正当竞争为由将被告诉至天津市滨海新区人民法院，并于同日向法院提出行为保全申请。原告方的诉讼请求包括：（1）抖音停止在向抖音用户推荐好友时使用用户的微信 /QQ 头像和昵称；（2）抖音停止将用户的微信 /QQ 账号的登录服务提供给多闪使用；（3）多闪停止在多闪平台中使用已经获取的上述头像和昵称，并在多闪后台服务器中删除上述数据；（4）多闪删除邀请微信 /QQ 和群好友的功能按钮，停止诱导用户邀请微信 /QQ 好友使用抖音、多闪以及迁移微信 /QQ 好友关系的行为。于此，“头腾大战”战火重燃，[①] 再次引发了学术同行关于数据权属的热烈讨论。[②]

对此，原被告双方各执一词。原告主张，腾讯作为微信 /QQ 产品经营者，诉争头像和昵称数据是腾讯开展市场竞争的核心资源。在既未征得腾讯授权，也未取得用户明确授权的情况下，抖音自行拓展用户在微信上的关系链，并将关系链数据提供给多闪使用的行为违反了用户信息保护的相关规定，也违反了微信 /QQ 平台管理规则和诚信原则，构成对腾讯的不正当竞争。但抖音和多闪方抗辩认为，从“狭义竞争关系”出发，[③] 原被告间不存在竞争关系。采取保全措施将会影响被告的正常运营，损害其商誉。并且，行为保全与用户同意抖音 / 多闪使用其微信 /QQ 头像、昵称的意愿相违背。[④] 可见，本案的争议焦点为：抖音是否有权在好友推荐功能中使用用户的微信 /QQ 头像和昵称？抖音是否有权将

---

① 此次腾讯与头条系之间关于抖音、多闪授权之争其实并非两者的第一次“正面交锋”。自 2018 年 3 月 2 日起，由于腾讯方面的技术性限制，今日头条用户分享到自己微信朋友圈的文章链接对好友不可见；同年月 24 日，抖音用户分享到朋友圈的视频链接亦对好友不可见。抖音方面主张对方构成恶意封杀，而腾讯方面则宣称对方侵害用户隐私。

② 直接或者间接围绕这一案件展开的新近学术讨论如，北京师范大学数字经济与法律学术沙龙“微信头像、昵称为谁所有”，资料来源于微信公众号“大数据和人工智能法律研究院”：https：//mp.weixin.qq.com/s/WfXMQPMmWAgmAG6xYXT1QQ，最后访问日期：2019 年 8 月 6 日；对外经济贸易大学“数据纠纷：法官与学者的对话研讨会”，资料来源于微信公众号“对外经济贸易大学法学院”：https：//mp.weixin.qq.com/s/J06Er1P7rV5nmq965EyIGw，最后访问日期：2019 年 8 月 6 日。

③ 在本案中，指以文字、语音为主要沟通方式的通信行业的竞争。

④ 参见天津市滨海新区人民法院（2019）津 0116 民初 2091 号民事裁定书。

通过微信/QQ开放平台获取的用户头像和昵称数据许可给其关联方（多闪）用于登录服务？以及多闪是否有权在好友推荐功能中使用前述数据？[①]

2019年3月18日，天津市滨海新区人民法院作出裁定，支持了腾讯前三项诉讼请求（但在多闪后台服务器中删除上述数据的请求除外）。次日，多闪用户收到推送消息称，“根据腾讯公司强烈要求，您在微信/QQ上的账户信息，包括头像、昵称的权益属于腾讯公司，如果您多闪的头像昵称与微信/QQ一致，需要修改在多闪或微信/QQ上的头像昵称。如果昵称是真名，我们觉得可以保留”。

从表面上看，原、被告双方的争议焦点系用户头像和昵称的归属问题。但是，这一争议只是表象而已。双方真正的关切是用户头像和昵称数据背后所蕴含的人际关系链条或言社会关系网数据。毕竟，在人人互通、万物互联的数字经济中，一个平台的用户之间的社会关系链条的品质（而非头像和昵称）才是衡量该平台的商业价值和市场竞争力的关键。[②]对单个用户而言，道理同样如此：一个用户在平台上的社会关系网的面积、紧密程度和私密程度决定了该用户在平台上能够获得的福利的大小。

---

① 实际上，本案既包括事实层面，又包括法律层面的争议。前者关注的是抖音是如何在技术上获取了用户的关系链数据；后者关注的是数据权属的分割与界定。本章并不涉及事实问题的判断，而是从权利束理论的角度对数据权属问题进行的分析。

② ［美］杰奥夫雷 G. 帕克、［美］马歇尔 W. 范·埃尔斯泰恩、［美］桑基特·保罗·邱达利：《平台革命——改变世界的商业模式》，志鹏译，机械工业出版社2017年版，第6–7页。

在这个意义上，本案争议的基础性问题为微信用户的社会关系链数据的权属问题。由此出发，我们可以看到，在腾讯（包括微信/QQ）、微信用户和第三方平台（包括抖音/多闪）这三方当事人之间，本案涉及用户数据权属、用户数据的可携带性和平台间不正当竞争这三个逻辑层次的法律问题。且此三个问题间呈现出如下的逻辑关系：其一，在用户和微信之间，微信用户的头像/昵称和社会关系网的数据权属应当如何划分？其二，在用户和微信之间，微信用户是否有权要求微信以合理方式，向其他平台迁移其享有部分权益的社会关系链数据？是否需要向微信支付对价？以何种形式支付对价？[①] 其三，对于接受数据迁入的平台来说，其数据接受行为是否构成与微信间的不正当竞争？这是否会影响前述对价的评估？对第三个层面问题的回答，在很大程度上取决于前两个问题的结论。毕竟，抖音通过开放平台获取的微信用户头像/昵称是否正当，是以数据的权属划分和可携带性的判断为前提的。

如前所述，数量众多的平台用户之所以能够聚集到一起，在很大程度上是因为：一方面，平台利用数据科技将数量众多的潜在用户群体引导到同一个平台场域，让大家具有相互交往与合作的可能性；另一方面，更实质性的问题是，无论是用户群体，还是平台本身，都能够通过相互合作取得实实在在的好处，实现各

① 关于对价形式，除金钱对价外，还可能出现以数据本身为对价的交易。[奥]维克托·迈舍-舍恩伯格、[德]托马斯·拉姆什：《数据资本时代》，李晓霞、周涛译，中信出版集团2018年版，第197页。

自参与平台交往合作的利益期待。而本章着重讨论的通讯录数据权属的分配，无疑会对各方的合作积极性和合作水平产生执行的影响。正是在这个意义上，本章一方面重点讨论微信通讯录数据这一具体类型的财产权属分配，另一方面将以此为范例，就整个数据财产上的权属特点和分析框架予以挖掘。

3.2 通讯录权属与平台业内的互动合作

要回到如何配置数据权属的问题，实非易事。这是因为，在数据这类财产的权属分配上，我们面临两大难题：一是“财产体量和财产上权利束体的确定性难题”；二是“用户与平台在数据合作生产活动中的交易对价评估难题”。具体来说：

1. 财产体量和财产上权利束体的确定性难题

头像 / 昵称和社会关系链数据的体量和建立在这些数据之上的利益期待类型具有多元性、开放性。传统财产法上有着悠久历史的权利束学说（property as a bundle of rights）不再直接奏效，对数据这类新型财产缺乏足够的解释力。[①] 这大抵是因为，财产法学家起初提出权利束学说时，所观察的事实样本主要限于既存的有形财产。对于一宗已经存在的有形财产，我们不仅能够大致确定该宗财产的主要用途（forms of usage），而且常常能够针

① 关于财产法上的“权利束”学说，参见熊丙万：《实用主义能走多远——美国财产法学引领的私法新思维》，载《清华法学》2018 年第 1 期，第 132–134 页、第 143–148 页。

对每一项用途对该宗财产进行较为清晰的物理分割或者法律分割（physical or legal partitioning），将其分割成相应的财产条块（sticks），从而在该宗财产上实现“用途”与“条块”之间的有效对应。例如，所有人甲的一套二层小楼，原来完全由甲自己占有和使用。后来，甲将二层的室内空间出租给乙居住，并将二层的物理空间分给乙占有。再后来，甲将小楼的外墙面分割给广告公司丙打广告用，并将外墙面的物理控制权分给丙。甲为了融资还可以将整栋楼的交换价值抵押给银行丁，通过抵押登记实现法律意义上的权利分割。此外，为了欣赏远处的风景，邻居戊还可以在甲的小楼上设置空间地役权，限制甲加盖高楼的行为。尽管面临前述复杂分割，我们仍然可以清晰地看到，该宗财产上的各种用途能够与物理或者法律上的条块分割相对应；且当事人一般可以通过合同谈判就用途分离和条块分割作出明确的预期和安排。

然而，在数据场景下，传统的权利束理论直接适用遭遇了障碍。一方面，权利条块的数量，是随着技术赋能想象力的能力提升而不断增加的。微信平台和微信用户基于同一宗数据产生的利益期待，在很大程度上取决于他们在特定技术背景下对社会生活的想象力。平台总会在数据挖掘技术的不断更新和数据商业应用场景的频繁开发中，产生新的利益期待。而对诸多用户而言，受每个人社会生活偏好差异的影响，不同用户群体对头像/昵称及背后的社会关系链数据的私密性偏好和积极利用偏好常常存在较大差异。平台和用户不容易依据一般的经验就同一宗数据的主要用途，即条块的数量通过事先谈判加以确定。在这一点上，很难想象个人主义所倡导的自发秩序能够在事前有效解决这类数据财产的权属分配。另一方面，束体（the bundle）的体积，也是随着同一宗数据之上的数据量的扩展而不断膨胀的。在平台与用户的持续互动与合作开发过程中，同一宗数据的物理形态本身就可能持续地发生变化（如用户的微信通讯录会不断“变大”）。这就类似于，所有人甲的那套二层小楼在后续的产权分割和出让过程中在不断地发生物理上的变化，如楼层增高、墙体变厚、地基增强，等等。这也使得法律上对该宗个人数据的清晰界定和分割变得更加困难。

不过，这并不是说经典的“权利束”理论，对于理解数据财产上的权属问题毫无用武之地。相反，我们可以在充分考虑数据财产的开放性和扩展性的基础上（正视同一宗数据上的权利束数量和体积变动性），采用一种开放的权利束学说（an open bundle of rights）来描绘和理解一宗数据财产之上的权利样态。[①] 我们同样可以将该宗数据之上的财产权内容想象为一捆权利束体，束体中的每一条块代表了数据的一种用途。而这个权利束体的体积则代表了该宗数据的物理大小。随着数据量的积累和利用方式的丰富，无论是这一宗数据权利束体本身，还是束体内的权利条块，都会随时间和技术的进步而不断增长。并且，与传统的财产权利束学说类似，在数据收集、加工和利用环节中，这些权利条块的

① 法律既是被创造的也是被发现的。我们可以依据既有经验获知的规则（权利束理论），结合新兴利益的需要而创造新的法律规则（开放的权利束理论）。［美］罗斯科·庞德：《中国法律之基石：比较法和历史》，熊丙万等译，载《财经法学》2019 年第 1 期。

内容既可以表现为积极的作为，也可以表现为消极的不作为。[①]该宗数据上的权利实际上是一束权利的集合（或称“数据权益集合”），可以被分割为大量的子权利条块。在这个意义上，我们将其理解为一个开放的权利束。

于此，一个比较务实的思考方案是：针对一宗数据财产，先对用户或者企业在该宗数据之上的重大利益期待进行确认和分割，然后讨论该宗数据之上的剩余权属（剩余索取权和剩余控制权，为行文方便，下称剩余索取权）的分配问题（分配给企业或者用户）。[②]当然，与各种其他财产上的权利束体分割一样，无论是用户还是企业的重大利益期待（或者说权利条块诉求），都可能因为来自国家层面的公共利益要求而被克减。或者说，代表公共利益的国家也会与用户、企业一起竞争数据财产上的权利条块，如公安机关为了侦破重大刑事案件要求企业披露有关数据。不过，这一层关系并非本章的重点议题。

回到用户与企业之间的互动合作场景。用户的重大利益期待包括：以私生活秘密不被公开为内容的隐私利益期待，以网络生活安宁不被打扰为内容的隐私利益期待，以个人信用信息的准确

---

① 类似区分，参见叶名怡：《论个人信息权的基本范畴》，载《清华法学》2018年第5期。

② 剩余索取权是在合同履行之后取得剩余收益的权利，剩余控制权是在合同对决策权没有规定的时间和地方实施剩余控制权的权利，即在契约不完全时的机动处置权。两者有时集中于一个主体，有时分散地对称于不同的产权主体。参见聂辉华：《契约理论的起源、发展和分歧》，载《经济社会体制比较》2017年第1期；吴培忠：《论不完全合同与模糊产权存在的必然性》，载《经济问题探索》2000年第10期。

维持为内容的信用利益期待，以免予因个人偏好信息被错误评估而导致错误广告推送和名誉减损风险为内容的名誉利益期待，以免予因人格缺陷等信息被提炼和利用而遭遇现实人身财产诈骗损失为内容的数据安全期待，以实现必要个人信息的积极利用为内容的其他人身或财产利益期待，等等。平台企业之所以发起如此大规模的合作动议，当然有其重大的利益期待。这主要表现为：向免费使用平台服务的用户推送广告以获得利润的回报期待、收集和处理用户信息以满足用户个性化需要并优化服务的技术优化期待、基于广大用户的消费偏好开发新的商品或者服务的继续开发期待、保护既有市场竞争地位免予被不合理地替代的利益期待，等等。

在确保企业或者用户的重大利益期待得到明确承认的前提下，对相关数据的剩余索取权的分配，需要着重考虑如何分配才能更好地发挥这些数据的社会效用，并最终惠及一般社会大众，提升广大平台用户参与这一合作的福利。但如前所述，企业或者用户的哪些利益期待是重要的或者说不可以打折扣的，取决于特定时期的科技水平和社会生活想象力。我们注定无法就将来可能发生的利益期待予以较为全面地列举，而只能在确定剩余索取权分配规则的前提下，在未来从一方的剩余索取权中不断重新分割另一方新生的重要利益期待。

2. 用户与平台在数据合作生产活动中的交易对价评估难题

第二个难题是，假如我们认为有必要赋予微信用户向其他平台复制其在微信上搭建的社会关系链等个人数据，那么，如何评估微信在向用户提供社会关系链数据服务时的交易对价？

在个人主义的私法世界里，很难想象有一个强制交易及其公平定价的私法机制。

事实上，抖音能否根据微信用户的授权去同步微信通讯录的问题，并不是一个全新的问题。在微信投入市场之初，人们的通讯录主要储存在非智能手机和 SIM 卡上。假如手机制造商和电信运营商当初以格式条款的形式与手机用户作出诸如“非经手机制造商/电信运营商同意，用户不得允许其他网络应用批量同步其通讯录”之类的约定，在此情形下，如果微信希望根据智能手机用户的授权，批量同步其手机或者 SIM 卡上的通讯录，可能同样面临来自手机制造商或者电信运营商的反对。

在这样的思想实验语境中，微信与抖音之争背后的社会关系网的权属分配问题是同样存在的。但有所区别的是，当用户通过支付对价从手机制造商处取得手机所有权，从电信运营商处获得号码专属使用权后，手机制造商和电信运营商并不会在“社会关系链数据及其背后的社会关系资本的扩大和增长”这一事宜上扮演重要的角色。或曰个人社会关系资本的增长不是因为手机制造商或者电信运营商的投资而发生的，而是通过个人的社会交往和存储行为得以实现的。在这个意义上，用户与硬件制造商之间并未就通讯录的生产进行合作投入。与此不同的是，在微信通讯录社会关系资本的积累过程中，用户和平台都发挥了重要作用，双方之间存在交错复杂的互动合作。而且，用户也通过阅读广告、电子支付和流量支持等多种方式向腾讯支付着隐性或者显性对价。在此场景下，数据的流动不仅是用户的一项重要利益期待，还关乎平台的商业利益。

但是，腾讯到底为这类服务投入了多少成本，用户支付了何种和多少对价？接受数据迁入的新平台在多大程度上会引发不合理的市场替代效果？[①] 对这些问题的精确回答，明显超出了一般法律人的学术能力极限。一个务实的方案是诉至会计学等更专业的知识来寻求可能的答案，而不是像个人主义所说的那样，留待某种根本就不存在的习俗和道德规范来调整。法律同行可以贡献的是，尽可能清晰地理解和呈现用户社会关系链创设过程的交易属性，并尽力去描述双方在该交易过程中的成本和对价要素，为进一步的会计专业评估提供指引。

因此，与用户相关的数据权属问题，不是简单的习俗道德判断或者概念逻辑推演的产物，而是一个数据服务成本投入和对价支付的经济核算问题，是一个合作当事人能否协调实现自身利益的问题。对微信用户而言，数据中的隐私利益、信用利益、名誉利益、数据安全利益和社会关系资本利益，是其最初积极参与到网络平台交往中的起码动机。对于此类利益期待，本章称其为“重大数据利益期待”。而对于用户在使用微信服务时的浏览足迹、通讯日志信息和服务故障信息等，对用户的重要性或者在平台上的不可替代性并没有前者那么高，因此本章将其称为“一般数据利益期待”。有鉴于此，本章将结合“社会关系链数据”这一具体场景，区分个人重大数据利益期待和一般数据利益期待，尝试发展出一套处理数据权属问题的基础性分析框架，为包括“腾讯

---

① 我们应当区分市场竞争和市场分化。See Orly Lobel，“The Law of the Platform”, 101 *Minnesota Law Review*（2016）, p.112。

诉抖音、多闪案”在内的多方数据权属争议案件提供理论指引，以促进平台企业和用户群体之间的互动合作。

3.3 用户的偏好分化与互动合作

3.3.1 静态权利保护观念中的数据权利

在个人主义的私法观念中，重点是确认私人享有哪些权益，并确保这些权益的消极防御功能，即防止来自他人的侵犯。隐私权的历史发展就是代表性事例。自 1890 年沃伦（Warren）和布兰戴斯（Brandeis）提出不可侵犯的隐私权观念以来，[①] 隐私权的概念日益深入人心并在法律学说上得到了丰富的发展。学术界充分认可并强调对个人隐私的防御性保护。[②] 在互联网发展早期，信息从网站到用户单向流动的时代（web 1.0），法律侧重强调对用户私生活安宁和私生活秘密的防御性保护。毕竟，由于技术条件的限制，个人信息的财产价值没有被互联网企业充分挖掘。此阶段的重点是个人信息的传播，对信息收集、加工和利用的重视程度并不够，法律主要发挥的是维护用户人格尊严的功能。[③]

不过，随着技术的发展，网络经营者越来越重视与用户的互

---

① Samuel D. Warren. Louis D. Brandeis, “Right to Privacy”, 4 *Harvard Law Review*（1890–1891）.

② 较早的研究参见王全弟、赵丽梅：《论网络空间个人隐私权的法律保护》，载《法学论坛》2002 年第 2 期；新近的研究参见王利明：《隐私权概念的再界定》，载《法学家》2012 年第 1 期。

③ 刘德良：《个人信息的财产权保护》，载《法学研究》2007 年第 3 期。

动。在“用户—网站”互动、信息双向流动的技术背景下（web 2.0），个人信息的利用方式和经济价值日益增加。相应地，用户与数据企业之间的个人信息利益冲突从原来的防御性隐私保护，扩展到了对个人信息的控制权和积极利用利益的争夺。法律学说也开始区分防御型隐私利益和积极利用型个人信息利益，[①]并有人主张赋予个人排除他人获得其个人信息，并决定如何许可他人使用其个人信息的权利。[②]同时，数据收集企业的商业模式也开始作出调整，日益普遍地遵守“通知—同意”规则。[③]在web 2.0时代，由于数据企业对个人信息的利用方式较为有限、可预见性和可控性较强，简单的“通知—同意”规则引发的问题也不大。

而到了大数据时代（web 3.0），数据的流动方式从网站与用户的双向互动模式演变为发散的多向网状结构。个人数据不仅在网络平台和用户之间流动，还在各平台间广泛传播和交互。并

---

① 持此观点的学者参见谢远扬：《信息论视角下个人信息的价值——兼对隐私权保护模式的检讨》，载《清华法学》2015年第3期；王利明：《论个人信息权的法律保护——以个人信息权与隐私权的界分为中心》，载《现代法学》2013年第4期；张新宝：《从隐私到个人信息：利益再衡量的理论与制度安排》，载《中国法学》2015年第3期。

② See Vera Bergelson, “It's Personal but Is It Mine – Toward Property Rights in Personal Information”, 37 *U.C. Davis Law Review*（2003）, p.402.

③ 法律法规层面，《全国人民代表大会常务委员会关于加强网络信息保护的决定》《消费者权益保护法》《信息安全技术公共及商用服务信息系统个人信息保护指南》均有关于“通知—同意”规则的相关规定。司法层面，北京知识产权法院在“北京淘友天下技术有限公司等与北京微梦创科网络技术有限公司不正当竞争纠纷”［微博脉脉案，北京知识产权法院民事判决书（2016）京73民终588号］中，也明确了数据使用的“用户授权＋平台授权＋用户授权”三重授权规则。对于将用户同意作为数据使用规则的学术文献更是不胜枚举。

且，数据的大量积累和深度学习能力的提升，丰富了对个人数据予以开发和利用的方式。个人数据的价值除了体现在对原生个人数据的直接利用之上，而且还日益体现在经二次或多次开发之后的“衍生数据”之上。企业对数据开发和利用不仅引发了关于隐私保护机制有效性的新一轮讨论，[①] 而且还引发了关于个人数据的公平利用问题。对于这类问题，web 2.0 时代广泛适用的“通知—同意”规则就不再简单奏效，至少经不起严肃追问。因为“通知—同意”规则要么因为授权范围太窄，阻碍了数据的二次合理开发使用；要么因为授权范围太过宽泛，在实质上被架空。[②]

另外，用户的兴趣也远不限于“平台的利用行为是否应争得其同意”“平台是否需要有偿使用其个人信息”等问题，而且还发展到“用户自己可以在何种程度上积极获取和利用其个人信息”这类尖锐问题上。倘若一位微信用户起诉腾讯，要求腾讯向抖音披露其在微信平台上的社会关系链数据，甚至愿意接受关于数据迁移的公平定价。那么，这将直接触发用户对其个人数据的积极利用问题的讨论。这样的讨论，并不是对既存的可以明确划分的权利的分配，而是涉及如何通过动态利用现有资源去生成未来权益的问题。

不过，一方面，迄今为止，围绕个人数据发生的权属争议主

---

① 参见丁晓东：《什么是数据权利？——从欧洲〈一般数据保护条例〉看数据隐私的保护》，载《华东政法大学学报》2018 年第 4 期。

② 参见［英］维克托・迈尔 - 舍恩伯格、［英］英肯尼斯・库克耶：《大数据时代：生活、工作与思维的大变革》，盛杨燕、周涛译，浙江人民出版社 2013 年版，第 197–198 页；姚佳：《企业数据的利用准则》，载《清华法学》2019 年第 3 期。

要发生在数据企业之间。代表性的如，Toysmart 与 FTC 就用户信息是否属于公司破产财产产生的争议[①]、微博脉脉不正当竞争纠纷[②]、淘宝美景生意参谋案[③]以及百度大众点评不正当竞争纠纷[④]。另一方面，学术上的关注也主要限于两个方面：一是在平台技术

---

① 早在 2000 年，"Toysmart 公司破产案"（Federal Trade Commission v. Toysmart.com，LLC）就引起了个人信息可否属于 Toysmart 公司破产财产的争论。最终，Toysmart 公司与 FTC 达成协议，承诺在破产程序中，不会将用户信息卖给第三方（符合条件的、全盘收购 Toysmart 网站的家族互联网公司除外）。FEDERAL TRADE COMMISSION v. TOYSMART.COM，LLC，United States District Court，D. Massachusetts，Civil Action No. 00–11341-RGS，July 21，2000。

② 参见"北京淘友天下技术有限公司等与北京微梦创科网络技术有限公司不正当竞争纠纷"[微博脉脉案，北京知识产权法院民事判决书（2016）京 73 民终 588 号]。该案争议焦点为淘友天下（脉脉）取得并使用微梦创科（新浪）用户的职业信息、教育信息的行为是否构成不正当竞争。北京市知识产权法院二审认为，第三方通过 Open API 获取用户信息时应坚持"用户授权＋平台授权＋用户授权"的三重授权原则，脉脉获取新浪微博信息的行为违反了诚实信用原则和互联网中的商业道德，具有不正当性。

③ 参见"淘宝（中国）软件有限公司诉安徽美景信息科技有限公司不正当竞争纠纷"[生意参谋案，杭州互联网法院民事判决书（2017）浙 8601 民初 4034 号]。该案中淘宝方主张美景公司共享"生意参谋"数据产品的行为构成不正当竞争。杭州铁路运输法院判决认为，用户对原始信息具有使用权，淘宝对深度开发后的数据产品"生意参谋"具有竞争性财产利益。因此，美景公司共享"生意参谋"账户信息的行为构成对淘宝财产利益的侵害。

④ 参见"北京百度网讯科技有限公司与上海汉涛信息咨询有限公司、上海杰图软件技术有限公司其他不正当竞争纠纷"[百度与大众点评案，上海知识产权法院民事判决书（2016）沪 73 民终 242 号]。该案争议焦点为百度地图使用大众点评用户评论信息行为是否构成不正当竞争。上海知识产权法院二审认为，大众点评网上的用户信息是汉涛公司付出大量资源所获取的，具有很高的经济价值；百度通过搜索技术抓取并大量全文展示来自大众点评网的信息，违反公认的商业道德，且超过了必要的限度，构成不正当竞争。

背景下如何认定广大平台用户的“隐私”等消极防御性利益期待，致力于建构一套包括隐私利益期待在内的消极防御权体系。[①]二是在一个相对宏观的层面来讨论数据保护基本路径的选择，即应当通过何种法律路径配置平台企业和广大平台用户在个人数据之上的权利，方能兼顾用户权益和企业的数据财产利益。[②]这种宏观的讨论的确有意义，但要想讨论出有意义的、能够促进人际合作的私法制度安排，我们有必要深入到具体的场景中。

既有法律学术文献通过对具体场景中的重大现实争议问题展开微观层面的细致讨论并不多，甚至可以说很少。脱离具体的数据商业实践场景来讨论数据的权属问题，一个比较大的风险就是走向理论的空洞化。[③]这不仅使得前述关于个人数据之法律属性和权属配置的代表性观点之间缺乏进行压力测试的有效样本，难分伯仲，而且阻碍了法律学术同行对以下三方面的问题展开细致的观察：第一，对用户而言，在同一宗个人数据之上除了享有“隐

---

① 胡文涛：《我国个人敏感信息界定之构想》，载《中国法学》2018年第5期。

② （1）自然人数据防御权与企业数据财产权论，参见程啸：《论大数据时代的个人数据权利》，载《中国社会科学》2018年第3期。（2）数据财产权论，参见龙卫球：《数据新型财产权构建及其体系研究》，载《政法论坛》2017年第4期；许可：《数据保护的三重进路——评新浪微博诉脉脉不正当竞争案》，载《上海大学学报（社会科学版）》2017年第6期。（3）侵权救济论，参见梅夏英：《数据的法律属性及其民法定位》，载《中国社会科学》2016年第9期。（4）公法保护论，参见高富平：《个人信息保护：从个人控制到社会控制》，载《法学研究》2018年第3期；吴伟光：《大数据技术下个人数据信息私权保护论批判》，载《政治与法律》2016年第7期。

③ 李谦：《商业实践及其限度——兼评中国cookie隐私权纠纷第一案》，载《中国法律评论》2017年第2期。

私保护”等消极防御性的重大利益期待之外，是否还有积极利用性的重大利益期待？同一平台上的不同用户是否会存在利益偏好上的明显差异？第二，如果有，那么是否有可能以及如何在同一平台上协同实现一些用户的消极防御利益期待和另一些用户的积极利用利益期待（如学术同行开始关注的“个人数据携带权”）？[①] 第三，在现实的案件争议场景中，考虑到包括这两类用户在内的多元用户类型及其个人数据利益期待，如何在数据企业和各类用户之间对同一宗个人数据之上的权属进行可操作性地分割？[②]

为了回答前述问题，我们先转入对微信平台上的用户隐私偏好差异的考察，包括内敛型用户（隐私敏感型）和外向型用户（隐私不敏感型），然后考察如何通过同一个平台世界来促进各自之间的合作与利益的协同实现。

3.3.2 内敛型用户的消极隐私权益

苹果公司在手机广告中说，“如果你看重生活中的隐私，那么你就应该看好承载你生活的手机”[③]。的确，数据技术的频繁迭

---

① 参见李蕾：《数据可携带权：结构、归类与属性》，载《中国科技论坛》2018年第6期；曹亚廷：《数据可携带权及其对征信业影响初探》，载《征信》2016年第9期；曹亚廷：《基于可携带理念的个人信息流转平台探索》，载《征信》2017年第10期。

② 微博脉脉数据之争，主要引发了关于数据企业之间的数据权属和公平竞争问题的讨论，但没有回应用户和数据企业间数据权属界分的问题。

③ “If privacy matters in your life, it should matter to the phone your life is on.” See https://www.youtube.com/watch?v=A_6uV9A12ok，最后访问日期：2019年8月6日。

代和广泛应用让我们的生活“暴露无遗”，平台用户的隐私忧虑和诉求也越来越强烈。在新近的案例中，法学博士研究生小凌（化名）通过手机号注册并登录了抖音和多闪平台，但从未同步通讯录或者关联微信账号，却在抖音推荐的“可能认识的人”中发现了大量多年未曾联系的好友，甚至前女友。小凌认为，抖音和多闪平台的商业模式侵犯了其隐私权：一是抖音自动关联了微信好友信息并进行好友推荐的行为，打扰了其生活安宁；二是抖音自动与多闪同步的行为，背离了用户隐私期待。于是，小凌将抖音和多闪诉至北京互联网法院，诉请抖音立即停止侵权行为、披露平台获取好友关系的途径，并赔偿经济损失 6 万元。①

小凌的主张最终能否得到法院的支持尚待进一步观察。但可以理解的是，与小凌持类似隐私偏好的用户还不少。②这类用户的隐私偏好程度较高，不愿意平台轻易收集、加工、公开和转让其个人信息，也不希望自己的私生活安宁被网络平台的商业行为所打扰。我们将这类平台用户称为内敛型用户或者隐私敏感型用户。对于这类用户，即便其手机 /SIM 卡和微信通讯录中记录了广泛的社会关系数据，他们既不愿意让外界知晓其社会关系网络；

---

① 申鹏：《玩抖音刷出前女友！法学博士起诉抖音多闪》，资料来源于《南方都市报》：http://news.southcn.com/nfdsb/content/2019–03/20/content_186141376.htm，最后访问日期：2019 年 8 月 6 日。

② 另案中，王先生起诉腾讯，要求腾讯立即停止在腾讯旗下的“微视”APP 中使用其微信或 QQ 好友关系链数据的诉请得到了黑龙江省哈尔滨市香坊区人民法院的支持。可见，内敛型用户的隐私需求得到了法院的肯定。《法院再下禁令，要求腾讯停止滥用好友关系链》，资料来源于 BiaNews：http://www.bianews.com/news/details?id=39101，最后访问日期：2019 年 8 月 6 日。

也不希望外界干预其与通讯录中好友进行互动的场景、方式和内容。即便一位微信用户有很多微信好友，但并不一定希望与这些好友在抖音等其他平台场域下继续成为好友。特别是，当一位用户在微信平台上的行为偏好和人格形象与在其他平台上的状态存在比较大的差异时，他更有可能如此选择。即便这位用户并不排斥与微信好友在抖音上继续保持联系，但也可能不希望在抖音上轻易向其好友分享其视频浏览或者视频表演偏好，而是选择做一位安静的观众。毕竟，抖音、多闪等平台上的短视频和视频直播服务的内容多样性程度比较高。一些用户钟爱的内容可能在另一些用户看来不够“高雅”。反之亦然，一些人的“高雅”偏好在另一些人看来不够接地气。还如，一些生活和情感状况稳定的用户，有可能不希望在网络社交场所上与此前有过生活或者情感纠葛的人士再度相遇，以避免新的尴尬或者其他不愉悦的境况的发生（如不希望有与前女友死灰复燃的机会）。

但在抖音平台此前的隐私政策中，“允许将我推荐给好友”选项默认为开启状态，“谁可以发消息给我”默认为所有人，“谁可以看我的喜欢列表”默认为所有人。用户需要主动点击“我—右上角图标—设置—隐私设置”等一系列选项后，才能进入隐私设置界面手动关闭上述功能。当新用户直接通过手机号登录抖音平台时，其很可能并不知道自己将被自动推荐给好友，而且自己的浏览轨迹将对所有人可见。平台的此种隐私政策很可能超出了内敛型用户的隐私预期。此外，即便是那些使用微信/QQ 账号登录抖音的用户，如果其明确同意的内容是将其微信头像、名称等仅用于登录服务，那么，抖音在未获用户的明确授权时将上述数据直接用于推荐好友功能，也很可能超出了这类用户授权登录时的使用目的和使用范围。

要而言之，对隐私敏感型用户而言，与对线下生活的预期一样，维持网络空间的私人生活秘密与安宁是其重要的利益期待，甚至很可能比通过妥协隐私来换取网络社交便利更重要。用户的这类隐私偏好，网络平台有必要予以尊重，有必要在用户首次登录时为其提供明确的、便捷的隐私偏好选择机会。然而，在个人主义所主张的自发社会秩序之中，大量平台通过用户群体几乎不会去阅读的格式条款获取了用户的“同意”。抖音如此，腾讯旗下微信之外的关联平台同样如此。在这样的自发秩序中，很难想象隐私敏感型用户的利益期待能够得到满足。相反，自发型社会秩序会让这部分群体对平台的商业策略保持敏感、谨慎，甚至避而远之。这显然是不符合通过平台促进广大用户群体的深度合作这一私法目标的。

3.3.3 外向型用户的积极利用利益

与内敛型用户相反，外向型用户更看重平台在扩大社交关系网络中的技术红利。他们不仅希望在微信平台上不断编织其社会关系网，而且还希望在抖音等其他平台交往场景与其好友重建联系、保持密切的联系和互动、分享有趣的视频内容。该类用户希望向抖音开放通讯录功能、关联其他社交平台账户，并将抖音视频主动转发到微信朋友圈。不过，外向型用户的这类偏好能否实现，这在很大程度上取决于手机硬件 /SIM 卡和微信平台是否愿意提供相应的技术支持，以帮助这类用户在其他平台及时建立有效的社会关系网。

人类社会的一个重要特征在于其社会属性。当网络社会关系成为特定社会群体的主要社会关系内容时，保持用户社会关系网的流动性，让其有机会便捷地发挥和利用其社会关系网络，当属外向型用户在社会关系链数据之上的重大利益期待。但实践中，不乏用户登录抖音后想找好友却找不到的窘境。[①]无论是微信平台的经营者还是手机制造商、电信运营商，一旦他们基于与用户的格式合同安排等理由阻碍个人通讯录的跨域复制，那么，外向型用户只能通过“面对面加好友”等方式逐个手动添加好友，并很可能因此面临烦琐过程而放弃重建好友关系网。

不过，这些尚不足以说明，应当赋予用户自由地向其他平台复制其微信通讯录的法律权利。毕竟，如前文所述，在同一宗个人数据财产之上，数据企业和用户都存有多元、开放的开发和利用预期。“保持社会关系网络的流动性”这一利益期待只是用户在社会关系链数据这一宗财产上的一种重要利益期待而已，尚需与该宗数据财产之上的其他利益期待予以统筹协调。特别是，一个用户可能同时拥有手机、SIM 卡和微信等多种社会关系链储存载体，我们有必要评估微信通讯录这种储存载体对用户到底有多

---

① 根据抖音官方数据，截至 2018 年 7 月，抖音全球月活跃用户超过 5 亿。可见，抖音拥有数量众多的目标用户群。但腾讯停止向尚未使用过微信 /QQ 登录抖音的用户提供登录授权，意味着上亿用户面临想找好友却找不到的窘境，而不得不在抖音平台重新建立社会关系网。白金蕾:《抖音宣布全球月活跃用户数突破 5 亿》，资料来源于《新京报》: http://www.bjnews.com.cn/finance/2018/07/16/495348.html，最后访问日期: 2019 年 8 月 6 日。

重要，是否具有不可替代性。

3.3.4　小结

前述分析表明，不同用户群体在其个人社会关系链数据之上的隐私期待强烈程度并不相同，法律制度安排需要尽可能地充分照顾到这两个群体的不同需求，通过制度安排同步满足这两个群体的诉求。这可以说是促进平台上用户广泛合作的一大难题。在个人数据跨平台流转的场景下，内敛型用户对隐私保护的诉求较高，而外向型用户则倾向于更充分地利用蕴藏在其头像、昵称和通讯录中的社会关系资本。区分用户隐私偏好的目的，在于说明对内敛型用户和外向型用户而言，隐私保护的诉求和积极利用通讯录数据的诉求分别构成两类用户的重大利益期待。如本章后文将详细描述的那样，不同的利益期待分别构成数据这宗权利束体的一个权利条块。法律应当承认并协调两类差异化的权利条块。因此，为了应对用户的群体性偏好差异，同步满足各类群体的重大利益期待，我们有必要贴近平台商业和一般社会生活实践，从具体的社会场景出发来观察各用户群体的利益期待、协调可能性以及相应协调方案之下的数据权属问题。

事实上，一旦我们贴近抖音平台的商业实践，就会发现，这种协调方案不仅在技术上是可行的，而且在成本上也是可控的。抖音可以在设置默认规则时，将“允许将我推荐给好友”设定为关闭状态；或者明确提示并要求用户在首次登录时作出选择，这样便可以同步满足两类用户的隐私偏好诉求。对于隐私敏感型用户，这更多涉及用户的隐私保护问题；但对于外向型用户，可能引发的却是因数据迁移造成的企业间公平竞争秩序问题，无涉用户的隐私保护问题。如前文所述，隐私利益和企业竞争利益是两个层面的问题。但实践中，不乏企业假借用户隐私保护之名，以维持自身竞争利益之实。“这种企业独占权的主张会被用保护用户个人隐私的理解包装起来”，[①] 典型的如“微博诉脉脉案”和“LinkedIn 诉 hiQ 案”（HIQ Labs，INC v. LINKEDIN CORP.，273 F.Supp.3d 1099）。对此，本章力图呈现，由于用户隐私偏好存在多样性，我们不能简单地以保护用户隐私为由全然否定用户积极利用个人数据这一利益诉求的正当性和可行性。具体到“腾讯与抖音、多闪”之争这一场景，需继续回答的问题是，法律是否需要将微信用户希望保持其微信社会关系链流动性这一需求认定为个人的重大利益期待，以及用户是否需要为了实现这一期待向微信平台经营者支付对价。

3.4　外向型用户的通讯录数据

要理解社会关系链数据对用户有多重要，首先取决于我们对社会关系链的价值属性的认识。社会关系链是什么？这当然有不同的观察视角和答案。但从人们在现实生活中的现实关切出发，从社会资本（social capital）的视角来理解社会互动与合作关系网的价值属性是贴近一般生活经验的。

---

① 戴昕：《数据隐私问题的维度扩展与议题转换：法律经济学视角》，载《交大法学》2019 年第 1 期。

3.4.1 平台用户合作关系的通讯录载体

尽管每个人所偏爱的社会互动与合作关系网的面积和紧密程度并不一致，但作为一种社会性生物，人类都在乎和珍视其所处的社会互动与合作关系网络。维兰特教授通过对哈佛大学本科生在婚姻、收入等方面长达 75 年的观察和统计，提出与他人之间的爱和情感是实现幸福人生最重要的因素。[①] 在社会关系网络中，我们不仅能够找到人格的存在、身份的归属、情感的寄托和心灵的慰藉，而且还能获得世俗的物质财富交易机会。无论是前者，还是后者，对人类来说都是好东西，都能为人类带来利益，或者用一个现代经济术语来说构成我们的社会福利。也正是在这个意义上，社会学家、经济学家将人际关系理解为一种资本，叫作社会资本。为了进一步凸显其人际关系和社会福利属性，我们不妨称其为"社会关系资本"。社会关系资本表现为人与人之间的有效联系，发挥了在各主体间搭建桥梁的作用，[②] 且必须以一定的社会结构作为载体。[③] 家庭关系、学校关系、网络游戏队友都是个

---

① ［美］乔治·维兰特：《那些比拼命努力更重要的事》，刘晓同、牛津、李因译，江苏凤凰文艺出版社 2018 年版，第 31 页。当然，保持必要水平的物质生活基础，至少是与情感关系同样重要的幸福之源。See Daniel Kahneman1. Angus Deaton, "High Income Improves Evaluation of Life But Not Emotional Well-being", *Proceedings of the National Academy of Sciences*, Sep 2010, 107（38), pp.16489–16493。

② ［美］罗伯特·帕特南：《独自打保龄》，刘波、祝乃娟、张孜异、林挺进、郑寰译，中国政法大学出版社 2018 年版，第 7 页；Dekker, P.. Eric M. Uslaner, *Social Capital and Participation in Everyday Life*, Routledge, 2001, pp.1–8。

③ ［美］林南：《社会资本——关于社会结构与行动的理论》，张磊译，上海人民出版社 2005 年版，第 24 页、第 28 页。

人的社会资本，而通讯录正是前述各类社会互动与合作关系资本的直接载体。

在网络平台技术得以普遍应用的背景下，社会互动与合作关系资本是复杂交错的网络资本。虽然社会资本的积累是以某个主体为中心展开的，但是该积累过程将与社会关系网中的其他人以及平台搭建者间相互影响。网络具有道德约束性，正如微信和抖音具有不同的平台定位一样，一旦用户选择加入某平台，就代表其选择了对应的行为风格和道德规范。网络还具有资源整合性，借以网络平台，用户的社会关系资源得以积累（好友列表的建立）、有效分类（好友分组）和相互整合（微信群）。人占有网络，网络也同时占有人。人积聚进网络，网络也整合了人。在人群合一过程中，用户的社会资本借由网络平台这个媒介，在平台的影响下，得到了积累和再生产。①

回到“腾讯与抖音、多闪”一案，无论是微信还是抖音平台都是一个复杂的社会关系网络。用户通过社交平台这个载体，累积和拓展了大量的社会互动与合作关系资本，获得了经济和精神双重收益。

3.4.2 平台用户合作关系的载体依赖和变迁

社会互动与合作关系网既是用户人格外化的载体，②也是获取

---

① 王雨磊：《论社会资本的社会性——布迪厄社会资本理论的再澄清与再阐释》，载《南京师大学报（社会科学版）》2015 年第 1 期。

② “如果没有个体与外界的交往行为作为中介，人格是无法表现出来的。”廖宇羿：《被遗忘权本土化适用的解释路径》，载《财经法学》2018 年第 5 期。

交往机会的媒介。但正如思想的表达需要依赖文字，遗传信息的表达需要依赖于DNA双螺旋结构，社交关系网络本身也是依赖于特定载体的。社会关系网络的载体是像蜘蛛网一样纵横交错的、由各个节点连接起来的、不断向外延展的复杂结构。而网络的节点数量和面积大小决定了载体的不同形式。当社交互动与合作关系链很短的时候，物理性载体并无必要。例如，在熟人社会的场景下，载体即为我们大脑中的记忆躯干。但是，随着社会关系链条长度和复杂性的增加，其对载体的依赖度也越来越高，需要在大脑记忆之外寻求用以记录、保存社会互动与合作关系的额外载体。自有绳电话出现以来，人们曾经先后通过纸质电话本、电子邮件地址簿、手机通讯录/SIM卡、QQ/MSN和微信好友列表等载体来记录不断扩展的社交互动与合作关系网。①

这类载体的更新迭代与其自身的特点和局限性，以及人们对功能和安全的优化追求是紧密相关的。一方面，载体的变迁是克服自身局限性的结果。大脑记忆作为社会关系链的载体，其特点在于人们往往只记得最亲近或者最频繁联系的人的信息，信息的扩展性有限。为了克服大脑记忆的有限性，发展出以手机或者SIM卡内存等物理储存介质为基础的社会关系资本的载体。然而，在这种储存介质上，通讯录的建立不仅需要用户手动添加联系人实现，其迁移也必须通过转存手机通讯录到电脑或者转移SIM卡

① 《回顾改革开放40年通讯工具变迁，90年代"大哥大"3万元》，资料来源于中国日报网：http://www.chinadaily.com.cn/interface/yidian/1083961/2018-05-15/cd_36202195.html，最后访问日期：2019年8月6日。

等物理的方式来实现，较为不便。于是，出现了 QQ/MSN 等以数字账号为基础、以文本消息为核心、从电脑客户端发展起来的实时通信交友软件，社会互动与合作关系链的长度和广度都得到了第一波规模性扩展。再后来，随着智能手机的兴起，微信通过开发语音信息、引入评论管理限制和更加随意的群组功能，逐渐占领了以打电话和发短信为主要交流方式的实时通信市场。无论是 QQ 通讯录还是微信通讯录，其数据既储存在手机上的内存空间，也保存在腾讯的后台服务器上，用户可以轻易地在不同手机和电脑设备上登录、调取和使用社交关系链信息。

另一方面，这种储存载体的不断迭代还是人们对功能性和安全性不断追求的结果。功能性上，微信空前地增进了用户社会关系资本的积累速度和品质。对很多人而言，微信是其手机里使用最为频繁的应用软件，已经成为人们日常交往中离不开的社交工具。在微信平台出现之前，用户的社会互动与合作关系网不仅面积有限，而且与关系网中好友的互动联系紧密性也比较有限。而微信社交业务的推出，让用户与其好友之间的交流形式、频次和品质得到了空前的提高。用户通过私信交流、群聊互动、朋友圈点赞与评论、发红包、分享图片和文章等方式获得好友的持续认同，显著提升了既有社会关系的紧密程度。同时，微信平台还让每一个用户的社会互动与合作关系网的面积发生了前所未有的扩张。微信附近的人、扫一扫加好友、面对面建群和群聊添加等功能，使得用户的社会互动与合作关系网面积得以快速拓展。

安全性上，为了避免因纸质电话本、手机丢失而丧失所有社交关系数据的巨大不便，QQ/ 微信通讯录通过云储存的方式，将QQ/ 微信好友数据储存在腾讯后台服务器上，确保了用户通讯录数据的可恢复性和安全性。并且，此种方式还可以实现用户异地、不同设备登录的需求。可以看到，微信用户的利益期待表现为，通过微信账户和密码的登录服务，可以随时随地完全获取搭建在微信平台上的社会关系数据。

3.4.3 作为平台用户合作关系载体的微信通讯录

简要回顾和对比自纸质电话本以来的各类社会互动与合作关系资本储存载体，我们可以发现，社会互动与合作关系网的积累速度和品质与载体的技术迭代有着同步发展的关系。今天，正是由于微信这一社会互动与合作关系资本储存载体的通信便捷、互动频繁、安全可靠等特点，越来越多的用户选择将其社会关系网储存在微信好友列表中。对大量微信用户来说，微信好友列表是其不可或缺且无法替代的社会关系网储存方式。[①] 很多人起床后第一件事就是打开微信查阅新消息，或者阅读朋友圈的新动态。我们通过微信与亲友聊天、互动、分享生活点滴。[②] 对这类人而言，如果没有了微信通讯录，其沟通交流的成本将在很

---

① Alex Cui：《你的微信就是你的社会资本总和》，资料来源于知乎：https：//zhuanlan.zhihu.com/p/29924817，最后访问日期：2019 年 8 月 6 日。

② 根据《2016 年微信经济社会影响力研究报告》，34.6% 的用户微信日均使用时长在 4 小时以上，18.4% 的用户使用时长为 2–4 小时，21.4% 的用户使用时长为 1–2 小时，14.5% 的用户使用时长为 30 分钟至 1 小时。企鹅智酷：《微信 2017 用户和商业机会洞察》，资料来源于腾讯网：http://tech.qq.com/a/20170424/004233.htm#p=5，最后访问日期：2019 年 8 月 6 日。

大程度上增加，生活的乐趣和品质也会受到影响，好似被流放到社会生活中的孤岛。可以说，在社会互动与合作关系资本的储存载体历经多次迭代更新之后，微信通讯录已经成为大量用户最为重要的人际关系储存载体，具有唯一性和不可替代性的特点。[①] 保持这类用户微信通讯录数据的流动性和可积极利用性是他们持续积累和延展自身社会关系资本、提升生活幸福指数的重要条件。

"横看成岭侧成峰"，微信通讯录同时承载了不同主体的、多样化的利益诉求。该诉求有时表现为用户对社会互动与合作关系资本积极利用以获得经济收益和精神满足的需求，有时表现为用户对构成个人敏感信息的隐私加以保护的诉求，还有时表现为平台向通讯录记载的联系人推送广告的需求，凡此等等。通过对社会关系资本之于人举足轻重的意义及其载体变迁史的描绘，不难看出，如同隐私利益作为用户的"重大数据利益期待"，积累和积极利用通讯录中的社会关系资本利益同样是用户参与平台活动的重要动机。在开放的权利束框架下，前述各项利益诉求都是通讯录数据这一宗财产上的权利条块（包括积极利用的作为和消极防御的不作为），构成相应用户群体和平台经营者的重大利益期待，需要尽可能地去协同实现。

---

① 当然，由于代际差异、用户偏好的不同，用户对微信通讯录的需求性强弱程度存在差异，微信通讯录的必要性和不可替代性也不尽相同。上述结论主要是以在校学生和年轻学者为调查对象，结合一般生活经验和初步观察，微信通讯录的重要性和不可替代性对大多数微信用户亦然。

3.5　通讯录中社会合作关系资本的交易对价

尽管我们认为微信通讯录是大量用户储存其社会互动与合作关系资本的主要载体，具有不可替代性。但这顶多说明了微信通讯录对微信用户的至关重要性，并不能直接说明微信用户在社会关系链数据之上的各种利益期待都应当优先得到满足，也不等于应当赋予微信用户无条件地向其他社交平台复制这些数据（以实现其社会关系资本利益期待）的权利。相反，要判断社会关系链数据财产之上各类利益期待是否应当得到优先满足，或者说是否需要将相应的利益期待认可为通讯录数据这宗财产上的一个可支持的权利条块诉求，并将其从这宗财产上的权利束体中分割出来，我们就有必要深入数据财产的生产过程，考察腾讯作为数据企业与微信用户在这一财产合作生产过程中的相互贡献度。特别是，当用户群体的重大利益期待与平台的重大利益期待发生冲突、需要作出选择时，这种合作生产的贡献度评估更为必要。否则，这将影响到包括腾讯在内的平台企业参与平台搭建、促进潜在用户群体合作的积极性。

3.5.1　合作性生产过程

微信用户通讯录数据背后的社会互动与合作关系资本既不是天然就有的好东西，也不是仅凭用户或者平台中的某一方的努力所生产的。相反，这种社会关系资本是经由用户和平台之间的持续深度合作，共同投入、创造和维系的结果。这与经典的合同交易场景存在明显差异。经典的合同交易常常是建立在明确的社会分工基础之上的。参与合同交易的每一方当事人都有着较为明确的角色分工，双方交易的合同目的和相关财产的归属也是清晰的。例如，一方是专司商品生产的出卖人，另一方是希望使用商品的买受人；一方是为获得保管费而专司仓储服务的仓储人，另一方是将自己的既有财产交给仓储公司保管并支付保管费的财产所有人；一方是专司修理或者加工服务的承揽人，另一方是通过支付报酬来获取工作成果的定作人；凡此等等。这些社会交往关系具有明显的模块化和格式化色彩。[①] 交往关系中的当事人有着明确的角色分配和社会定位；相关财产的来源和归属总体上较为清楚；相关的服务内容和品质预期也是较为明确的。即便偶有争议，我们通常也能够根据一般的生活经验就其作出推定。

然而，在数字经济社会，社会交往关系中的角色定位取决于我们对社会生活的想象力。一方面，参与交往的各主体之间的社会分工变得越来越模糊。在同一个社会交往关系中，一个人同时扮演着“生产者与消费者”“决策者与执行者”等多重角色。[②] 另一方面，交往计划的内容也可能在计划执行过程中不断发生变化，丧失了经典交易原型中的模块化和格式化色彩。具体到微信这一个数字平台交往场景，平台和用户之间表现出双向动态的结构特

---

① See Roberto Mangabeira Unger, *The Knowledge Economy*, Verso, 2019, pp.37–38.

② 程啸:《论大数据时代的个人数据权利》，载《中国社会科学》2018 年第 3 期。

点。[①]正是因为广大用户之个人数据的巨大商业开发价值，促成了网络平台的大规模技术和资本投入，网络平台当然是数据生产的主要驱动力。但同样值得注意的是，用户既是每天都要利用数据产品的消费者，也是无时无刻不在生产数据的生产者。[②]即便我们尊重微信等平台上的格式合同安排，把微信与用户之间的数据交往关系理解为一种数据服务合同关系或者平台用户一揽子服务协议中的一项服务内容，我们也需要深刻意识到，这种服务合同不同于“服务商在一端、顾客在另一端”这种传统的管道式（pipeline）服务合同。相反，数据服务合同的各方主体在一个多变的关系网络中，一起共同交换、创造了有价值的数据财产。[③]至于这些数据财产上的多元开发和利用机会，应当如何在各方主体之间进行分配？各方当事人常常无法在合同订立之初进行充分预测和安排。也就是说，在这类服务合同上，合同的不完全性注定会成为常态。

---

① 龙卫球：《数据新型财产权构建及其体系研究》，载《政法论坛》2017 年第 4 期；李谦：《商业实践及其限度——兼评中国 cookie 隐私权纠纷第一案》，载《中国法律评论》2017 年第 2 期。

② 程啸：《论大数据时代的个人数据权利》，载《中国社会科学》2018 年第 3 期。

③ 平台变革过程中，“简单的管道格局被转变成一种复杂的关系，供应商、顾客以及平台本身都进入了一个多变的关系网中。在平台的世界里，不同的用户——一些是供应商，一些是顾客，还有一些是在不同的时间分别扮演不同角色的人——利用平台的资源与其他人进行连接和互动。在这个过程中，他们交换、消费，有时共同创造了某些价值。区别于从供应商到顾客的单向流动，价值在不同的地点以不同的形式被创造、改变、交换和使用，所有这些都基于平台的辅助在连接中实现”。[美] 杰奥夫雷 G. 帕克、[美] 马歇尔 W. 范·埃尔斯泰恩、[美] 桑基特·保罗·邱达利：《平台革命——改变世界的商业模式》，志鹏译，机械工业出版社 2017 年版，第 6–7 页。

因此，对于用户头像、昵称和通讯录数据之上的多元、开放利益期待，简单依据《微信软件许可及服务协议》《微信开放平台开发者服务协议》主张归属于腾讯一方，或以数据与个人人格利益有关而从道德论的角度得出该数据属于用户的结论都不够妥当。一个更好的方案是，在测量各方主体在社交平台的数据财产生产活动中投入成本与所得收益的基础上，公平分配这些数据之上的各种开发和利用机会。这方面的分配不仅需要尽量满足平台和用户之所以参与这一数据合作创设活动的重大利益期待（包括尚难以有效预估的未来利益期待），而且还需要在分配数据的剩余索取权时慎重考虑分配规则对各方继续、高效合作的激励效应。

3.5.2 合作双方的成本投入

微信通讯录不仅是用户既有社会互动与合作关系的集合器，而且还发挥着持续拓展用户社会关系网面积和紧密性的功能。无论是微信用户，还是微信平台经营者，都为微信用户之社会互动与合作关系网紧密性的提升和面积的拓展投入了成本。不过，用户与平台投入的成本在形式上和大小上存有差异。我们可以分别从企业和用户的投入两个方面来观察：

1. 微信平台运营者的成本投入

微信用户社会关系资本之所以增值，是因为在不小程度上表现为社会关系网储存载体的转变带来的技术红利，与微信平台运营者的人力和资本投入有着密切联系。大致来讲，这些投入包括如下类型：[①]（1）营业成本，主要表现为微信运营中的人力成本和固定设备投入。人力成本主要是在微信产品前期市场调研、代码开发、界面设计、检验调试、产品部署和试运营过程中，以及其后持续优化和维运过程中，平台支出的职工薪酬及福利。[②]此外，开发人员电脑设备和后台服务器的采购、升级和维护，以及在运行过程中的电费和硬盘购置费也是微信的一项重要成本支出。（2）销售和市场推广费用。微信之所以能够发展成为一个被人们广泛采用的社会交往平台，与运营商在早期通过市场推广投入来聚集广大用户有密切关系。该类支出主要表现为市场推广人员的薪酬和福利，为吸引手机用户加入微信时的前期广告投入，以及在推广微信钱包等新功能过程中，通过广告宣传、红包补贴等方式进行的资本投入。（3）管理费用、财务费用和税金。企业的运营都离不开日常管理成本，微信也不例外，主要包括办公费、水电费和行政管理人员工资等。微信平台在筹集生产经营所需资金时，还会产生相应的财务费用。此外，为了维持企业的正常运转，平台运营者还面临文化事业建设费、城市维护建设税等税费负担。

根据腾讯 2018 年度公司年报，腾讯 2017 年的运营成本为

① 《腾讯控股有限公司 2018 年年报》，资料来源：http://www3.hkexnews.hk/listedco/listconews/SEHK/2019/0401/LTN201904012133.pdf，最后访问日期：2019 年 8 月 6 日。

② 程序你好：《腾讯开发微信花了多少钱？真的技术难度这么大吗？难点在哪里》，资料来源于腾讯云：https：//cloud.tencent.com/developer/article/1160188，最后访问日期：2019 年 8 月 6 日。

1208亿元人民币，2018年的运营成本为1705亿元人民币。[①]虽然这些成本远不限于微信平台的运营成本（还包含QQ、腾讯视频和腾讯手游等其他业务的成本），但我们可以从这一数据就微信这一核心业务的经营成本获得一个初步的印象。如果将这些成本纳入专业的会计核算体系，我们可以对微信平台的运营成本获得更准确的认识。

2. 微信用户的成本投入

在微信平台与用户的持续互动合作中，与平台运营者的投入相比，单个微信用户的投入可以说是微乎其微。很多用户甚至根本都没有意识到自己也在投入。用户的这些投入既包括在浏览不相关广告时付出的时间和精力成本，也包括为了参与互动而支付的联网费用（移动蜂窝数据或者Wi-Fi），还包括用户个人信息作为生产资料的投入。反过来看，如果缺少了用户的时间付出、联网付费和持续性信息投入作为微信平台的生产资料投入，平台的搭建便无从实现。虽然单个用户的成本投入常常被忽略，但若将与微信持续互动的用户群体作为整体来观察，我们会观察到用户方的实质性经济贡献。

一方面，微信平台在朋友圈、公众号和小程序等多个项目中植入大量广告。例如，在2019年第二季度，微信朋友圈日活跃用户数超过7.5亿人次，小程序日活跃用户超过2亿人次。微信

① 《腾讯控股有限公司2018年年报》，资料来源：http://www3.hkexnews.hk/listedco/listconews/SEHK/2019/0401/LTN201904012133.pdf，最后访问日期：2019年8月15日。

在超过半数的日活跃用户的朋友圈第 2 个广告位投放了广告。[①] 用户在使用微信服务时不免要或多或少地花费时间浏览无关的广告信息。这也在相应程度上影响到用户的使用流畅度。尽管在理想情况下，广告推送可以实现精准的个性化推荐，完美匹配用户真实的消费需求。但现实并非如此。相当数量的用户需要不断付出时间和精力去浏览无关广告，帮助微信平台实现广告盈利。[②] 例如，在 2018 年，微信朋友圈、小程序和 QQ 看点的广告收入高达 398 亿元人民币。这种时间付出可以理解为用户向平台支付的一种隐性对价。或者更准确地说，这可以被理解为用户群体在与微信平台开展持续合作与互动过程中作出的隐性投入。

另一方面，由用户负担的联网费用，既是保证用户便捷登录和使用微信的条件，也是维系平台持续运转的基础性投入。如前文所述，移动通信工具经历了从功能手机到智能手机的转变，微信作为智能手机时代的重要即时通信工具，以网络流量的方式向用户收取对价。有时这种对价表现为用户向移动通讯商支付的高昂 4G 流量费（移动蜂窝数据）或者宽带年费（Wi-Fi），有时表

① 《微信朋友圈广告招商合作介绍》，资料来源：https://wximg.qq.com/wxp/pdftool/get.html?post_id=576，最后访问日期：2019 年 8 月 6 日。

② 《腾讯控股有限公司 2018 年年报》，资料来源：http://www3.hkexnews.hk/listedco/listconews/SEHK/2019/0401/LTN201904012133.pdf，最后访问日期：2019 年 8 月 15 日。

现为用户直接向腾讯支付的“大王超级会员会费”。[①] 而用户的联网费用投入常常被忽略，因为手机流量不仅仅用于微信，还用于其他应用程序。然而，用户的微信使用流量占总流量的比例高达 34%，带动流量消费达 1911 亿元，是 2014 年的 2.2 倍。[②] 一个直观的生活体验表现为，以前人们的通话费和短信费很高，数据服务费较低。但随着微信信息、语音和视频等功能的出现，人们直接使用电信运营商提供的通话服务的费用日益减少，而流量套餐的费用却大大增加。在新近的商业模式中，腾讯推出了一款按月收费的“大王超级会员服务”。开通了此业务的腾讯用户可以享受腾讯应用流量国内全免的服务。也就是说，除向移动运营商或者网络服务商支付联网费用的传统模式外，用户还可以直接向平台付费以使用平台上的产品，并进一步增加了用户在该平台上的黏性和时间贡献。换言之，用户使用微信并非“免费”的，而是以支付的移动数据流量费用、宽带费用或者平台包月业务费为对价。

此外，用户的初始个人信息，如用户自行上传的头像、好友关系信息和用户行为轨迹等，也是社交关系链数据财产的必要生

---

① 大王超级会员的运作模式为，腾讯向电信运营商一次性购买流量，而后共享给开通了“大王超级会员”业务的用户使用。对用户而言，通过使用腾讯包月服务，降低了包括移动数据流量在内的通信成本。对腾讯而言，推出大王超级会员服务有利于增加用户黏性。可见，通过购买特定平台的流量包月服务，一方面用户直接向平台支付了联网费用，另一方面由于使用平台旗下产品流量全免，增加了用户在此特定平台上的时长贡献。具体服务内容参见：https://vip.qq.com/kingcard.html，最后访问日期：2019 年 8 月 6 日。

② 中国信通院：《2017 年微信经济社会影响力研究》，资料来源：http://www.caict.ac.cn/sytj/201805/P020180530542164170839.pdf，最后访问日期：2019 年 8 月 6 日。

产资料。[①]虽然将用户个人信息记作成本投入与经典经济学主张的劳动作为价值的普遍尺度有一定差异，[②]但就像个人与生俱来的肖像可以作价交换一样，用户个人的初始信息也是用于后续合作生产社交关系链数据的资源。这些用户信息的形成可能无须用户做出专门的劳动性投入，但正是通过对这些初始信息的加工和利用才产生了较大的数据经济收益。我们也将此理解为个人初始信息的正外部性体现。

的确，从制度的社会成本层面来讲，无论法律是否将用户初始信息记为用户个人的成本投入，理论上说都不会影响到用户参与平台活动的积极性，不会导致社会福利的减损，用户仍将以相同频率使用微信。[③]毕竟，用户的这些初始信息只是用户通过微信从事日常交流时提供的副产品。但是，如果将用户的初始信息从用户投入清单中完全删除，很可能在公平分配层面损及广大用户的公平感。尽管公平感偏好存在明显的区域和人群差异，但可

① 戴昕：《数据隐私问题的维度扩展与议题转换：法律经济学视角》，载《交大法学》2019 年第 1 期。

② ［英］亚当·斯密：《国富论》（上卷），郭大力、王亚南译，商务印书馆 2014 年版，第 31 页。

③ 另有观点认为，之所以应当将用户的个人信息记作用户的一项投入，其原因在于如果将个人参与社交网络活动本身作为一种信息生产过程，用户是有一定利益预期的，且该生产本身也是有一定成本的。如果满足用户利益预期需要支付的对价过高（如平台收取高额服务使用费），或者用户的边际成本（前文所述隐私泄露风险）超出其利益预期（平台服务带来的福利），用户则会减少参与的程度或者选择退出，从而影响用户群体的个人信息生产资料的供给。Ignacio N. Cofone, “The Dynamic Effect of Information Privacy Law”, 18 *Minnesota Journal of Law, Science and Technology*（2017）, p.538.

以肯定的是，对一般民众而言，他们所偏好的相应程度的公平感的满足，本身就是一种重要的社会福利。[①] 倘若在广大用户的初始信息基础上所加工而成的巨额数据财富完全不分配给用户，则将引发两个方面的社会福利减损效应：一是广大用户因为基本的公平分配获得感没有得到满足而出现的抵触情绪和情感挫伤；二是部分用户因为公平感本身未获得满足而采取的抵制行动，如在网络上集体吐槽等群体事件的发生，将在相应程度上损及平台企业的声誉，并可能损及其他用户的参与积极性。从这些意义上讲，以适当的方式将用户的初始信息计入用户的投入清单，是一个更有助于提升平台与用户合作效率的方案。

3.5.3 合作双方的回报

在理解用户群体和平台在微信产品生产过程中的投入之后，我们再呈现双方在这一合作过程中获得的回报。

对用户而言，高品质的社会关系网络带给自己的远不限于表达性的情感利益，而且还包括大量工具性的经济好处。[②] 关于表达性的情感利益，无论是对城市中的“陌生人”而言，还是对乡土社会的熟人而言，都至关重要。随着城市化进程的推进和工作节奏的加快，陌生人社会逐渐替代了熟人社会，孤独感成为现代社会中日益突出的问题。即便是住在同一城市的熟人，面对面交

---

① Louis Kaplow. Steven Shavell，“Fairness Versus Welfare”, 114 *Harvard Law Review*(2001), p.968.

② ［美］林南：《社会资本——关于社会结构与行动的理论》，张磊译，上海人民出版社 2005 年版，第 233–234 页。

流的机会也不多。与有绳电话、手机等通信工具一样，微信的出现和广泛应用重新拉近了人们的距离，提高了交流的频率和品质，帮助用户在“陌生的”城市中获得情感满足。但与有绳电话、手机等通信工具不一样的是，微信将用户情感交流的频率和品质提升到了一个前所未有的水平。即便是居住在天南海北的亲友，微信平台上的各类社交功能（群聊、朋友圈、公号推送、点赞评论、高清音视频）也可以让他们随时都享有“共此时”的生活体验。对社交能力总体较强的青壮年来说，这一点自不待言。对老人和儿童来说，微信关系网带来的这方面的福利收获甚至显得更为重要。

特别是，中国近几十年的快速城市化进程引发了两个方面的问题：一是很多乡土社会的老人随子女迁入城市，在脱离原来亲友圈的同时，又不容易在城市中重建新的社会关系网络。[①]但微信在城乡社会的普及不仅让远程联系变得简单，而且让亲友之间的日常交流与频繁互动成为可能，让此类老人能够在陌生的城市中过着熟悉的乡村生活，也能向乡村亲友分享城市的生活动态。二是不少留守儿童因极度缺乏与父母亲友的日常交流而面临各方面的人格成长障碍。但微信使得每一个孤独的幼小心灵，通过社交软件与亲友分享生活和情感，从而找到了一定的心灵慰藉和依托。

与表达性的情感福利相比，微信社会关系链带给用户的经济好处同样可观。典型的如社会沟通成本的大幅降低、社会信任机

---

① 很多老人随子女迁入城市不久就要返回乡下，就很好地说明了这一点。

制的大幅改进和因此新生的大量商业或民事交易机会，并使泛工作关系资本的建立和维系更为容易。[①] 在微信这类社交网络平台出现以前，社会关系的积累通常依赖于点对点的熟人介绍、工作小组、同学关系等传统方式，在积累的速度和规模上都存在明显的局限。但微信群聊、好友推荐等功能，可以将本不认识但却具有相同兴趣、相同偏好或互补需求的人便捷地联系在一起。这不仅大幅降低了一对一联系的交流成本，而且还改进了人与人之间或者人与商品之间的信任建立机制，节省了甄别和筛选交往对象或者机会的成本。从应用场景来看，这不仅在商业交易和普通民事交往中有着广泛的应用，而且在慈善募集活动中也取得了空前的成功。有大量身患重疾急需捐助的人士，在一些筹集平台发起募捐请求之后，经微信群组、朋友圈的快速传播而得到了有效解决。

对微信平台而言，其回报既包括直接的经济收益，又包括潜在的市场价值的增长。根据腾讯 2018 年的全年业绩信息，微信最为突出的经济收益表现为增值服务提成。微信凭借其较高的用户依赖度，通过扫码购、小程序、自营增值服务和第三方服务等功能，收获了大额的交易及服务费用提成。[②] 除此以外，广告收入是平台又一项主要经济收益。平台通过在用户朋友圈第二个广告位和小程序中设置广告位，极大地增加了微信的广告收益。

---

① 57.22% 的受访者表示新增好友多为泛工作关系，参见企鹅智酷：《微信 2017 用户研究和商业机会洞察》，资料来源于腾讯网：http://tech.qq.com/a/20170424/004233.htm#p=5，最后访问日期：2019 年 8 月 6 日。

② 具体包括保险服务、手机充值、预订机票火车票、预订酒店、购买电影演出票、团购服务以及在线商城等形式。

2018 年，微信朋友圈、小程序及移动广告联盟形成的直接广告收入为 398 亿元。① 再者，金融科技服务收入也构成微信平台的重要盈利渠道。在移动支付时代，无论是商场付款、饭店吃饭、出门坐车，还是路边买个煎饼，微信支付无处不在。伴随着移动支付的兴起，除支付工具沉淀获得的利息收入外，微信还能基于其强大的用户基础获得较大数额的其他类型的金融服务费。②

除上述直接收益外，微信平台因为与用户群体的持续互动与合作而获得了客观的潜在商业价值。典型的如品牌商业价值的提升，具体表现为二级市场股价的变动、市场份额的扩大和用户依赖度的增强。截至 2018 年 12 月 31 日，微信的月活跃用户量为 10.98 亿。③ 再如，微信的收益还体现为数据资源的积累和深度开发能力的增长。数据是 AI 时代背景下科技企业的重要资源，微信平台收集的海量用户数据是新产品的研发和技术革新的必要前提，此类回报虽不直接表现为公司的财务报表数据的增长，却具有潜在的无穷可能。更为间接但同样重要的潜在增长是微信商业版图的拓展。微信建立了一种公共信任机制，并通过 OpenAPI 的

---

① 《腾讯控股有限公司 2018 年年报》，资料来源：http://www3.hkexnews.hk/listedco/listconews/SEHK/2019/0401/LTN201904012133.pdf，最后访问日期：2019 年 8 月 6 日。

② 包括从用户处获取的微信钱包提现费和信用卡还款手续费，从微粒贷、理财通等金融服务平台获取的服务费。至 2018 年底，腾讯的财富管理平台理财通协助管理的客户资产已经超过了 6000 亿元人民币，小额贷款产品微粒贷向消费者提供的贷款余额也实现了迅速增长。

③ 《腾讯控股有限公司 2018 年年报》，资料来源：http://www3.hkexnews.hk/listedco/listconews/SEHK/2019/0401/LTN201904012133.pdf，最后访问日期：2019 年 8 月 6 日。

方式，凭借数量庞大的用户群将众多第三方应用程序连接到平台，在为用户提供登录便利并进一步增强用户黏性的同时，也极大拓展了商业网络的范围。我们虽然难以在短时间内给出一个数值来衡量微信平台获得的这些潜在商业价值，但可以确定的是，在企业并购重组等商业事务中，这些商业价值都将被纳入商业评估和会计核算体系中，从而获得可操作的定价。

可见，在微信通讯录数据这一财产的生产过程中，平台和用户都作出了不可忽视的资源投入，也都在以不同的形式获取合作回报。可以说，在通讯录数据之上，平台和用户群体具有利益关系的交织性，我们很难简单地说这一数据财产归企业或者用户群体所有。[①] 问题的关键在于，如何建构一套关于社会关系链数据财产的权属分析框架，一方面让各方的重大利益期待都能够得到满足，另一方面又确保平台和用户群体之间的互利合作能够持续展开。这一套分析框架不仅能够有效回应用户的消极隐私利益等诉求，而且还能够回答“用户是否需要为将其社会关系网复制到其他平台的积极利用行为支付对价”这一尖锐问题。

3.5.4 合作各方的数据权属分析框架

如本章一开始就阐述的那样，数据这类财产具有多方共同参与创设、利益期待多元化、束体持续延展等特点。同宗数据可以同时满足不同主体的多元利用诉求，且其利益期待也远不限于前文观察和描述的交易回报。概括来看，用户群体在这一宗数据之

① 龙卫球：《再论企业数据保护的财产权化路径》，载《东方法学》2018年第3期。

上的利益期待与微信平台在该宗数据之上的利益期待之间存在三种可能的互动关系类型：并行不悖、相互补强或相互冲突。前两种是典型的合作共赢关系；第三种虽然表面上是冲突关系，但通过合理安排各方的权利配置，有助于引导各方在未来开展更高水平的合作。关于并行不悖的关系，一个典型的例证即为，用户利用微信好友数据收发私信等日常社交的诉求，与微信利用通讯录数据从而对不同群体的行为偏好进行分析以编制年度商业报告的诉求可以同时满足，并行不悖。关于相互补强的关系，微信加工和利用通讯录数据的行为在一定程度上也能优化和提升用户体验。例如，通过引入通讯录好友分组功能，用户的差异化隐私需求得以满足；通过僵尸好友清理软件，既能避免浪费平台的储存空间，也改善了用户好友关系的有效性。但在本案中，用户与微信平台之间的利益期待恰恰表现为第三种关系类型，即相互冲突的关系。微信用户希望将其社交关系链数据迁移至可能与微信存在市场替代效果的第三方平台（如本案中的抖音），与微信希望维持市场竞争地位的利益期待间存在冲突。

在前两类情形下，该宗数据上的各权利条块（sticks）之间互不影响，合作生产的用户和平台间并不存在利益冲突，两者的权益能同时得到满足。只有在双方的利益期待发生冲突时，即本案可能引发的第三类关系时，方才有必要回应何者的利益期待应当予以优先满足，并将其作为一个权利条块从社会关系链数据财产之上的权利束体中分割出来。关于第三类关系类型，鉴于数据财产创设的多方参与性和回报的多元化特点，意图抽象地提出一套适用于所有场景的、全有式或全无式的、完全归属于用户一方或者企业一方的权属规则是不现实的。[①]或者说，对同一宗数据财产之上的各种利用机会（或者说权利条块），难以像传统财产的所有权观念那样，将整宗财产之上的权利束体完全归属于某一方主体。[②]相反，一个更为务实、可行的方案是，依据各方在创设某一宗数据时的贡献比例，对该宗数据之上的权利束体进行相应的公平分配，保证每一参与方都能各得其所、产生正向激励效应。

我们也不妨在卡拉布雷西和梅拉米德提出的二阶权利分析框架中来理解和观察这一问题。第一阶回应的是赋权（entitlement）的问题，即当事人的利益期待存在冲突时，何者的利益优先。具体到本章着重评述的“头腾大战”场景下，这表现为，用户希望迁移微信通讯录至抖音平台的利益期待，与微信不希望产生市场替代效应的利益期待相互冲突时，何者优先？第二阶才是通过何种路径保护前述权益的问题，即究竟通过无形财产、格式合同、

---

① 丁晓东：《什么是数据权利？——从欧洲〈一般数据保护条例〉看数据隐私的保护》，载《华东政法大学学报》2018年第4期；参见龙卫球：《数据新型财产权构建及其体系研究》，载《政法论坛》2017年第4期。

② 另有学者同样反对对数据信息采取传统物权法上绝对权的保护路径，但其论证的思路为区分作为内容的数据信息和作为信息表现形式的数据文件，指出绝对权规则不利于信息创造和社会效力，如果在法律上认可主体对符号层面的数据文件的利益状态为一种绝对权，那么就没有必要在内容层面的数据信息上设定绝对权。参见纪海龙：《数据的私法定位与保护》，载《法学研究》2018年第6期。我们认为，即使对于符号层面的数据文件，也没必要设置绝对权规则。因为数据具有可复制性、可被多方同时控制和利用的特点，开放的权利束学说更具解释力，即承认和保护各方重大利益期待。

不正当竞争抑或侵权法的路径为当事人提供法律保护的问题。[①]在数据问题上，既有学术成果对第二阶——路径选择的讨论较为丰富，而对第一阶——赋权问题的研究尚显薄弱。有鉴于此，我们聚焦于微信通讯录数据这一具体应用场景，首次系统地就第一阶的数据权属问题展开了场景化研究。

具体而言，当双方的利益期待相互冲突时，如果用户和平台在数据服务合同中就权属作出明确约定，且不存在格式合同无效原因的，理应尊重当事人对私权利的自由约定。不过，此种约定通常表现为公开化的标准合同，且在内容上具有一定程度的不可让渡性。[②]一方面，由于平台经济下用户人数众多，且不同用户还存在差别各异的隐私偏好，若双方选择就数据权属进行个性化、非标准化约定的，则无论其内部协商成本，抑或第三人的外

---

① Guido Calabresi. A. Douglas Melamed, "Property Rules, Liability Rules, and Inalienability: One View of the Cathedral", 85 *Harvard Law Review* (1972), pp.1089–1092.

② 有观点主张无形财产（intangible property）保护路径优于合同权利（contractually created right）保护路径。Spence Howden, "Text Messages Are Property: Why You Don't Own Your Text Messages, But It'd Be a Lot Cooler If You Did", 76 *Washington and Lee Law Review* (2019), pp.1088–1091. 我们认为，在明确承认部分不可让渡的权利，以及网络服务合同公开化、标准化的背景下并不尽然。一方面，对于隐私等不可让渡的权利，其归属法定；另一方面，对于可自由约定的权利，无论是用户和平台之间的权利公示成本，还是第三人的识别成本都非常低，此时，物权（无形财产论）和债权（合同权利论）区分的必要性将大打折扣。

部信息识别成本都将是不经济的。[①]在这样的背景下，即使用户与平台欲就数据权属和利用明确约定的，也只能通过公开的标准化合约的方式实现。[②]另一方面，用户通常没有耐心仔细阅读冗长的用户协议或者隐私条款。即便其阅读并理解了协议的内容，双方也无协商的空间。用户只能选择要么接受要么离开（take it or leave it）。[③]为保障用户的基本权益，避免第三人因用户协议频繁更新而产生的较高外部识别成本，标准合同中关于数据权属的约定还应符合最低限度的法律要求，不得自由处分不可让渡的权利。[④]若标准合同的约定侵犯了一方不可让渡的权利，该格式条款的约定也因此而无效。

如果双方的利益期待相互冲突且无明确权属约定的，即当事人间就数据权属没有约定或约定不明，抑或约定的内容因违反权利不可让渡的要求而被认定无效的，法律应当通过明确的产权规

① 熊丙万：《实用主义能走多远——美国财产法学引领的私法新思维》，载《清华法学》2018 年第 1 期；Thomas W. Merrill，"Property as Modularity"，125 *Harvard Law Review*（2011–2012），pp. 157–158。

② 针对前文提出的内向型用户和外向型用户的隐私偏好差异，以及电商、医疗、社交等不同场景下数据隐私问题规制的区别，有学者提出可以通过差异化格式合同的方式同步满足前述差异化的数据隐私需求。参见戴昕：《数据隐私问题的维度扩展与议题转换：法律经济学视角》，载《交大法学》2019 年第 1 期。

③ Vera Bergelson，"It's Personal but Is It Mine – Toward Property Rights in Personal Information"，37 *U.C. Davis Law Review*（2003），pp. 448–449.

④ Guido Calabresi. A. Douglas Melamed，"Property Rules，Liability Rules，and Inalienability：One View of the Cathedral"，85 *Harvard Law Review*（1972），pp.1092–1093.

则，确定谁的利益期待应当予以优先满足。此时，数据财产上的权属分割的目标在于促使参与合作的双方的福利得到协同增长、重大利益期待得到满足，特别是作为消费者的用户的利益期待得到满足。① 毕竟，技术创新和法律制度安排最终都是以不断提高广大用户体验、满足用户群体的需求为目标的。或者说，财产权规则的安排最终应当服务于广大用户群体的人性绽放，② 保护企业正当权益的目的也是为了使之能够更好地服务于人性绽放的目标。

正如前文所述，保护隐私（内向型用户）和积极利用微信通讯录数据（外向型用户）的诉求均构成用户的重大利益期待。倘若微信用户基于其与腾讯间的数据服务合同关系，起诉腾讯，请求微信平台向第三方抖音平台同步自己在微信上建立的社会关系

① 类似观察，参见叶名怡：《论个人信息权的基本范畴》，载《清华法学》2018 年第 5 期。不过，在立法表达和学说建构上，叶名怡教授倾向于采用“个人信息权”。但程啸教授主张采用“利益说”而非“权利说”（参见程啸：《民法典编纂视野下的个人信息保护》，载《中国法学》2019 年第 4 期）。我们认为，“权利说”与“权益说”之争主要是一个法律的形式化建构问题，并不能直接决定背后的价值取向和利益分配问题。不过，本章对个人在个人（用户）数据财产上的权益形态的实质性呈现表明，个人在数据上的权益具有比较强的变动性和发展性，在形式层面采用“利益说”更妥当。

② Alexander. Gregory S., *Ownership and Obligations*: *The Human Flourishing Theory of Property*, Cornell Law Faculty Publications, 2013, p.653. “人性绽放”这一译法最初由彭錞博士在 2018 年 4 月 14 日的北京大学黉门对话论坛“财产的公共性与治理”上提出。

链数据，用户的此种利益期待应当得到优先满足。[①] 这也是践行法律的人文主义关怀的必要。[②] 为了最大化用户利益、践行开放的互联网理念，法律可以通过“强制交易规则”，在对方或者第三方支付合理对价的情形下，使数据占有的转移得以发生。有学者创造性地提出以“强制卖方报价加第三方征税”的方式实现此种强制交易规则，即卖方对其控制的数据进行登记并给出主观估价，任何第三方只要愿意支付该估价即有权主张数据权利；为避免卖方过高估价，政府根据卖方报价征税。[③]

不过，个人福利的增长常常是在一个与他人持续合作过程中得到实现的。法律要坦诚认识并充分关照每一方主体在参与合作时的获利预期，从而促进相关当事人之间的持续性合作与共赢。这也就意味着，在肯定了用户的重大利益期待应当得到优先满足的同时，还应从长远的角度考虑，尽量不或尽量小地影响平台的投资积极性。因此，法律在保护用户迁移和利用其与腾讯合作生产的社会关系链数据的同时，有必要引入利益回报的评估和协调机制来保证腾讯能够获得与其投资相应的回报，以维持腾讯继续

---

① 欧盟议会和委员会96/9/EC法令明确了数据库搭建者的数据库权利（Sui Generis Right），但同时指出数据库搭建者不得滥用市场支配地位，阻碍能产生增值效应的数据利用行为。相似地，通讯录数据是用户社会关系资本的重要载体，且能在用户社交网络拓展过程中发挥显著作用，平台不得滥用其支配地位，阻止用户对通讯录数据的迁移和利用。See Directive 96/9/EC of The European Parliament and of the Council of 11 March 1996 on the Legal Protection of Databases（47）.

② 王利明：《民法的人文关怀》，载《中国社会科学》2011年第4期。

③ Eric A. Posner. E. Glen Weyl, “Property is Another Name for Monopoly”, *9 Journal of Legal Analysis*, pp.51–54.

投资的积极性或者其他潜在的数据企业作出新投资的积极性。[①] 特别是，如果满足用户向其他平台同步其社会关系链数据的需求会实质性地阻碍腾讯投资时的预期回报，则有必要让用户通过适当的方式向腾讯平台支付对价。而该对价除需考虑产品的开发成本和信息流动的技术成本外（一次定价），还应当包括腾讯市场份额稀释的成本（二次定价）。

实际上，用户向平台支付对价的形式很多。以下三种具有代表性：一是向微信平台经营者支付显性对价，即用户通过缴纳会费或者支付数据迁移服务费的方式，补偿平台的投入和由此引发的市场替代效果。但是，在互联网企业提供免费的基础性技术产品和服务已成为主流商业模式的背景下，[②] 支付显性对价的交易模式有悖于既有交易习惯，用户会产生天然的抵触心理。其中一个重要的原因就在于，为了积聚网络效应，平台往往通过提供免费服务的方式吸引用户的加入。而普通网民使用微信平台的时间长短并不确定，且不同用户之间的使用时长差异大。这样一来，在微信平台无法对用户进行个性化定价的前提下，统一的定价机制

---

① 欧盟议会和委员会 96/9/EC 法令指出，数据库的创建需要企业投入大量的人力、技术和财务资源，且未经授权的迁移和再利用行为将在经济上和技术上产生严重的负面效应。尽管微信平台与信息数据库存在一定程度的差异，但在数字经济市场的运转过程中，两者的基本原理是一致的。要维持企业持续性投资的积极性，就需要对微信平台的投入提供法律保护（Sui Generis Right）。See Directive 96/9/EC of The European Parliament and of the Council of 11 March 1996 on the Legal Protection of Databases（7），（8），（40），（41）and（42）.

② 参见张新宝：《"普遍免费 + 个别付费"：个人信息保护的一个新思维》，载《比较法研究》2018 年第 5 期。

将挫伤大量用户的积极性。我们在课堂上对中国人民大学法学院本科生和硕士研究生的非正式调查显示，绝大多数受访者表示并不会接受支付显性对价的行为模式。

二是向微信平台的经营者支付隐性对价，即在满足用户现有和未来的重大利益期待的基础上，或者说从一宗数据财产上中将与这些利益期待相关的权利束体分配给用户之后，将这一宗数据财产上的剩余索取权分配给企业。一方面，以数据剩余索取权作为对价的前提，是平台充分履行了保障用户重大利益期待的义务。由于微信是用户和平台共同创造生产的产品，双方当事人对通讯录数据均享有正当的权利基础。正如双务合同当事人具有同时履行抗辩权，平台主张剩余索取权的条件，也必须是满足用户的重大利益期待。平台未能全面履行上述义务的，可能导致用户利益受损的法律后果，进而影响用户参与平台活动的积极性和微信的生命力。

另一方面，在用户重大利益期待得到满足的情况下，将剩余索取权分配给企业，还将使企业拥有更大的投资动力，从而持续优化用户体验。若将数据剩余索取权分配给数量众多的分散用户，囿于技术的局限，用户无法就数据的巨大价值进行开发。并且，在功能存在缺陷的情况下，基于“搭便车”的心理，用户往往会选择等待他人提出建议、优化产品，阻碍了产品的更新。但是，财产权的经济价值具有规模化效应，而非线性增长的。[①] 企业还

① 熊丙万：《实用主义能走多远——美国财产法学引领的私法新思维》，载《清华法学》2018 年第 1 期；Lee Anne Fennell, “Lumpy Property”, 160 *University of Pennsylvania Law Review*（2011–2012）, pp.1958–1959。

可以利用数据的规模效应，充分挖掘数据的价值，开发新的产品，使科技真正赋能生活。若将剩余索取权分配给企业则有所不同，平台将会加大微信的开发和维运投入，主动提高产品生产力、优化产品功能，在扩大企业收益的同时，对用户体验也发挥着持续改善的作用。

三是向微信平台的经营者同时支付隐性对价和显性对价。若将剩余索取权分配给企业，仍不能覆盖因为向其他数据平台（特别是与原平台存在竞争关系的第三方平台）同步社会关系链数据给微信造成的投资回报落空，则转移该社交关系链数据时，还应考虑因不合理市场替代效果给腾讯带来的影响，计算微信的商业机会稀释成本，并追加补偿。在腾讯和抖音之争中，逐个计算单个用户的商业机会稀释成本无疑是不经济且不现实的。一个比较现实的方案可能是，抖音与微信通过协商定价的方式就数据迁移的对价作出约定，而后通过向抖音用户投放广告等方式，由抖音用户支付最终的隐性对价。抑或通过腾讯与抖音合并的方式，以实现平台间的数据共享、避免利益冲突。

可见，将数据财产的剩余索取权分配给企业，将使企业有动力持续优化产品功能，使其发挥更大的经济价值。还能同时收获平台盈利、用户体验提升的双赢效果，提高了社会的整体福利。至于有不少人直觉性地反对将数据分配给企业，很可能是因为企业未能有效实现用户的重大利益期待所致（如隐私侵犯等），而将非剩余索取权分配给企业本身是不公平的。对于前者，应当通过加强公共监管和鼓励私人诉讼维权来纠正，而不是依据朴素直觉反对将剩余索取权分配给企业。毕竟，这种反对也无法解决数据企业损害用户重大利益期待的问题。而且，科技进步和收入分配公平实际上是两个层面的问题，应当分而治之。一方面，科技创新使得社会整体福利增加，特别是底层消费者有机会通过智能手机和移动互联网获得更全面的信息。另一方面，公平问题的解决应当通过公私治理机制协同实现（如公共税收、慈善捐款等私人活动），而非反对将剩余索取权分配给企业，限制技术发展的方式。[①]

在网络经济时代，我们应当摒弃对那种经典的完全所有权概念的执念，更充分地意识到数据是一束集请求权（right，如非经许可不得将用户数据向第三方披露）、行为自由（privilege，如自由使用微信账号）、权力（power，基于国家安全的需要披露个人数据）和豁免（immunity，第三方不得爬取并加工用户数据）等内容于一体的权利的集合。[②]具体到微信通讯录数据，它实际上是在用户和平台的相互合作下，共同创造的数据产品。该宗数据既承载了双方当事人的多重利益期待，也涉及双方当事人与第三人、社会公众和国家之间的利益协调问题。就双方当事人之间的关系而言，如前所述，这些利益期待（或称权利条块，sticks）间并非非此即彼的关系，而表现为或并行不悖，或相互补强，或相互冲突的关系。当且仅当不同权利条块间存在利益冲突时，方有权属分割的必要。为使各方福利均能得以增长、实现普遍人性绽

① See Richard Epstein, "Innovation and Inequality: The Separability Thesis", 39 *Harvard Journal of Law & Public Policy* (2016), pp.3–4.

② See Hohfeld Wesley Newcomb, *Fundamental Legal Conceptions as Applied in Judicial Reasoning*, Yale University Press, 1964, p.36.

放的目标，一个可能的数据权属分配规则为：在保障用户现有重大利益期待并不断剥离未来可能的重大利益期待的前提下，将数据财产的剩余索取权分配给企业。由此，既能保障用户参与平台活动的基本利益期待，又能保持企业的持续性投资动力，进而优化用户体验。是为上策。在数据流转过程中，还应考虑数据可能迁移引发的市场替代效应，从而对原平台的商业机会稀释成本进行二次定价，予以补偿。我们不妨勾画一个简明的示意图来呈现这样一种开放的权利束现象及其分配规则：

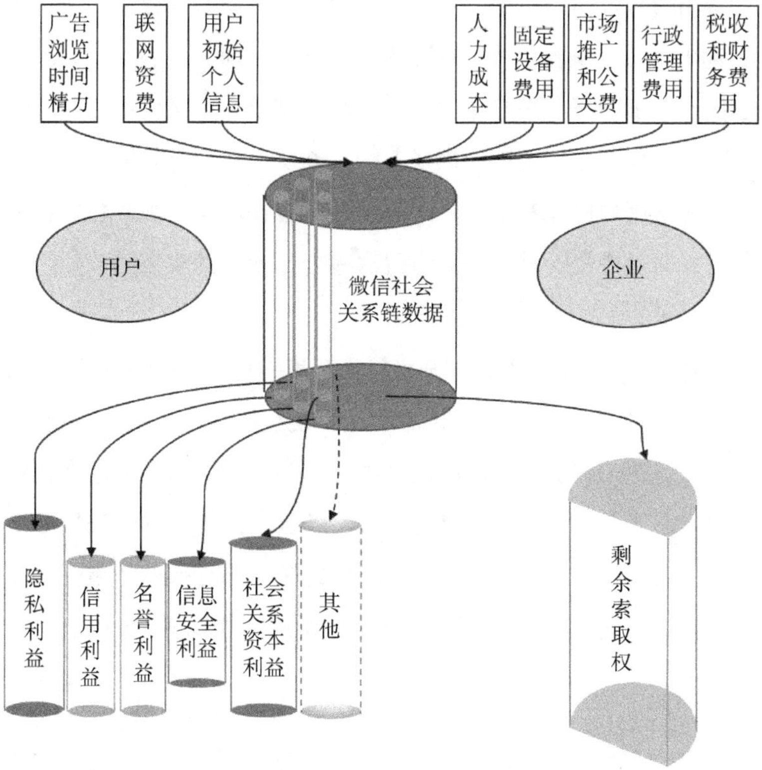

3.6 合作主义与财产权的新思维

本章研究表明，对于数据这类新兴财产，那种以有体物为原型、确定地归属于一方或另一方当事人的所有权制度和“权利束”学说面临明显的解释力局限。因为一方面，数据财产的物理体积在不断扩张，且其本身具有易复制、可共享的特点，能够同时满足多个主体互不冲突的利益期待，而有别于经典的物权客体。另一方面，在平台经济背景下，数据价值的创造是各方共同参与、持续互动与合作的结果，用户与平台间的法律关系也不同于“服务商在一端、顾客在另一端”的传统管道合同关系。对此，就促进各方持续的高水平合作而言，单纯依靠个人主义所主张的习俗和道德规范，是不足以完成任务的。相反，一个有效的方式是去主动观察用户群体和平台之间的互动与合作前景，观察自发秩序中的数据财产权安排是如何阻碍这些合作前景的实现的，然后从数据权属的配置方案上予以调试。

对此，一个务实的方案是将目光拓展到更广泛的财产权谱系，并采用一种“开放的权利束”学说来理解数据财产的权属划分。在这个谱系中，从最简单的公共物，到最圆满的所有权形态，财产权形态具有由简及繁的特征。[①] 而各当事人的数据权利恰处于频谱中间。如果将一宗数据财产上的各项权利看作一个束体，那么，用户与微信平台等当事人的诸种数据利用诉求（或数据财产

---

① 王涌：《财产权谱系、财产权法定主义与民法典〈财产法总则〉》，载《政法论坛》2016 年第 1 期。

利益期待）都在竞相争取成为该束体中的权利条块。但随着数据量的积累和深度学习能力的提升，数据的新型利用方式和价值会被用户或者企业不断发现。这也意味着，数据财产的物理体积会不断膨胀；数据财产之上的权利条块诉求会持续增长。这也意味着，广大的平台用户之间，以及用户和平台之间所展开的合作水平随之提高。

这也是为什么说需要采用一种“开放的权利束”学说来理解数据财产上的权属样态。若用户与企业的权利条块诉求能够并行不悖或相互补强，各方的利益期待可同时得到满足。但在权利条块诉求之间发生冲突时，法律需基于以下两种目标对数据财产权利束体予以分割：一是保护用户重大利益期待得到满足，努力实现人性的绽放；二是维持平台和用户持续合作的动力，使数据发挥更大的经济效益。具体到腾讯与抖音之争，用户希望向第三方平台迁移其微信通讯录数据的利益期待与微信平台希望控制此类数据流动的期待之间的确发生了冲突。但由于微信通讯录已成为很多人社会关系资本的重要甚至唯一载体，用户的此种重大利益期待应优先满足。不过，若因此给腾讯带来不合理的市场替代效果，以至于影响腾讯这类企业的投资积极性，那么，用户和第三方平台应向其支付公平对价。

的确，数据如何定价是另一个难题，我们将另文研究。但如前文阐明的那样，对数据定价是必需且可行的。一个简单的例证就是，当企业之间进行合并、收购时，这些数据必然要进行估价并纳入交易对价核算。并且，大量被直觉认为无法定价的东西，如用户观看腾讯视频广告的对价，企业已经通过一套复杂的商业会计准则，以会员费的形式实现了定价。只不过，传统商品一般有相应的生产成本，外加利润作为定价的基础；但数据财产常常难以按照劳动成本理论来定价。[①]因为一方面，对企业而言，同样一宗数据，不同企业要付出的生产成本和能发挥的利用价值可能截然不同；另一方面，对个人而言，即便在网络平台充分披露格式合同条款的前提下，也常常难以理解个人信息被利用的后果和代价。[②]这也意味着，数据财产所挑战的不仅限于传统的财产与合同法律制度，而且还对以制造业为设计蓝本的会计制度提出了新需求。我们也希望，本研究能够为会计准则的更新和改进提供启发。在这个意义上，我们看到的不仅仅是通过制度安排促进私人之间的广泛合作，而且还是知识方面的跨学科合作问题。后者对于更深刻地认识前者并解决相应的问题，同样重要。

---

① 实际上，自20世纪80年代的信息科技革命以来，劳动者的收入在社会总收入中所占的比例呈明显下滑趋势。这也意味着，在各类生产要素中，人类劳动的生产价值会逐渐走低。See Loukas Karabarbounis. Brent Neiman，“The Global Decline of the Labor Share”，129 *Quarterly Journal of Economics*（2014），p.61。

② Ignacio Cofone. Adriana Robertson，“Consumer Privacy in A Behavioral World”，69 *Hastings Law Journal*（2018），pp.1491–1497.

4　侵权法：知假买假与私人合作

在第一章至第三章，本研究所聚焦的物权、数据财产和合同领域的范例，都是围绕既有财产的高效合作利用或者潜在财产的高效合作创设来展开的。既有财产的合作利用和潜在财产的合作创设可以说是民法的核心议题，前述章节系统呈现了如何通过有意识的制度设计来提升私人之间的合作水平。这也与个人主义私法哲学观所主张的自发秩序形成鲜明的对比。

而本章将来到侵权责任法领域，聚焦到“知假买假者是否有权请求惩罚性赔偿”（为行文简便，下称“知假买假”）这一问题，希望通过这一个范例去展示，如何通过精细化的制度设计来引导知假买假人的行为，发挥他们的正能量、抑制他们的副作用，从而利用这股力量减少违法生产经营行为给消费者群体的既有利益的损害。

在从个人主义走向合作主义这一个大的私法哲学语境下，我们将在本章的具体议题中着力呈现或者重现如下问题：第一，个人主义私法哲学所倡导的自发道德规范会阻碍我们去务实地理解和评估“知假买假者”群体对于消费市场关系的实际影响，包括去正能量和副作用。第二，消费者群体在合作应对生产经营者的权益侵害方面存在系统性的合作障碍，无法通过个人主义私法哲学所说的自发秩序来实现。第三，就消费者群体之间的合作障碍的弥补机制而言，选项不限于“自由决策”与“国家强制”这两端，而是包括诸如公益组织、民间力量等多元化的方案。要想充分弥补消费者群体之间的合作维权障碍，我们不仅需要有意识地去设计私法制度，而且还要对各种备选方案进行精细化的比较和组合，以便提出最优的组合方案。第四，关于知假买假者这一股民间力量，既不是天使也不是恶魔，而是一股可以经由法律制度的规训来弥补消费者群体之间的合作失败的力量。在这些方面，我们将再次看到合作主义私法哲学与个人主义私法哲学的重大差异。

4.1 知假买假者是消费者吗？

在个人主义私法哲学世界里，私法制度安排是自发形成的，在赔偿制度上通常表现为经典民法上的“填平性”赔偿制度，而不包括让索赔人额外获利的惩罚性赔偿制度安排。毕竟，惩罚性赔偿制度是人类有意设计的制度，与个人主义所倡导的私法观念不同。正是因为这种有意设计的惩罚性赔偿制度，使得通过引导民间力量参与市场秩序的合作维护有了可能，但同时也因此引发了来自各个维度的学术论辩，包括道德批评、概念逻辑分析和本章以及本研究着重推荐的社会效果分析。

自 1995 年“王海打假案”以来，“知假买假”逐渐演变为一类备受关注的社会和法律现象，并呈现出职业化发展的态势。但无论是审判实务工作者还是法律学术界，一直都在“知假买假者是否有权请求惩罚性赔偿”这一问题上存有重大分歧，支持和反对者都不少。① 十多年来，无论是全国人大还是最高人民法院，都未在该问题上表达明确的立场，而是秉承了一贯的实验主义做法，将其交给地方司法机关去实验并总结经验。

在商业实践层面，虽然职业打假人日益增多，但在比较长的一段时间内，该群体的规模化发展特点并不明显。直到 2013 年底，该状况因一项新的司法解释开始发生明显变化，即最高人民法院颁布的《关于审理食品药品纠纷案件适用法律若干问题的规定》(以下简称《食品药品司法解释》)。《食品药品司法解释》第 3 条规定，“因食品、药品质量问题发生纠纷，购买者向生产者、销售者主张权利，生产者、销售者以购买者明知食品、药品存在质量问题而仍然购买为由进行抗辩的，人民法院不予支持”。该解释首次在国家司法层面明确认可了知假买假者在食品、药品领域内的惩罚性赔偿请求权。这不仅直接引发了食品、药品领域惩罚性赔偿诉讼案件的井喷式增长，而且对其他商品领域的审判实践和学术观察也产生了明显影响，触发了法律同行对“知假买假”问题的新一轮学术辩论。

① 较早的评论可参见杨立新：《“王海现象”的民法思考》，载《河北法学》1997 年第 5 期，第 2 页。

4.2 “知假买假”的三招辩论术

4.2.1 道德评判、形式推演与功能分析

虽然新一轮学术辩论（和判决说理）多围绕《食品药品司法解释》及其与相关立法规定之关系来展开，但新近讨论与该司法解释颁布之前的学术讨论在方法层面上具有高度的同质性。具体来说，学术同行（以及民事法官）在分析“知假买假”问题时，大致采用了三招论辩术：

一是道德主义的分析方法，即用“不劳而获”“投机倒把”“诚实信用”和“以暴制暴”等朴素的大众道德观念去评价知假买假者的索赔行为或者商家的欺诈行为。[①] 二是形式主义的分析方法，侧重对法律文本中的概念术语及其体系结构等外在表现形式展开语义分析和逻辑推演，如讨论《消费者权益保护法》（以下简称《消法》）第 2 条所规定的“消费者”的字面含义，分析《食品安全法》第 148 条第 2 款所规定的“惩罚性赔偿请求权”的语义构成要件，研究《食品安全法》第 148 条与《消法》

① 采用朴素道德论的文献很多。代表性论述如：受惩罚性赔偿的激励，“受害人因能够轻易获得不义之财而可能助长不劳而获的恶习”“助推不当得利之歪风”，朱广新：《惩罚性赔偿制度的演进与适用》，载《中国社会科学》2014 年第 3 期，第 119–124 页；李仁玉、陈超：《知假买假惩罚性赔偿法律适用探析》，载《法学杂志》2015 年第 1 期，第 51–52 页。

第 55 条之间的逻辑关系，等等。[①] 三是功能主义的分析方法，侧重就不同的形式化解释方案将对行为选择和社会秩序产生的现实影响进行观测和比较，选择那些更有助于实现特定社会时期的公共政策目标的法律适用方案。[②]

4.2.2 “知假买假”的道德主义评判

关于道德主义的分析方法，概括来说，[③] 职业法学家在讨论制度设计方案时，不宜轻易对“道德观念”本身赋予独立的权重，不能认为道德规范是一种天然的好东西。职业法学家需要贴近社会实践，结合具体语境，详细考察特定道德观念所宣扬的“规范”本身对社会行为的激励效应和对公民福利的现实影响。

具体到“知假买假”问题上，1993 年制定的《消法》引入“惩罚性赔偿制度”，希望借此激励广大消费者积极维权，弥补公共执法机构的监管缺陷。法学界普遍认为中国将迎来消费者维权新

---

① 代表性文献可参见梁慧星：《消费者权益保护法第 49 条的理解与适用》，载《人民法院报》2001 年 3 月 29 日，第 3 版；韩世远：《消费者合同三题：知假买假、惩罚性赔偿与合同终了》，载《法律适用》2015 年第 10 期，第 89 页；税兵：《惩罚性赔偿的规范构造——以最高人民法院第 23 号指导性案例为中心》，载《法学》2015 年第 4 期，第 102 页。

② “这次发布的司法解释《食品药品司法解释》支持了‘知假买假’的索赔，对统一司法尺度、打击无良商家、维护消费者权益、净化食品药品市场环境具有重要意义”，杨立新：《最高法：“知假买假”不影响十倍索赔》，载《新京报》2014 年 1 月 10 日，第 A04 版；另见鲍艳：《“知假买假”判决背后的司法方法启示》，载《中国律师》2014 年第 8 期，第 52 页；王利明：《论法律解释之必要性》，载《中国法律评论》2014 年第 2 期，第 88–89 页。

③ 关于“知假买假”的道德分析的更详细论述，参见熊丙万：《法律该如何对待职业打假人？》，载《财经》杂志 2017 年 6 月 16 日。

时代。但实践证明，分散的消费者个体在假货识别能力和追诉动力方面先天不足。理性的消费者会计算追诉的时间成本、物质成本和潜在的人际关系成本与追诉收益是否成正比。

与普通消费者相比，“王海”这股民间执法力量的假货识别能力与诉讼动力要强很多。以北京地区为例，过去20多年的司法判决显示，“王海”们先后针对大量假冒伪劣产品提起过惩罚性赔偿之诉，如过期食品，冒牌茅台酒、服饰、水晶吊坠，以及其他虚标成分和原价的商品。虽然“王海”并不一定有维护消费者权益的本意，但客观上却起到了加重商家违法成本、净化市场秩序的效果。这与多数商人一样，其从事商业活动的初衷并不一定是增进消费者的福利，但在客观上起到了这样的效果。实际上，早在一个多世纪以前，亚当·斯密在《国富论》中谈道：“我们之所以能够吃上幸福的晚餐，并不是因为肉商、面包商和酿酒商的仁慈，而是因为他们在追逐私利时无意带来的结果。”

在更广泛的意义上，无论是“王海”这股民间力量，还是普通商人，抑或政府官员，都有强大的社会组织力。但他们多数人并没有天生的内在德性，他们在追求经济收入、事业雄心或职级晋升的同时，既可能增进大众福祉，也可能损害社会利益。问题的关键在于，法律制度是否有可能对这些力量进行持续有效的引导和规训？

那些尝试以某种朴素的道德教化来评价“职业打假”这类现实问题的努力注定是难有可信结论的。在计划经济时期，我们就曾因形形色色的教化近乎彻底地反对私有财产和自有经商，并因此吃下苦果。正如费孝通先生在《乡土中国》一书中所观察的那样，道德教化只能在变化很少的社会里发生作用。在社会变迁的过程中，习惯是适应的阻碍，道德教化等于顽固和落伍，“顽固和落伍并非只是口头上的讥笑，而是生存机会上的威胁”。[①] 近年来发生的系列恶性假冒伪劣产品事件正是反映了这一点。因此，法律是否应当承认和发挥“王海”这股民间执法力量，关键在于，这股力量是否有助于净化消费市场环境，弥补消费者群体的合作维权困境？进一步说，在何种制度环境下有助于发挥这样的作用？

4.2.3 “知假买假”的形式主义推演

综观数十年来的学术辩论，除了道德评判之外，另一种努力是围绕现行法上的概念逻辑体系展开形式主义推理，以支持或者否定知假买假者的消费者身份。这些辩论主要围绕四类具有浓厚形式主义色彩的法律学说展开。更准确地说，是根据这些学说对法律文本中的概念术语及其体系结构展开的形式化解读，侧重分析法律文本中概念术语的语法结构和惯常语义，希望借此就争议问题得出确定性答案。具体来说：

一是法律的文义解释学说。这类学说侧重强调法律文本之表面意思在法律解释中的核心地位。“无论采用何种解释方法，其解释结果都不得违背法律条文可能的文义。”[②] 具体到“知假买假”

---

① 费孝通:《乡土中国》，人民出版社 2008 年版，第 84 页。

② 梁慧星:《知假买假打假者不受〈消法〉保护》，载《南方周末》2002 年 7 月 25 日，第 A7 版；税兵:《惩罚性赔偿的规范构造——以最高人民法院第 23 号指导性案例为中心》，载《法学》2015 年第 4 期，第 99 页。

问题上，文义解释学说又表现出两种截然相反的运用方式。

前一种方式以《消法》第2条的规定和域外法律词典对“消费者”的解释为依据。《消法》第2条规定：“消费者为生活消费需要购买、使用商品或者接受服务，其权益受本法保护；本法未作规定的，受其他有关法律、法规保护。”大量论者将该条理解为对“消费者”的一般定义条款，并将消费者解释为那些“为生活消费需要购买、使用商品或者接受服务”的人。而“知假买假”不符合该定义，不属于生活消费而属于一种营利性活动，其请求不受《消法》保护。[①] 还有论者辅之以《牛津法律词典》《布莱克法律词典》等比较法域国家的词典定义，试图强化前面的论述。[②]

新近的方式则认为，之前的文义解释方式搞错了设问的方向，以至于长期纠结于“知假买假者是否属于消费者”这样的问题怪圈。因为，“‘白马亦马’，‘知假买假’的消费者同样也是消费

---

① 梁慧星：《知假买假打假者不受〈消法〉保护》，载《南方周末》2002年7月25日，第A7版；税兵：《惩罚性赔偿的规范构造——以最高人民法院第23号指导性案例为中心》，载《法学》2015年第4期，第99页；郭明瑞：《“知假买假”受消费者权益保护法保护吗？——兼论〈消费者权益保护法〉的适用范围》，载《当代法学》2015年第6期，第68–71页。司法判决可见“何某江诉毛某惠丰酒店买卖合同纠纷案”（争议产品：茅台酒），北京市海淀区人民法院（2011）海民初字第2402号民事判决书；“姚某永诉甘甘那公司网络购物合同纠纷案”中也采用该思路（争议产品：服装，面料成分与产品标识严重不符），温州市中级人民法院（2015）浙温商终字第3140号民事判决书。

② 参见胡建忠：《对消费者权益纠纷案件中“一多一少”现象的思考》，载《人民司法（应用）》2009年第6期，第73页。

者，只不过是‘非消费行为的消费者’而已”。[①] 论者主张，《消法》第 2 条的功能并不是确定“消费者”这个法律术语，而是确定《消法》的适用范围，即《消法》仅适用于“生活消费”行为，而不适用于“知假买假”这样的非消费行为。因此，知假买假者没有援引《消法》（包括第 55 条）的法律资格。[②] 此外，《消法》第 55 条为惩罚性赔偿责任设定的“欺诈行为”这一要件是一个结果性要件，即要求受害人在主观上确因欺诈而作出了错误的意思表示。但是，知假买假者根本就谈不上被“欺诈”。[③]

不过，这类学术同行至少并不反对“食品”领域知假买假者的惩罚性赔偿请求权，以及《食品药品司法解释》第 3 条关于“食

---

① 税兵：《惩罚性赔偿的规范构造——以最高人民法院第 23 号指导性案例为中心》，载《法学》2015 年第 4 期，第 102 页。最高人民法院于 2014 年公布的 23 号指导性案例（孙某山诉南京欧尚超市有限公司江宁店买卖合同纠纷案）也对“消费者”采取了类似界定：“消费者是相对于销售者和生产者的概念”，只要购买者“未将所购香肠用于再次销售经营”，就应当被认定为《消法》第 2 条规定的消费者。在该案中，原告在被告超市内购买了 14 包过期的“玉兔牌”香肠，价值 558.6 元。原告付款后即径直到服务台索赔，因协商未果诉至法院，请求 10 倍赔偿金。双方对“知假买假”的事实并无争议。该判决支持了原告的 10 倍赔偿请求。针对“知假买假”争议，法院除按照前述方式界定“消费者”外，而且还进一步认为：因 2009 年《食品安全法》第 96 条的规定，消费者有权获得支付价款十倍的赔偿金……且法律并未对消费者的主观购物动机作出限制性规定，故对其该项主张不予支持。

② 税兵：《惩罚性赔偿的规范构造——以最高人民法院第 23 号指导性案例为中心》，载《法学》2015 年第 4 期，第 102 页。

③ 韩世远：《消费者合同三题：知假买假、惩罚性赔偿与合同终了》，载《法律适用》2015 年第 10 期，第 88–89 页。

品”部分的规定和“孙某山案”指导性案例的判决结论部分。[①]他们认为，现行《食品安全法》第148条第2款只提出了“生产不符合食品安全标准的食品或者经营明知是不符合食品安全标准的食品”的要求，但并未将生产者和经营者的“欺诈行为”作为惩罚性赔偿责任的构成要件，自然也就无所谓“知假买假”了。[②]至于“药品”领域如何，此类论者的想法不得而知[③]（但如下文所述，该逻辑将会得出“《食品药品司法解释》违反《药品管理法》”的结论）。

不过，这类同行认为，《食品安全法》和《食品药品司法解释》

① 如最高人民法院于2014年公布的23号指导性案例（孙某山诉南京欧尚超市有限公司江宁店买卖合同纠纷案）。

② 根据《食品安全法》第148条第2款的规定，“生产不符合食品安全标准的食品或者经营明知是不符合食品安全标准的食品，消费者除要求赔偿损失外，还可以向生产者或者经营者要求支付价款十倍或者损失三倍的赔偿金”。韩世远：《消费者合同三题：知假买假、惩罚性赔偿与合同终了》，载《法律适用》2015年第10期，第89–90页；税兵：《惩罚性赔偿的规范构造——以最高人民法院第23号指导性案例为中心》，载《法学》2015年第4期，第102–103页。

③ 另一种类似评论则以《消法》第23条第1款为依据，力图从合同法上的瑕疵担保责任角度支持食品和药品这两个领域的知假买假行为。这一款规定：“经营者应当保证在正常使用商品或者接受服务的情况下其提供的商品或者服务应当具有的质量、性能、用途和有效期限；但消费者在购买该商品或者接受该服务前已经知道其存在瑕疵，且存在该瑕疵不违反法律强制性规定的除外。”评论者认为，由于食品、药品事关人身健康和安全，国家关于食品、药品的产品质量标准属于“法律强制性规定”。因此，即便消费者“已经知道其存在瑕疵”，经营者也需要例外地承担瑕疵担保责任（郭明瑞：《“知假买假”受消费者权益保护法保护吗？——兼论〈消费者权益保护法〉的适用范围》，载《当代法学》2015年第6期，第72–73页）。评论者的言下之意是，国家关于其他产品的质量标准规定就不属于“强制性规定”，经营者的瑕疵担保责任因消费者“已经知道”而豁免。

对“知假买假”的支持态度并不能适用于其他商品或服务领域。这不仅是因为前述《消法》第55条关于“欺诈”要件的规定，还是因为《消法》与《食品安全法》之间的位阶关系使然。虽然二者“在效力范围和调整对象上存在重叠和交叉”，但两部法律之间并非上位法、下位法之间的关系，而是平行的同位法关系，分别通过不同构成要件配置来调整不同领域的惩罚性赔偿争议。①

二是合同成立、效力和免责事由学说。具体来说，惩罚性赔偿请求权以经营者与消费者之间成立有效的合同为前提条件。但反对“知假买假”的同行要么认为经营者与消费者之间没有关于消费买卖的合意，合同未成立；要么主张双方之间相互“欺诈”，有违原《民法通则》第4条②确立的诚实信用原则，买卖行为应归于无效；③要么依据原《最高人民法院关于贯彻执行〈中华人民共和国民法通则〉若干问题的意见（试行）》（以下简称《民通意见》）第68条④来解释《消法》第55条规定的“欺诈行为”要件，认为知假买假者并未因欺诈而“作出错误意思表示”，因此不享

① 税兵：《惩罚性赔偿的规范构造——以最高人民法院第23号指导性案例为中心》，载《法学》2015年第4期，第102页。

② 《民法典》第7条。

③ 马强：《审判实践中欺诈问题探讨》，载《法学杂志》2003年第2期，第49页；胡建忠：《对消费者权益纠纷案件中“一多一少”现象的思考》，载《人民司法（应用）》2009年第6期，第73页；郭明瑞：《“知假买假”受消费者权益保护法保护吗？——兼论〈消费者权益保护法〉的适用范围》，载《当代法学》2015年第6期，第71–72页。或许这样表述这类观点更准确：原《合同法》第54条（现《民法典》第148条）将“欺诈”规定为合同可撤销的事由，经营者可以据此主张撤销与“知假买假者”（实施欺诈的一方）之间的买卖合同。

④ 《民通意见》第68条规定：“一方当事人故意告知对方虚假情况，或者故意隐瞒真实情况，诱使对方当事人作出错误意思表示的，可以认定为欺诈行为。”

有《消法》第55条规定的惩罚性赔偿请求权；[①]要么依据《消法》第23条第1款认为经营者的瑕疵担保责任因消费者“已知瑕疵”而免除。[②]在合同不成立和无效情形下，其法律后果都是返还原物；在瑕疵担保责任免除情形下，合同有效，但几种情形均不会导致惩罚性赔偿责任。

三是侵权责任构成要件和免责事由学说。这类学说将《消法》第55条规定的惩罚性赔偿请求权纳入侵权责任法的框架来分析。其认为，如果商品买受人购买后“并未食用亦无损害后果的发生”，则就无所谓侵权责任。[③]即便生产经营者实施了侵权行为甚至引发了现实的损害（如因食用不安全食品而遭受身体伤害），

---

① 韩世远：《消费者合同三题：知假买假、惩罚性赔偿与合同终了》，载《法律适用》2015年第10期，第88–89页；“刘某诉沃尔玛宣武门分店买卖合同纠纷案”（争议产品：海参，未经审批宣传疗效），北京市宣武区法院（2009）宣民初字第7832号民事判决书。

② 郭明瑞：《“知假买假”受消费者权益保护法保护吗？——兼论〈消费者权益保护法〉的适用范围》，载《当代法学》2015年第6期，第68–71页；“印某苏诉特易购公司产品销售者责任纠纷案”（争议产品：铅笔，标注的执行标准已过期），无锡高新技术产业开发区人民法院（2015）新民初字第2324号民事判决书（判决先认定了“知假买假”的事实，然后援引了《消法》第23条驳回了原告的诉讼请求）；如“姚某永诉甘甘那公司网络购物合同纠纷案”（争议产品：服装，面料成分与产品标识严重不符），温州市中级人民法院（2015）浙温商终字第3140号民事判决书；“纪某昌诉王府井百货公司买卖合同纠纷案”（争议产品：服装，原告在本案之前已经代理多起这类产品的消费维权索赔案件），北京市第二中级人民法院（2012）二中民终字第18518号民事判决书。

③ 北京市怀柔区法院、石景山区法院在“王某诉尹传道、珍奥公司特殊类型的侵权纠纷案”（争议产品：珍奥核酸胶囊，含有“人参皂甙”这一部分人群敏感，但未依法向卫生部门申报的成分）、“何某军诉物美集团产品销售者责任纠纷案”（争议产品：过期虾仁）中采用了这一思路，见（2009）房民初字第7177号民事判决书、（2012）石民初字第4408号民事判决书。

但受害人的损害是因其知假买假的行为而故意引发的，要么与生产经营者的行为之间缺乏因果关系，要么构成《民法典》第 1174 条规定的责任免除事由，因此无权请求生产经营者赔偿。[①]

四是法律部门体系的划分学说。这类学说以“公法 / 私法”的严格二元体系划分为出发点，认为公法（行政法、刑法）与私法自成一体、相互割裂，强调二者在功能定位上的严格区分。前者以惩罚和预防（威慑）为目标，而后者以填平损失为宗旨。私人的惩罚性赔偿请求违背了民法的完全补偿原则，不符合民法的本性。[②]

---

① 参见励进、潘佟：《关于打假的几点思考》，载《法学》1997 年第 6 期，第 49 页；同“王某诉尹传道、珍奥公司特殊类型的侵权纠纷案”民事判决书（争议产品：珍奥核酸胶囊，含有“人参皂甙”这一部分人群敏感，但未依法向卫生部门申报的成分）。

② 李仁玉、陈超：《知假买假惩罚性赔偿法律适用探析》，载《法学杂志》2015 年第 1 期，第 51–52 页；朱广新：《惩罚性赔偿制度的演进与适用》，载《中国社会科学》2014 年第 3 期，第 119–120 页；税兵：《惩罚性赔偿的规范构造——以最高人民法院第 23 号指导性案例为中心》，载《法学》2015 年第 4 期，第 104 页。这种基于“公法 / 私法”严格二元划分的学说主要源于欧洲大陆法系国家，特别是德国和奥地利。近年来，不少来自德国、奥地利和美国的民法同行专门针对中国侵权责任立法撰写了评论文章，并在惩罚性赔偿问题上持截然相反的态度。德奥同行以欧洲学理上的二元划分学说作为主要评价标准，不赞成中国侵权法上的大量惩罚性赔偿制度；美国同行则以中国社会现状和立法决策过程为出发点，支持中国侵权责任立法的选择。参见［德］H.G. 博威格、N. 多考夫、N. 杨森：《中国的新侵权责任法》，张抒涵译，载《比较法研究》2012 年第 2 期，第 142–143 页；Helmut Koziol，“Chinese Punitive Damages Seen in a Comparative Perspective”，*Frontiers of Law in China*，Vol. 9，No.3，2014，pp.308–320；［美］戴杰：《中国侵权法的普通法色彩和公法面貌》，熊丙万、刘明、李昊译，载《判解研究》2014 年第 2 期，第 174–183 页；Vincent R. Johnson，“Punitive Damages，Chinese Tort Law，and the American Experience”，*Frontiers of Law in China*，Vol. 9，No.3，2014，pp. 321–358。

当然，除纯形式层面的“公／私”二元划分学说外，亦有新近讨论尝试从功能层面来进一步阐述坚持这一形式划分的必要。例如，前者的法定程序（行政处罚程序、刑事诉讼程序）比民事诉讼更为严格。通过宽松的民事诉讼程序向加害人施加了严苛的法律制裁，使“加害人因丧失（行政和）刑事诉讼程序上的保护措施而可能遭受诸多不利”，[①]甚至可能面临“因同一行为而遭受双重处罚的危险，即支付惩罚性赔偿金之后再承受（行政和）刑事制裁”。[②]

从形式上看，前述四类学说都从不同侧面为“知假买假”提供了否定性理由，且在表面上给人一种论证力上的组合优势印象。但仔细观之却发现，这一系列围绕概念术语及其体系结构展开的形式化操作不仅充斥着自我矛盾，而且忽视甚至误判了此种形式化操作的社会现实影响和公共政策功能。关于这一点，笔者已经在本研究课题的前期研究成果中做过充分证明，这里不再赘述。[③]

4.2.4 从道德主义、形式主义走向功能主义

面对相互对立的形式化解释方案，执着于形式化推演的法律

---

① 参见朱广新：《惩罚性赔偿制度的演进与适用》，载《中国社会科学》2014年第3期，第115–117页、第124页［“（行政和）”并非原文内容，系笔者所加］；类似观点，参见税兵：《惩罚性赔偿的规范构造——以最高人民法院第23号指导性案例为中心》，载《法学》2015年第4期，第104页。

② 参见朱广新：《惩罚性赔偿制度的演进与适用》，载《中国社会科学》2014年第3期，第115页。

③ 详见熊丙万：《法律的形式与功能——以“知假买假”案为分析范例》，载《中外法学》2017年第2期，第308–313页。

同行要么是想当然地认为一种形式化方案优于另一种形式化方案；[①]要么试图用一个维度的形式化理由来缓解（更准确地说，掩饰）另一个维度的形式化矛盾，摆弄法律形式的“套娃术”。后一种情形更为常见。[②]前文梳理的四类形式主义学说及其在知假买假问题上的先后运用就反映了这一点。当讨论者在一个维度上遭遇竞争性的形式化理由时，常常会自觉不自觉地诉诸另一个维度的形式化资源，以期佐证或者补强其在前一个维度的形式化主张。但这样又会在另一个维度引发新的形式对立，并陷入无休止的形式“开发”和形式化辩论活动。

面对这样的困境，执着于形式推演的同行甚至会误认为是因自己的形式化推理功力不足所造成的。[③]但如本节伊始所述，对于形式的原初建构者都尚未认识和预知的现象，或者尚未形成较

---

① 如韩世远教授认为，“‘经营者’和‘消费者’固然是关键词，不容忽视，但作为构成要件，其关键点在于‘欺诈行为’”（韩世远：《消费者合同三题：知假买假、惩罚性赔偿与合同终了》，载《法律适用》2015年第10期，第88页）。这是一个十分乏力的解释，且会陷入逻辑怪圈和进一步的自我矛盾。很难想象，为什么法律责任所规范的行为重要，而法律责任的请求权主体（消费者）不重要？至少，按照韩世远教授所秉持的“公/私”二元论，私法的核心任务是填补损害，保护受害主体（消费者）。而规范行为主要是实现前一任务的过程而已。如果消费者没有损害，也就谈不上规范行为了。除非，其采用功能主义裁判观念与方法，从广义上将“消费者的损害”理解为“整个消费者群体的损害”（包括那些因成本过高而放弃维权的消费者的损害），并据此从新评估是否需要在所有消费品领域发挥“知假买假”的治理功能。

② 还有一种可能：论者事前已经有了明确的功能性目标，并选择与此目标相符合的形式化理由作为借口，以让其免予外部识别、批评和压力。后文将在评论功能主义分析方法时对这一现象作专门讨论。

③ 参见纪海龙：《法教义学：力量与弱点》，载《交大法学》2015年第2期，第97页。

高程度共识的问题，我们常常能够在既有的形式中找到多元且对立的归类方案。因为，这些情况或多或少具备既有形式所指称现象的某一部分特征，而不具备其他特征。[①] 这就像一定要把变性人归入男人或者女人一样，我们既可以根据其雄性生理特征将其归为男人，也可以根据其雌性生理特征将其归为女人，还可以根据其雌雄合体的生理特征将其单列为第三类人。但我们又难以在形式层面对这三种归类作出有效性评价。除非，我们引入一定的功能性目标，就特定问题作实质性判断（例如，变性人所使用卫浴设备的设定标准）。只有当我们引入功能性目标时，才有可能形成相对比较确定的、有可能被证明或者被证伪的答案。

"知假买假"或者说疑难法律问题同样如此。虽然，目前不太容易去证明《消法》制定过程中是否有关于"知假买假"问题的立法辩论，但是，即便当时有关于这方面的讨论，也不太可能达成共识。法律学术界和司法界长期以来在该问题上的重大分歧就说明了这一点。在这样的背景下，那些希望通过高度形式化推理为"知假买假"问题寻找有说服力答案的努力，或许从一开始就注定是徒劳的。因为，如前文系统呈现的那样，"知假买假"的反对者和支持者皆能够在既有概念术语及其体系结构中找到支持各自主张的形式化理由。但面对两组相互对立的形式化理由，论者又不太可能再用形式本身去判别这两组相互对立的理由。至于同一论者所举各个形式化理由之间的自相矛盾，就更不用说了。

---

① 哈特关于这方面的观察，参见［英］哈特：《法律的概念》，许家馨、李冠宜译，法律出版社 2011 年版，第 115 页。

更严重的问题是，当法律同行专注于法律的形式维度时，很容易忽略或者误判法律的功能预设。法律是社会秩序的外在表现形式，是商业、家庭生活、宗教事务等活动的重要组织工具，是任何社会得以有序组织起来的必不可少的手段。[①] 虽然法律需要以一套概念术语及其体系结构获得外在表达，以便于被人们认识、交流和遵守，但这些形式背后却有着明显的功能预设，承载了实现特定的理想社会秩序之功能。如果法律形式能够与现实生活一一对应且建构合理，即便法官对形式背后的功能预设毫不关心，只要能够背诵形式“口诀”，[②] 严格按照形式化的概念术语、体系结构和理论学说来解释和适用法律就足以实现理想。且在平常的社会交往实践和争端解决情境中，形式主义的法律分析方法也屡试不爽。

但如前文所述，“消费者”等概念术语及其体系结构是对复杂现实生活进行过滤和抽象的产物，从而难以去指称“知假买假”等被过滤掉的、有实质性争议的棘手问题。这也是为什么那些不平常的问题背后往往存在多元化的形式化解释方案，尽管执着的形式主义同行常常并未意识到这一点。同样容易被这类同行忽视或者遗忘的是：不同的形式化解释和适用方案将对社会现实生活产生不同的行为激励和社会组织功能，并在未来的社会演进中对应着不同的社会生活秩序。

对于不同形式化解释方案在激励效应和功能影响上的差异，

---

① See Harold J., Berman & Samir N. Saliba, *The Nature and Functions of Law*, 7th ed., New York: Foundation Press, 2009, p.6.

② 许德风:《法教义学的应用》，载《中外法学》2013 年第 5 期，第 973 页。

这类法律同行要么是毫不关心，坚持法律形式化技术的纯粹性；要么是想当然地推定，“法律规范具有效力、应该得到遵守”，[①] 自成一体的法律部门（和体系、概念）能够按照法律学说的预期各司其职。只要民事裁判（特别是民法解释）严格依循一套形式化的学说来展开，就足以实现和维系良好的社会公共生活秩序和私人生活空间。具体到“知假买假”问题，这类同行先是将其归入“民法问题”，然后主张民法的“本性”在于损害填平功能，不应扮演惩罚和预防损害的角色。因为，后者是公法的功能和任务，自当（且能够）由行政执法或者刑事司法来完成。然而，社会现实却讲述着另一番故事。这种建立在“公 / 私”二元划分基础之上的功能性推定与社会现实相去甚远。这在很大程度上是因为，其忽视了经营者、消费者和执法官员等各个社会群体在现实中对待法律规范的态度，未能去准确地观察这些群体行为策略在何种意义上有助于或者有害于消费者群体之间的合作维权，以及整个消费市场秩序的合作维系。

为了准确认识这一点，我们转入下一节，具体分析这些群体在不同制度方案下的行为选择和社会效果。

4.3 消费者合作维权困境的传统疗法

很多学术同行之所以反对“王海”这一股民间力量参与消费

---

① 对传统民法方法论这一特点的评论，可见薛军：《实证研究与民法方法论的发展》，载《法学研究》2012 年第 1 期，第 51 页。

市场的治理，是因为他们认为，传统的市场和法律秩序就足以应对消费者合作维权困难。至少，通过对传统的消费者市场保护法律予以轻微调整就可以起到这样的作用。这些传统疗法大致包括以下几种：经营者自律、消费者诉讼、政府监管和奖励举报等。但这些传统疗法真的能够起到足够的作用吗？

对此，我们需要深入语境来考察，而不是像个人主义那样简单地推定存在一种管用的私人自助决策或者国家强制措施。

4.3.1 经营者自律与消费者维权

大量法律学术同行习惯性地推定，法律规范具有约束力，能够被自觉践行或者强制执行。① 这类同行习惯于单向度的道德和理想表达，② 推定法律规范尝试锁定的价值取向和追求能够得到实现。可一旦贴近社会实践和生活经验，我们会惊讶地发现：无条件地信仰、遵守和执行法律规范之约束的人群毕竟是有限的，商人、普通消费者和执法官员概不例外。在不少时候，“法律规范”只是人们在社会决策过程中所面临的约束之一，是他们在计算特定行为选择之利弊得失时所考虑的一项变量而已。例如，企业家在商业决策中关心的首要问题是“这里怎么了”，而不是“法律

---

① 参见薛军：《实证研究与民法方法论的发展》，载《法学研究》2012 年第 1 期，第 51 页。

② 代表性的单向度思维，如李仁玉、陈超：《知假买假惩罚性赔偿法律适用探析》，载《法学杂志》2015 年第 1 期，第 51 页；对法学研究中的“单向度”思维习惯的新近评论，张凇纶：《财产法哲学》，法律出版社 2016 年版，第 42–44 页；王凌皞：《走向认知科学的法学研究——从法学与科学的关系切入》，载《法学家》2015 年第 5 期，第 13 页。

就这么规定”之类的绝对命令。[①] 其会在综合权衡“违法行为被发现的概率和被惩罚的力度”和其他经济影响之后，作出合规经营、违规经营或者绕道经营的决策。[②] 我国当前面临的商业欺诈和食品、药品安全问题，除了反映部分生产经营者的道德情操水准之外，还深刻地显示了现行的各类法律规范（及其适用）的实际约束效果。而笔者曾细致评论的个人主义私法哲学,[③] 寄希望于某种自发的市场秩序，则常常是靠不住的。

消费者的行为选择同样如此。“在一个理想的情境中，当避孕水产、过期疫苗、镉大米、硫磺辣椒、金属超标茶叶、农药高残留蔬菜、荧光猪肉、地沟油和缺斤短两等问题层出不穷时，分散的消费者个体就应当联合起来采取集体行动，每当遭遇欺诈行为时就积极地追究经营者的赔偿责任。”[④] 这将使得经营者的不法经营行为无缝可钻、无利可图，并促使经营者积极采用必要的安全生产、储存和运输措施，从而实质性地降低了不合法食品问题的发生率。

但这种理想化的情景与社会现实相去甚远，分散的消费者个

---

① ［美］奥利弗·E. 威廉姆森:《治理机制》，石烁译，机械工业出版社 2016 年版，第 124–125 页。

② 关于这一点的新近事例，参见郭锐:《商事组织法中的强制性和任意性规范——以董事会制度为例》，载《环球法律评论》2016 年第 2 期，第 67 页、第 69 页。

③ 参见熊丙万:《私法的基础：从个人主义走向合作主义》，中国法制出版社 2018 年版，第 159–164 页。

④ 鲍艳、熊丙万:《中国司法观念和司法方法的转型》，载《判解研究》2013 年第 3 辑，第 96 页。

体不太可能合作起来实施前述的集体行动。[①] 因为，对个体消费者而言，这类损害大都是分散的小额损害。无论是在补偿性赔偿制度下，还是在上限较低的惩罚性赔偿制度下，即便是那些精通法律规则和程序的个体消费者，也大都会因为单个案件中的诉讼成本超出诉讼收益而放弃维权。[②] 个体消费者所面临的诉讼成本不仅包括投入诉讼活动的人力和物力，在一些情形下还有对商家因被诉而采取的敌对甚至报复行为的忧虑。每当立法扩大惩罚性赔偿制度的适用范围或赔偿上限时，都有不少法律同行随即为之喝彩，并宣称一个借此有效治理不法行为的新时代的到来。[③] 但事实上，这些制度设计常常是雷声大雨点小，立法的目的一次又一次地落空。虽然《食品安全法》为个体消费者提供了"高达"十倍的惩罚性赔偿激励，但不符合安全标准的食品仍在不停地敲打着我们这个社会的神经。

---

① 关于集体行动失败的系统观察，see Mancur Olson，*The Logic of Collective Action*：*Public Goods and the Theory of Groups*，Cambridge：Harvard University Press，20th printing，2002，pp.53–65；亦可见熊丙万：《私法的基础：从个人主义走向合作主义》，载《中国法学》2014 年第 3 期，第 151–153 页。

② 关于中国消费者维权障碍的实证调研和成因分析，参见应飞虎：《知假买假行为适用惩罚性赔偿的思考——基于法经济学和法社会学的视角》，载《中国法学》2004 年第 6 期，第 115–118 页。比较法域的类似观察发现，"因为较高的信息要求以及交易成本会抑制受害者起诉，加上有责任保险的话，有学者统计只有 0.000024% 的案件引发诉讼"，see Tanya Roberts，" WTP Estimates of the Societal Costs of U.S. Foodborne Illness"，*American Journal of Agricultural Economics*，Vol. 89，No. 4，2007，p. 1184，转引自高秦伟：《论食品安全规制和最佳威慑的实现》，载《行政法学研究》2016 年第 6 期，第 7 页。

③ 姚辉、刘艳阳：《论食品安全责任中的惩罚性赔偿》，载《河南财经政法大学学报》2013 年第 1 期，第 41 页；类似批评，参见李响：《我国食品安全法"十倍赔偿"规定之批评与完善》，载《法商研究》2009 年第 6 期，第 42 页。

4.3.2 政府监管

再回到个人主义私法哲学观念所认可的必要公力执法机制。不少同行全盘反对“知假买假”的一大理由就在于：查处不安全食品（和经营者欺诈）应当是专属于政府监管部门的工作。的确，政府监管力量是实现社会治理和社会秩序的一股基础性力量。假如监管部门真的能够通过改进工作机制来有效应对市场失灵问题，那么，“知假买假者”就失去了生存的空间，自然也就没有争论的必要了。①

但是，我们常常高估政府的监管能力，在关注“市场失灵”现象的同时没有去对称地分析“政府失灵”现象的思考习惯。②政府监管机构要成为宅心仁厚的捍卫者，不仅需要具备大公无私的品质（政府官员没有私利，不被利益集团俘获）、说话算数的性格（不惧困难、积极执法），而且还需要掌握充分的信息（充分掌握违法经营信息）。③

不过，具体到本章的事例，即便监管官员都大公无私、严格执法，监管机构仍然面临着严重的违法信息不充分的问题。在假

① 类似的争论也发生在网约车领域。不少人反对网约车的理由是：出行难的问题应当通过改善公共交通来解决。同样的道理，发展公共交通与网约车可以双管齐下。随着公共交通的不断改善，网约车的市场需求就会相应递减。因此，关键的问题不是要不要发展网约车，而是要以何种方式发展网约车，以保障网约车的运营服务足够安全。而在本章议题上，关键的问题不是要不要支持“知假买假”，而是应当支持哪些类型的打假行为。后文将详细阐述这一点。

② ［美］奥利弗·E. 威廉姆森：《治理机制》，石烁译，机械工业出版社 2016 年版，第 201 页。

③ 张维迎：《经济学原理》，西北大学出版社 2015 年版，第 350–354 页。

冒伪劣产品问题发生率较高的社会，除了继续执行疗程长、见效慢的道德教化药方之外，一个相对有效的办法就是加大对违法行为的威慑和预防力度。不过，对那些责任财产有限的违法者来说（中小企业大多如此），与增强对违法行为的处罚力度相比，提高对违法行为的捕获率则更加有效。[①] 然而，政府行动并非免费的午餐，而是建立在公共财政基础之上的公务活动。[②] 由公共财政给养的监管部门人力资源有限且不是直接消费者，对不法食品信息的敏感度较弱，不太可能通过对海量的食品生产和流通环节实施有效的抽查。否则，公共财政支出将高得难以让纳税人承受。可以说，“中国食品市场主体之间巨大的治理水平差异导致刚性的政府监管力有未逮”[③]。

在这个语境下，个人主义私法哲学认可的有限政府作为实际上只能起到十分有限的作用。我们需要深入具体语境，构想更具有针对性的制度安排。

4.3.3 奖励举报

针对因信息不充分而造成的政府监管失灵的问题，有法律同行建议通过“消费者举报奖励机制”来弥补消费者合作维权的障

① 关于处罚力度与被捕获率的对比分析，see Steven Shavell, *Foundations of Economic Analysis of Law*, Cambridge: Harvard University Press, 2004, pp.479–481。

② Ronald Coase, “The Problem of Social Cost”, *Journal of Law and Economics*, Vol. 2, 1960, pp.17–18.

③ 王旭：《中国新〈食品安全法〉中的自我规制》，载《中共浙江省委党校学报》2016 年第 1 期，第 117 页。

碍。[①] 这的确不失为一项有用的措施，但其弥补作用较小。

一方面，如果奖励额度比较低，除非食品的不安全性足以造成可即时感知的生理反应，否则普通消费者主动发现并举报违法行为的概率很低。离城市中心越远的地方，概率就越低（对食品安全性要求越高的消费者，支付能力通常越强，越倾向于到安全有保障的场所消费）。在广大农村，这一点就更不用说了。很多人根本就没有“国家安全标准”这个概念。[②] 即便发现了，很多人也会出于“多一事不如少一事”的心理放弃举报。在电子产品、服装等其他商品领域，普通消费者去主动发现和举报经营者“欺诈行为”的概率同样不高（消费者在一些情形更是主动迎合“欺诈行为”，如购买冒牌名包）。

另一方面，如果奖励额度足够高，以至于让一些人有动力去付出专门劳动来寻查和举报不安全食品经营活动，那么，这又在机理上与“鼓励知假买假”十分类似，即通过经济激励来动员私人力量参与执行社会公共事务，[③] 都属于大量形式主义论者基于朴素的道德观所反对的“不劳而获”行为。除了这类经不起检验

① 郭明瑞：《“知假买假”受消费者权益保护法保护吗？——兼论〈消费者权益保护法〉的适用范围》，载《当代法学》2015 年第 6 期，第 72 页。

② 邓正来先生曾观察认为，中国当前的消费者权益保护法学研究基本上是城市导向的，以现代都市生活为大背景，而广大农村常常被遗忘。邓正来：《中国法学向何处去（中）——建构“中国法律理想图景”时代的论纲》，载《政法论坛》2005 年第 2 期，第 37–41 页。

③ 关于通过动员私人力量来执行公共政策的做法有很长的历史。关于这方面的学术讨论也很多，如 See Mark A. Cohen & Paul H. Rubin, “Private Enforcement of Public Policy”, *Yale Journal on Regulation*, Vol. 3, No. 1, 1985, pp. 167–194。

的朴素道德评价外，[①] 在“职业打假”和“高额举报奖励”这两种公共政策的执行机制之间也存在明显差异。在以下方面，前者具有明显的优势：第一，前者赋予私人可公开主张的法定权利，让其能够以名正言顺的方式参与执行公共事务；而后者通常是以匿名方式完成的，私人参与执行公共事务的动力会因“道德底气不足”“回报的可预期性不足”“因泄密而被报复”等因素而大为降低。[②] 第二，前者所需的公共行政成本远比后者低，既不需要一个臃肿且昂贵的政府监管机构，也不涉及政府奖励资金支出。[③] 第三，由公共财政支持的高额奖励基金有被截留和串通利用的风险。近年来，中央政府为了促进中小企业的发展，推出了大量中小企业专项发展基金。但多年来的实践表明，这类基金不仅容易被“代理商”和管理机构的官员截留，诱发各类腐败风险，而且阻碍了企业之间的公平市场竞争。如果在前述消费市场监管领域实施“高额举报奖励”制度，基层工商执法官员可能出现类似风

① 因为，无论是监管部门的抽查活动，还是私人主动实施的违法信息收集活动和诉讼活动，都是需要一定的人力和物力成本的，并非天上掉下的大馅儿饼。特别是，知假买假者需要事先购买商品，支付价款，并可能因事前判断失误而面临败诉的风险。

② 匿名举报并不必然是一件坏事。在严重暴力犯罪等违法情形下，名正言顺的私人执行者很可能因担心被报复而拒绝参与这项活动，而匿名举报则是一种更加有效的激励机制。

③ 除“奖励举报”外，还有不少学术同行建议以“消费者权益保护协会为原告的民事公益诉讼机制”来替代“职业打假机制”。且最高人民法院于2016年4月出台了《关于审理消费民事公益诉讼案件适用法律若干问题的解释》，旨在推进这一机制。与政府监管一样，该机制也是治理经营者欺诈行为的一种手段。不过，这同样涉及公共财政支出问题。而且，在中国语境下，消协是否具有独立性，是否具有积极发现和追诉“欺诈行为”的持续性动力，都值得怀疑。

险，如将生产经营者的违法信息泄露给潜在的举报人，甚至与举报人私下“分享”举报奖励。

4.3.4 小结

前述分析表明，虽然立法明确要求经营者遵守关于食品安全的国家标准，并设置了个体受害人的私人损害填补制度和政府机构的公共监管制度，但这些立法有被机会主义者操纵和利用的风险，难以仅凭其形式化解释和适用发挥维系食品安全秩序的法治功能。[①] 在更广泛的经营者欺诈问题上，这一点同样适用。中国近年来的社会实践也表明，在企业的生产管理水平和内心道德水准经缓慢教化发生结构性变化前，食品安全问题（和更广泛的商品欺诈问题）仍然是我们在今后比较长的一段时间内所面临的系统性社会难题。在这样的背景下，盲目地相信政府的监管能力与迷信私人的自治能力一样，都很难经得起实践的检验。在这个意义上，无论是个人主义私法哲学所倡导的社会自发秩序，还是其认可的有限政府作为，实际上都难以起到促进健康消费市场的有效维系的作用。

如果法官和向法官提供思想资源的法学家要想有所作为，就需要从朴素的道德情怀和形式化的概念逻辑推理梦幻中醒过来，

---

① 对机会主义者对法律外在形式的规避和利用的系统阐述，see Henry Smith, “Property, Equity, and the Rule of Law”, in Lisa Austin and Dennis Klimchuk (eds.), *Private Law and the Rule of Law*, New York: Oxford University Press, 2014, pp. 224–246, available at http://www.law.harvard.edu/programs/about/privatelaw/related-content/2013-working-paper-series/smith_property-equity-and-the-rule-of-law_6-14-13.pdf, 最后访问日期：2016 年 5 月 30 日；王军：《法律规避行为及其裁判方法》，载《中外法学》2015 年第 3 期，第 628–648 页。

摆脱那种以道德教化或者形式逻辑推理来思考和处理实体性争议的思维惯性，[①] 兼采一种功能导向的法律解释和适用方法，在立法所允许的职权范围内比较和选择那些有助于弘扬特定类型的社会行为选择、更积极地追求良性的社会交往和生活秩序，从而更好地增进社会公共福祉的法律方案。也只有在这个意义上来细致思考"知假买假"行为的善与恶才有实质意义，才能实质性地构想出能够弥补消费者群体合作维权失败的治理机制。

4.4 "知假买假"的善恶之分

本章前文提出要从社会实际功能的角度来评判"知假买假者"这股民间力量在促进消费者群体合作维权上的功效，以实际是否有必要通过有意设计的惩罚性赔偿制度来鼓励这股民间力量。但是，这并不能简单地与"应当支持知假买假"这样的看法画等号。相反，我们不仅需要充分发挥这股民间力量在治理商家违法行为、保护消费者权益方面的积极功能，而且，同样重要的是，需要深刻地认识到与这股民间执法力量相伴随的各类消极效应，并积极构想有效的应对方案。

4.4.1 "知假买假"的积极功能及其发挥

仍以食品的安全生产和销售为例，如本章前文所述，因违法

---

① 形式主义解释方法的"牵强之处就在于，它总是企图把实体性问题当作程序性问题来一并处理"。桑本谦：《法律解释的困境》，载《法学研究》2004年第5期，第6页。

成本过低导致的食品不安全问题在当前的中国已是一个不争的事实。从积极方面来看，如果能够通过赋予惩罚性赔偿请求权来激励那些有时间、精力和经验参与打假活动人士的自发积极性，提高不安全食品（和其他商品领域的欺诈行为）的发现和追诉概率，则不仅能够在一定程度上弥补消费者个体的诉讼动力不足，又可以弥补政府监管机构因信息不充分、人力资源限制等因素导致的查处力度缺陷，从而提高遏制商家机会主义行为的治理力度。毕竟，对商家而言，无论是民事损害赔偿，还是行政罚款，都会导致真金白银的流失，会被计入会计成本和商业决策之中。[①]

在类似的问题上，通过向专门的民间力量提供获利激励来促进其参与消费市场维权的合同或者制度安排也不鲜见。例如，在涉及假冒商标的产品纠纷问题上，受害人通常包括两类：一是商

① 熊丙万、周院生：《诉讼效益的经济分析框架——以当事人诉讼动力的调节机制为中心》，载《制度经济学研究》2015 年第 1 期，第 220–221 页。长期以来，法律同行在分析“消费者”的权益保护机制时，采用了一个十分不准确的推定，即想当然地把“消费者”推定为法律上的“弱者”。事实上，消费者并非都是经济上的弱者。在大量情形下，消费者之所以选择放弃维权，并不是因为消费者没有维权的法律知识和经济能力，相反，是因为维权的经济成本太高，维权会导致得不偿失。即便是那些经济实力雄厚的消费者，也会十分理性地选择了放弃维权。因此，消费者权益保护机制的核心问题在于如何有效地激励消费者本人或者其他主体启动对违规生产经营者的追究程序，而不是简单地保护消费者的“弱点”。换句话说，启动追诉机制的“消费者”本身是否属于经济上的“弱者”，或者说是否属于比生产经营者更“聪明”的强者，并不是问题的重点。重点是什么样的法律机制能够有效促进追诉机制的启动。关于这一点的启发性讨论，参见甘强：《重识“消费者”的法律地位》，载《政治与法律》2016 年第 12 期，第 116–123 页；李友根：《惩罚性赔偿制度的中国模式研究》，载《法制与社会发展》2015 年第 6 期，第 122 页。

标权人，二是消费者。有商标权人专门委托具有打假经验的人士提供打假专项服务，并将高达50%甚至更高比例的损害赔偿金分配给受托人作为激励。[①]在这类问题上，即便是个人主义私法哲学观念，通常也不会反对受托人基于高额回报而实施的知假买假行为，因为知假买假者获得了商标权人的明确授权。但同样的道理，假如有一种机制能够把分散的消费者个体聚集起来，我们有理由相信，消费者群体有意愿采取集体行动，作出诸如商标权人实施的委托合同安排，让知假买假者获得同样的索赔授权。只不过，这种集体行动因为人数众多等原因实际发生的可能性不大而已。

虽然"保护消费者权益"并不一定是知假买假者的本意，但其针对商家欺诈的诉讼活动却能够带来这方面的客观效果。这就如同自由的市场交易本身，我们之所以普遍地认为商家的自由买卖活动是个好东西，并不是因为我们认为商人在交易时有增进消费者利益的本意和美德，而是因为商人的牟利动机和行为在客观上增进了消费者的利益而已。"与人们有意识地促进它相比，人们的逐利行为常常更有效地实现它。"[②]在更一般的层面，无论是市场力量、政府力量还是民间力量，都具有强大的社会组织和调

① 参见"轻出公司诉沃尔玛公司侵犯注册商标专用权纠纷案"，（2012）一中民终字第3198号民事判决书（争议产品：冒牌燃气灶）、（2012）一中民终字第3202号民事判决书（争议产品：冒牌抽油烟机）。

② 亚当·斯密关于这一点的经典观察常常被学术观察家所遗忘。See Adam Smith, *An Inquiry into the Nature and Causes of the Wealth of Nations*, Edited by R. H. Campbell and A. S. Skinner, Oxford: Oxford University Press, 1976, pp.26–27, 456.

节能力。但这些力量本身却没有内在的道德情操，都存在被误用或者滥用的风险。这些力量的具体发挥，取决于制度设计以何种方式去反复地驯化和调和它们。[①]

显然，古典的“公法 / 私法”二元框架是不够的。毕竟，这一二元论是建立在“政府 / 市场”这一古典的二元社会结构基础之上的。社会经济活动的组织方式要么是经典的市场交易，即个体与个体之间自发的交易；要么是政府计划和管制。但事实上，人类社会的经济组织方式早已经从“政府 / 市场”二元体系走向了多中心主义，构想和实践出了经典市场、长期契约、网络平台、企业层级管理、民间组织和政府强制等多元高效的实践形态。[②]法学家要想跟上社会实践的步伐，不仅需要去切实感受我们身处的社会和时代正在经历的深刻变化，而且还需要积极地去构想和供给予时代演进节奏合拍的理论学说。

如果立法和司法能够发挥“知假买假者”这股民间力量在追诉商家欺诈等方面的功用，则民事赔偿责任将有机会与行政法、刑法上的责任形成多元、协同治理机制，在食品安全等问题上发挥治理合力作用。本章观察的部分诉讼实践也印证了这一点。如果我们翻开人民法院在十多年来关于知假买假案的裁判文书，我们会注意到这个群体先后针对大量商家欺诈和不安全食品提起诉

① 参见［美］约瑟夫·E. 斯蒂格利茨：《不平等的代价》，张子源译，机械工业出版社 2013 年版，序言第Ⅷ–Ⅸ页。

② 关于社会组织的多中心主义的代表性阐述，见［美］埃莉诺·奥斯特多姆等：《制度激励与可持续发展》，上海三联书店 2000 年版，第 203–246 页。

讼。例如，发霉牛肉干[①]，过期香肠[②]、虾仁[③]和酱料[④]，重金属超标或生产日期不明的茶叶[⑤]，冒牌稻香村月饼[⑥]、茅台酒[⑦]，冒牌减肥胶

---

① “周某权诉金泰公司买卖合同纠纷案”（争议产品：保质期内的牛肉干发霉，食用后呕吐），北京市第一中级人民法院（2014）一中民（商）终字第9572号民事判决书。

② “孙某山诉南京欧尚超市有限公司江宁店买卖合同纠纷案”（该案判决对“消费者”采取了类似界定：“消费者是相对于销售者和生产者的概念”，只要购买者“未将所购香肠用于再次销售经营”，就应当被认定为《消法》第2条规定的消费者。在该案中，原告在被告超市内购买了14包过期的“玉兔牌”香肠，价值558.6元。原告付款后即径直到服务台索赔，因协商未果诉至法院，请求10倍赔偿金。双方对“知假买假”的事实并无争议。该判决支持了原告的10倍赔偿请求。针对“知假买假”争议，法院除按照前述方式界定“消费者”外，而且还进一步认为：2009年《食品安全法》第96条规定消费者有权获得支付价款十倍的赔偿金……且法律并未对消费者的主观购物动机作出限制性规定，故对其该项主张不予支持）。

③ 见“何某军诉物美集团产品销售者责任纠纷案”（争议产品：过期虾仁），（2009）房民初字第7177号民事判决书、（2012）石民初字第4408号民事判决书。

④ 见“梁某富诉万业百货公司买卖合同纠纷案”（争议产品：大酱，外包装上有两个生产日期，涉嫌过期），珠海市香洲区人民法院（2015）珠香法民二初字第2318号民事判决书、（2015）珠香法民二初字第2319号民事判决书。

⑤ “刘某诉悦茶文化公司产品销售者责任纠纷案”（争议产品：茶叶，小包装和外包装上均无生产日期，且假冒其他茶商的生产许可证），（2015）二中民终字第05081号民事判决书。

⑥ “张某东诉城北市场公司买卖合同纠纷案”（争议产品：冒牌的稻香村月饼。判决认为，“若购买商品和接受服务的目的，不是为了将商品或者服务用于从事生产、交易活动而获得商业利益的，不管消费的是购买者本人还是他人，也不论购买目的是直接使用或是收藏、馈赠甚至其他目的，均应视为是消费者”）。

⑦ 司法判决可见“何某江诉毛某惠丰酒店买卖合同纠纷案”（争议产品：茅台酒），北京市海淀区人民法院（2011）海民初字第2402号民事判决书。

囊[①]、防脱发药品[②]，无证生产的虫草复合片[③]，虚假宣传疗效的保健品[④]，含棉不足50%的“纯棉”服装[⑤]，人造意大利“天然皮衣”[⑥]，仿造“天然水晶”[⑦]，冒牌对讲机[⑧]，凡此等等，不一而足。另外，在《食品药品司法解释》发布之后的庭审中，有的被诉超市最后不但没有质疑“知假买假者”的身份和动机，而且还在承担10倍赔偿责任的同时，当庭表示今后将以此诉讼为教训，严格审查商品质量，避免出现类似问题。[⑨]此外，这还可以节省政府行动的成本（这一点常常被忽视，但现实意义却不小），可谓一举两

---

① “康尔利诉美廉美公司、尹某栋买卖合同纠纷案”（争议产品：减肥胶囊，假冒药品），北京市第一中级人民法院（2011）一中民终字第18876号民事判决书。

② “杨某弟诉医保全新大药房案”（争议产品：全鹿丸药品，防脱发药品，假药），北京市东城区人民法院（2004）年东民初字第04209号民事判决书。

③ “霍某德诉绿慈（北京）公司产品责任纠纷案”（争议产品：虫草复合片，无证生产），北京市怀柔区人民法院（2013）怀民初字第02876号民事判决书。

④ “刘某诉沃尔玛宣武门分店买卖合同纠纷案”（争议产品：海参，未经审批宣传疗效），北京市第一中级人民法院（2011）一中民再终字第14998号民事判决书。

⑤ “段某峰诉拉法耶特公司买卖合同纠纷案”（争议商品：服装；产品说明书标明100%棉，但检验结果为46.6%棉），北京市西城区法院（2014）西民初字第11558号民事判决书。

⑥ “李某诉亿客隆超市买卖合同纠纷案”（争议产品：皮夹克，标识为意大利绵羊皮，实为人造革），北京市丰台区人民法院（2008）丰民初字第22406号民事判决书。

⑦ “刘某清诉世纪卓越公司买卖合同纠纷案”（争议产品：宣称为天然水晶吊坠，实为仿水晶），北京市朝阳区人民法院（2014）朝民（商）初字第29061号民事判决书。

⑧ “陈某影诉科大商贸中心买卖合同纠纷案”（争议产品：冒牌对讲机），北京市第二中级人民法院（2009）二中民终字第8294号民事判决书。

⑨ 这类案件通常以调解方式结案，如（2013）大民初字第7910号民事判决书。

得。我国立法最初赋予普通消费者惩罚性赔偿请求权，本身就是对“我国传统民事责任同质补偿的框架”的突破，希望实现前述初衷。[①] 只不过，该制度设计因为在消费者的诉讼动力方面违背了常识而未如愿以偿而已。[②]

在非食品领域，前述观察同样适用。例如，在服装市场上，虚构布料成分、虚标羊毛含量的情况时有发生。但大多数消费者不仅不具备验真的能力或精力（除非虚假到常人都能凭借触觉识别的程度），而且即便意识到假货之后也不会付出专门的精力来追诉。对此，如果发挥有经验人士去识别和追诉欺诈行为的积极性，[③] 同样可以弥补消费者个体的追诉动力不足和政府监管部门的

---

① 张新宝、李倩：《惩罚性赔偿的立法选择》，载《清华法学》2009 年第 4 期，第 11 页；最高人民法院在出台《食品药品司法解释》时，再次表达了寄希望于普通消费者去知假买假并行使惩罚性赔偿请求权的想法；张勇健、程新文、张进先、王毓莹：《“关于审理食品药品纠纷案件适用法律若干问题的规定”的理解与适用》，载《人民司法》2014 年第 3 期，第 16 页。

② 事实上，在 2009 年的立法讨论过程中，多数人就不赞成由《食品安全法》对惩罚性赔偿设置 10 倍的固定上限，因为这难以激励个体消费者去诉讼。参见全国人大常委会法制工作委员会编：《中华人民共和国食品安全法释义》，法律出版社 2009 年版，第 345 页；高圣平：《食品安全惩罚性赔偿制度的立法宗旨与规则设计》，载《法学家》2013 年第 6 期，第 60–61 页；李响：《食品安全诉讼当中的惩罚性赔偿研究》，载《北京社会科学》2013 年第 4 期，第 89 页；谢晓尧：《惩罚性赔偿：一种激励的观点》，载《学术研究》2004 年第 6 期，第 87 页；2015 年修订的《食品安全法》在坚持 10 倍固定上限的同时，虽然规定“增加赔偿的金额不足一千元的，为一千元”，但对个体消费者诉讼动力的提升作用并不大。

③ 对于羊毛成分差别较大的商品，普通人稍加学习就可以掌握初步识别的能力。

执法能力缺陷[①]。再如，网店在促销时会同时标出“优惠价”和“原价”。但消费者在不少时候对“原价”的真实性存在怀疑。在这些情形下，虽然一部分网购者在作出购买决策前会主动“货比三家”（特别是在购买大件商品时），在寻找更优价格的同时知晓产品的大致市场价格，甚至直接查阅拟交易网店的成交记录以确定“原价”，但是，如果在法律上普遍地向网购者科加验证“原价”的义务，[②]不仅不符合大量网购者的网络交易习惯，而且会给众多个体消费者造成巨大的识别负担。毕竟，分散的消费者个体在购买同一款商品时都需要重复验证活动，否则将承担验证不力的不利后果。与此相比，要求网店承担如实披露“原价”义务的社会成本则要小得多。对于潜在的价格欺诈行为，如果有人愿意投入

① 如“段某峰诉拉法耶特公司买卖合同纠纷案”（争议商品：服装；产品说明书标明100%棉，但检验结果为46.6%棉），北京市西城区法院（2014）西民初字第11558号民事判决书。值得对比的是：（1）“鲁某宁诉王府饭店有限公司买卖合同纠纷案”（争议产品：阿玛尼衬衣，衣服上中文标注成分与水洗英文标注成分不一致），（2）“阎某明诉新光百货买卖合同纠纷案”（争议产品：意大利JILSANDER品牌服装；中文吊牌标明产地为意大利，但英文标识为授权土耳其生产），北京市朝阳区人民法院（2007）朝民初字第24134号民事判决书（判决认为，被告未能证明知假买假事实；中英文标识不一致，构成欺诈；原告享有惩罚性赔偿请求权）。

② 在“张某燕诉新紫阳科技公司买卖纠纷案”中（争议产品：笔记本电脑），一审法院认为，“在购买商品之前，张某燕（买受人）可在杭州新紫阳科技有限公司的网店中浏览查询该款笔记本电脑的销售记录，由此可得知杭州新紫阳科技有限公司在之前销售该商品的价格，亦可以通过市场调研，选择价格最优的同型号商品”；二审法院认为，“在网店购买商品时，并非对于同样商品的市场价不知情，上诉人在存在价格公示的互联网销售平台上购买商品，并不会因被上诉人标示的一口价而受到误导”。参见（2015）沪二中民一（民）终字第1315号民事判决书。

专门的时间去查阅该网店的历史成交记录，并就价格欺诈行为诉请惩罚性损害赔偿，则不仅对潜在的价格欺诈行为形成比较好的约束，而且有利于激励网络购物平台去研发和实施更透明和确定的价格标示机制。[①] 当然，比价机制本身的科学性有待进一步研究和完善。关于“原价”的现行法律规范是国家发改委早在 2002 年实施的《禁止价格欺诈行为的规定》和《关于〈禁止价格欺诈行为的规定〉有关条款解释意见的通知》。后者第 2 条规定：“‘原价’是指经营者在本次促销活动前七日内在本交易场所成交，有交易票据的最低交易价格；如果前七日内没有交易，以本次促销活动前最后一次交易价格作为原价。”这一“纵向原价”标准（即“七日内最低价格”或“最近成交价格”）形成于“实体店消费”这一大的社会背景，并不符合网购时代的价格快速形成和变动规律。与单一的“纵向原价”标准相比，充分利用数据分析技术，允许网店和顾客选择网络原定价、网络零售现价、线下定价、线下促销价等更具参考价值的“横向实时比价”标准更为妥当。[②]

---

① 在“王某诉能良公司买卖合同纠纷案”（争议产品：自拍神器）、“王某诉富安娜公司买卖合同纠纷案”（争议产品：床上用品四件套）中，北京市朝阳区人民法院采取了这一思路，见（2015）朝民（商）初字第 42273 号民事判决书、（2015）朝民（商）初字第 42287 号民事判决书。在诉讼实践中，职业打假人一般会在起诉前先向物价局、工商局等行政执法部门投诉，以取得行政处罚文书作为诉讼证据。不过，大量行政执法人员对这类举报持有抵触心理，一是因为举报者的动机，二是因为这在短期内增加了执法机构的工作负担（尽管如前文所述，执法机构自身无力主动获取和查处这些违法行为）。

② 参见薛兆丰：《追问“原价”注定徒劳无功——谈“纵向原价监管”与“横向实时比价”的优劣》，载《经济观察报》2014 年 11 月 3 日，第 42 版。

4.4.2 “知假买假”的消极效应及其控制

“知假买假”的积极功能在于抑制商家的机会主义行为。但如本章前文所强调，机会主义行为是中国当前面临的一个系统性问题，同样可能出现在知假买假者身上。毕竟，这个群体“买假”的主要动力是获取惩罚性赔偿金等经济收入。[①] 如果缺乏有效的制度安排和约束，驱动这股民间执法力量的私人利益可能与社会公共利益发生错位。[②] 能够给“知假买假者”带来经济收入的“打假”行为并不一定与“规范生产经营活动”“保护消费者权益”等目标相符合。我们甚至有理由认为，这方面的分歧不可小觑，有必要予以专门讨论。不少学术同行和民事法官之所以反对“知假买假”，除受到形式主义演算习惯和朴素道德教化的思想强制外，还有可能就是认识到了“知假买假”在现实中的消极效应。

---

① 典型的例证有：有过期酱料的买受人将多罐酱料分开单独起诉，根据《消法》第 55 条，各要求赔偿 500 元。对于这类问题，各地法院的做法相对比较统一，即将“一次性购买多个涉案商品的行为”认定为与商家仅缔结了一个合同关系，消费金额应以同一张消费凭据上载明的侵权商品金额作为增加赔偿金额的基础。如此既不影响惩罚性赔偿诉讼对商家的成本效应，也不至于浪费司法资源。如“刘某生等诉爱莲公司产品责任纠纷案”（争议产品：日化用品，虚假宣传成分），重庆市第五中级人民法院（2015）渝五中法民终字第 01782 号民事判决书；如“梁某富诉万业百货公司买卖合同纠纷案”（争议产品：大酱，外包装上有两个生产日期，涉嫌过期），珠海市香洲区人民法院（2015）珠香法民二初字第 2318 号民事判决书、（2015）珠香法民二初字第 2319 号民事判决书。

② 参见张鲁萍：《私主体参与行政任务的界限研究》，载《北方法学》2016 年第 3 期，第 56 页。

在这个意义上，个人主义私法哲学观念所反复强调的一点值得铭记：有意识设计的法律制度可能伴随着各种潜在的风险，设计者不仅需要保持十分谨慎的心态，而且需要在充分了解社会背景状况和相关人群的行为选择规律的基础上，作出制度选择和推荐，否则将造成恶果。个人主义私法哲学所着力批评的全盘计划经济就是一个典型的例子。而在有意设计的惩罚性赔偿制度上，个人主义私法哲学的警示同样有用，因为，通过这一制度激励的知假买假行为可能引发副作用。当然，从合作主义的私法哲学出发，我们应对“知假买假”副作用的上策并不是对其全盘否定，而应当是思考各类副作用的具体水平、真实属性和调节机制。

“知假买假”的首要副作用是“造假买假”。这类问题主要限于食品等具有“有效期限”的商品领域，其他商品领域发生的概率很小。[①]“造假”的方式很多，以下三种较为典型：（1）一个人将快过期的商品掩藏在超市中不易被理货员察觉的地方，另一个人于过期后取出并购买该商品。（2）径直夹带过期食品进入超市，

① 在审判实践中，有买受人以商品（服装）的标签缺失、商品信息遗漏为由，主张惩罚性赔偿。一类常见的抗辩理由是：服装标签原本齐全，但有的标签被原告故意摘下了。这与整个“知假买假”问题一样，需要结合具体情景来判断，不宜“一刀切”。北京三中院法官总结的下述审判经验是值得参考的：（1）如果经营者不能向法庭提供标识齐全的样品，则推定原告的事实主张成立。（2）对于普通商品上一般都会附带的标签（如服装名称、成分、尺码和价格吊牌），推定原告在购买时曾经查阅和注意过，除非原告能够提供相反证据证明购买前就存在标签遗漏。（3）对于那些非必需的个性化标签，则由经营者承担举证责任。

然后诈称系超市商品。[①]（3）先购买合格食品，待其过期后购买同款食品，再以之前的购物小票索赔（针对小票信息和销售信息保存不完整的经营者）。在前两种情形下，除非借助视频监控设备，这类行为存在比较大的证明困难。[②]在第一种情形下，即便是监控视频也不足以证明多人之间的共谋行为。[③]在第三种情形下，经营者需要提供信息完整的小票和不同批次的进出货记录，以证明“造假”。

不少学术同行把这类问题简单地归结为“事实证明问题”，认为与“知假买假”无关。但在很大程度上，正是法院对大量“知假买假”之诉的支持（以及在“假货”定义上的分歧），让一些知假买假者萌生了机会主义打假的想法，催生了“造假买假”以及后文将讨论的“轻微标签瑕疵”“召回公告之后的买假”“敲诈勒索”等现象。如果法院一律拒绝支持“知假买假”，这些现象发生的概率会大大降低。在这些问题上，从法律程序上对“知假买假”表达的担忧是十分必要的。商家“因丧失（行政和）

---

① 陈琼珂:《十倍重罚，如何对待“勇夫”》，载《解放日报》2015年8月3日。

② 这方面的案件争议如“何某军诉物美集团产品销售者责任纠纷一案”（争议产品：过期虾仁），（2012）石民初字第4408号民事判决书；“宫某伟诉屈臣氏第五分店、屈臣氏公司买卖合同纠纷案”（争议产品：过期食品），（2014）海民初字第15302号民事判决书。

③ 于是发生了这样一幕：“在超市买完东西的购物小票上会被收银员给盖上一个红色的印章，上面写着‘商品未过保质期’。”李佳：《超市购物小票缘何加盖免责章？》，载《北京青年报》2016年2月21日，第A06版。

刑事诉讼程序上的保护措施而可能遭受诸多不利”，[①] 特别是有可能需要付出“反造假”成本，并最终将这种不利后果转嫁到消费者身上。

从技术层面看，反造假手段主要有三项：一是加装视频监控设备；二是规范购物小票和进出货记录，保证信息齐全；三是商品编码唯一化技术。这些都将增加商品的生产经营成本，并可能最终表现为商品价格的上涨。然而，这些成本的大小需要理性看待。关于第一项手段，我国超市基于防盗、安全和管理等因素的考虑，实际上已经大量安装和使用视频监控设备。虽然“造假买假”现象将促使一些超市去加装更多的监控设备，但因此而增加的成本并不会太高。关于第二项手段，当属规范生产和经营流程、提升管理水平的基本要求，从长远来看并不会导致成本的实质性增加。不过，商品编码唯一化技术则有所不同，需要为每一件商品印刷编码。从目前的印刷计算速度和印刷设备技术来看，满足这一要求的成本较高。只有部分商品生产者，出于防伪的考虑采用了这类技术。在印刷技术改进之前，为了应对小概率的“造假买假”风险而对所有食品采取编码唯一化，既不合算也不太可行。不过，对于涉及“造假买假”争议的案件，一方面，如果法官同样秉持功能主义思维，予以特别关注、甄别和处置（如就高度疑似“造假买假”行为的线索向其他司法机关提出司法建议），则

---

① 参见朱广新：《惩罚性赔偿制度的演进与适用》，载《中国社会科学》2014 年第 3 期，第 115–117 页、第 124 页［“（行政和）”并非原文内容，系笔者所加］；税兵：《惩罚性赔偿的规范构造——以最高人民法院第 23 号指导性案例为中心》，载《法学》2015 年第 4 期，第 104 页。

能够比较好地抑制私人执法力量的机会主义行为。另一方面，随着“造假买假”风险意识的推广，越来越多的经营者选择了直接报警，启动了刑事侦查和制裁程序，对“造假买假者”形成了较高程度的威慑和抑制。这样也很可能在效果上激励这股力量逐渐从城市中心走向城郊甚至乡镇的假产品市场。①

第二类可能的副作用与假货的判断标准有关。（1）与国家强制要求的质量标准不相符合的商品。国家设定强制标准主要是为了维护基本的人身和财产安全，集中表现为食品、药品的成分、有效期、包装和标识等。问题在于，对那些产品质量本身并无现实安全问题，但不符合法定标识要求的食品，是否构成《食品安全法》第 148 条规定的“不符合食品安全标准的食品”？当前较为常见的案件有两种：一是中文标识不齐全的国产预包装食品，违反了《食品安全法》第 67 条规定的标识事

① 朱广新教授还提出了另一项程序性忧虑：在惩罚性赔偿机制下，经营者可能处于“因同一行为而遭受双重处罚的危险中，即支付惩罚性赔偿金之后再承受（行政和）刑事制裁”。朱广新：《惩罚性赔偿制度的演进与适用》，载《中国社会科学》2014 年第 3 期，第 115 页［“（行政和）”并非原文内容，系笔者所加］。这类情况实际发生的概率很小（以北京为例，当前多数涉及知假买假的案件争议标的都不大，罕有启动行政或刑事程序的）。不过，一方面，进入行政或者刑事程序（特别是后者）的案件通常都涉及大规模的假冒伪劣商品，意味着此前有大量违法行为并未被追诉；另一方面，考虑到惩罚性赔偿的惩罚性，可以考虑把实践中采用的“行政责任与刑事责任之间的抵扣机制”也适用到惩罚性赔偿上来，以缓解双重处罚的问题。此外，在下文即将讨论的标签瑕疵和针对召回产品索赔的问题上，法院可以通过从严把握“瑕疵”的程度和已宣布召回产品的可罚性来控制民事惩罚性赔偿机制的副作用。

项要求。[①] 这又可进一步分为"漏标"（如生产许可证号、生产日期、适用标准、营养标签、具体成分含量等）和"错标"（如适用标准、配料名称、标注过期的证书等）。二是没有中文标识（但有外文标识）的进口商品，不符合《食品安全法》第 97 条对进口商品提出的中文标识要求。[②] 这在实践中集中表现为通过网络购物平台从海外代购的食品和在边境口岸销售的境外食品。

包装标识欠缺的食品并不必然引发《食品安全法》第 150 条[③] 描述的食品"安全问题"。对于那些既无现实或者潜在安全风险，也不会误导消费选择的情形，"知假买假"导致的副作用不可忽视，需要予以控制。实际上，在全球范围内，中国是少有的把标签标准本身作为食品安全的判断标准的法域。这不仅使得相应的行政处罚条件机械，而且诱发了知假买假者的机会主义行为。在审判实践中，的确有判决支持了针对轻微标签瑕疵的惩罚性赔偿请求，进一步助长了知假买假者采取机会主义索赔行为的动力。不过，更多判决对食品的安全性予以实质性审查，驳回了仅针对

---

① 《食品安全法》第 67 条第 1 款规定："预包装食品的包装上应当有标签。标签应当标明下列事项：（一）名称、规格、净含量、生产日期；（二）成分或者配料表；（三）生产者的名称、地址、联系方式；（四）保质期；（五）产品标准代号；（六）贮存条件；（七）所使用的食品添加剂在国家标准中的通用名称；（八）生产许可证编号；（九）法律、法规或者食品安全标准规定应当标明的其他事项。"

② 《食品安全法》第 97 条规定："进口的预包装食品、食品添加剂应当有中文标签；依法应当有说明书的，还应当有中文说明书。"

③ 该条规定："食品安全，指食品无毒、无害，符合应当有的营养要求，对人体健康不造成任何急性、亚急性或者慢性危害。"

有轻微标识欠缺但无现实或潜在安全问题的商品的赔偿请求；[①]另有判决将海外代购（代购商在境外或保税区以消费者的名义直邮食品）认定为"民事代理关系"，将"中文标识缺失"的效果归属为被代理人自主选择的结果。[②]特别是在本章着重观察的北京地区的判决，在总体上采取了此种实质性区分。在形式化解释选择上，这两类瑕疵不仅可以在《食品安全法》第150条上获得依据，而且还构成该法第148条第2款的除外规定，[③]即对那些既无实质性食品安全问题又不会误导消费决策的标签瑕疵应当排除适用惩罚性赔偿的规定。

---

① 参见"吕某旭诉尚门贸易公司买卖合同纠纷案"（争议产品：红酒包装未标明二氧化硫的含量，但并无安全危险），北京市朝阳区法院（2015）朝民（商）初字第40789号民事判决书；如"汪某辉诉永辉公司、永辉草桥公司买卖合同纠纷案"（争议产品：茶叶未依法标注"规格"；法院因原告未能"证明涉案产品未标注的规格与食品安全、营养有关"而驳回了起诉），北京市第二中级人民法院（2015）二中民（商）终字第04971号民事判决书。

② "熊某平诉渝欧跨境电商公司产品责任纠纷案"（争议产品：没有中文标识的进口奶粉），重庆市沙坪坝人民法院（2015）沙法民初字第06058号民事判决书。苏州市吴中区法院则在"郑某军诉达毅网络公司消费者权益保障纠纷案"中采取了完全相反的做法。在庭审中，原告张先生出示了两件未拆封的邮寄包裹，当庭拆包，其中的米粉、肉泥、泡芙、鱼肝油等代购食品果然也都没有中文标签。判决书回避了"知假买假"的争议，支持了原告的惩罚性赔偿请求。参见（2015）吴民初字第102号、第103号民事判决书。北京市第二中级人民法院在"郑某芳诉智造空间公司买卖合同纠纷案"中（争议产品：没有中文标识的进口糖果）也采取了类似做法，参见（2015）二中民（商）终字第02340号民事判决书。

③ "但是，食品的标签、说明书存在不影响食品安全且不会对消费者造成误导的瑕疵的除外。"不过，在司法实践中，虽有不少法官以"食品没有实质性安全问题"为由驳回了原告的诉讼请求，但直接援引这一但书条款的判决文书并不常见。

不过，对于那些成分、保质期和生产者信息等关键信息欠缺或错误的食品，不安全风险不可轻视。毕竟，最终的消费者很可能无法识别食品是否过期，也不容易在发生损害后找到责任人。与这些风险相比，要求生产者提供相应标识的成本并不高（除非没有取得合法生产经营资质）。法官支持针对这类食品的惩罚性赔偿之诉，是利大于弊的。①

4.4.3 从食品到普通消费品的知假买假

有的商品虽然不符合商家对外宣称的标准，但这既无害于消费者的现实或者远期人身财产安全，也不会误导消费者的消费选择。例如，市面上不少宣传为“百分百羊毛”或者“纯羊毛”的服装含有不超过百分之五的非毛纤维（如锦纶、涤纶等）。审判实践中有买受人主张这已经构成欺诈，并要求惩罚性赔偿。但实际上，按照国家或者行业标准，加入少量的非毛纤维具有改善纺纱性能、提高耐用性的作用，也符合纺织行业的行业标准和惯常做法。这一点多不为普通消费者了解。不过，即便普通消费者知道这一点，也罕有认为自己遭受损害的，自然也就谈不上消费者的权益保护需求和惩罚性赔偿请求了。② 在此类情形下，法官同样需要从功能角度去解释国家安全标准或商家承诺标准，不宜将其解释为《消法》第 55 条所规定的“欺诈”，从而抑制“知假买

---

① 如“刘某诉悦茶文化公司产品销售者责任纠纷案”（争议产品：茶叶，小包装和外包装上均无生产日期），（2015）二中民终字第 05081 号民事判决书。

② 洪国盛博士在北京大学互联网法治与发展系列学术沙龙上提出了这一点看法。

假者”的机会主义行为。[①]

在相似情形下，商家在一个抽象的层面使用“顶级”之类的最高级宣传词汇来描述产品，并足以让一般的消费者相信该商品的品质优于同类普通产品（未必是顶级或最优）。那么，应由经营者就此予以证明，否则可被认定为欺诈行为。但对于“离太阳最近”“离城市最远”“蛋求最好”等关于商品某方面特性（地理位置）的描述，一般不会误导消费者的辨识和决策，则不宜认定为“欺诈”行为。[②]

第三类副作用与缺陷产品的召回制度有关。我国《民法典》第 1206 条、《消法》第 19 条和《食品安全法》第 63 条等规定了缺陷产品的召回制度。问题在于，召回公告的发布和传播需要一个过程。有的消费者可能在得到通知之前买受被召回的产品，甚

① 参见“徐某明诉资和信百货买卖合同纠纷案”（争议产品：服装，标识的纤维含量为 100% 棉，检测结果为 99.1%），北京市第二中级人民法院（2010）二中民终字第 10787 号民事判决书（一、二审判决均驳回了原告诉求）；“杨某志诉巨力科技公司、天猫公司虚假宣传案”（争议产品：台式电脑，标识的屏幕尺寸为 21.5 寸，实为 21.5 英寸），潍坊高新技术产业开发区法院（2015）开民初字第 833 号民事判决书，第 3–4 页（判决驳回起诉的理由不仅包括“这不构成欺诈”，而且还包括“原告系知假买假”。但是，该合议庭将在下一个构成实质欺诈的知假买假案件中面临说理融贯性难题）。

② 在“何某诉迈菲恩公司、天猫公司产品责任纠纷案”［争议产品：皮夹克，宣称顶级皮料，实际上不是；杭州市余杭区人民法院（2015）杭余民初字第 4384 号民事判决书］、“李某章诉糖糖屋公司、天猫公司产品销售者责任纠纷案”［争议产品：凤梨酥，宣称顶级食材；宁波市中级人民法院（2015）浙甬民一终字第 979 号民事判决书］、“杨某志诉潍坊百货集团、微山湖公司产品责任纠纷案”（争议产品：皮蛋，标签包含“无铅工艺”“蛋求最好”，但鉴定铅含量为 0.1 毫克 / 千克。法院认为，“‘蛋求最好’表达的是对产品质量更高的追求，而不是表达被告生产的是最好的蛋制品”）等案件中，法院就此作了明确阐述。

至因此遭受人身财产损害。但这些法律并未就“召回公告发布之后的买受人是否有权请求惩罚性赔偿”作出协调处理。

实践中，有人在看到召回公告之后，以索赔为目的专门去购买该产品。对于那些尚未引发明显损害或者不易被消费者发现的缺陷产品，生产经营者出于对发布召回公告之后的大规模惩罚性赔偿诉讼的担忧，很可能延缓或者拒绝实施召回计划，并最终损害消费者的利益。对此，法院有必要主动协调召回制度与惩罚性赔偿制度之间的关系，将召回公告发布之后的不安全食品或者误导性陈述产品排除在惩罚性赔偿之外。毕竟，召回行为本身已经表明，生产经营者已无惩罚的必要。国务院于 2019 年发布的《食品安全法实施条例》第 76 条规定：“食品生产经营者依照食品安全法第六十三条第一款、第二款的规定停止生产、经营，实施食品召回，或者采取其他有效措施减轻或者消除食品安全风险，未造成危害后果的，可以从轻或者减轻处罚。”该规定也体现了这一精神。

第四类副作用与知假买假者的索赔方式有关。在实践中，有的知假买假者“以举报违法经营行为相要挟，向经营者索取‘封口费’，甚至是进行敲诈勒索”。[1] 这类索赔要求通常会高于知假买假者可以根据现行法请求的惩罚性赔偿金，也有可能超出现行法向违法经营行为配置的法律责任限度。特别是当经营者信息不充分时，其可能会在不同程度上高估现行法为特定违法经营行为

① 李仁玉、陈超：《知假买假惩罚性赔偿法律适用探析》，载《法学杂志》2015 年第 1 期，第 56 页。

所科加的不利后果（行政、刑事责任以及因此面临的商誉减损），进而向敲诈勒索者妥协。在效果上，这与前面三类副作用一样，最终都可能无谓地加重经营成本和消费负担。

不过，这类副作用同样不宜被夸大，更不能简单地以此为由对这股民间力量加以全盘否定，浪费发挥其积极作用的机会。实际上，目前司法、行政和学术界的同行已经日益广泛地认识到，即便在立法层面采取“一刀切”的做法，一律否定知假买假者的消费者身份，实践中仍然会有大量难以发现和控制的规避行为，且面临严重的证明困难。例如，知假买假者将实际提起诉讼的主体分散化，避免因为同一人在短期内多次诉讼而被认定为“知假买假”。这将在很大程度上使得此类“一刀切”规定沦为空谈。除非国家立法在整体上推翻消费者的惩罚性赔偿请求权。

与这种“一刀切”的做法相比，司法和行政机构积极采取措施去抑制知假买假者的副作用将是一种更务实的做法。如果行政执法、司法机关能够提高其执法、司法信息的确定性和透明度，让生产经营者准确认识违法生产经营的法律后果，则可以大大地减轻甚至消除这类副作用。一方面，当面对高额的索赔负担时，生产经营者通常会将其与现行法对特定违法经营行为科加的不利后果相比较，并在“依法接受处罚”和“向知假买假者妥协”之间作出理性选择。实践中，不少经营者选择向公安机关举报这类敲诈勒索行为，追究他们的行政或者刑事法律责任，[①] 当属理性

① 参见邵克：《争议李海峰案：敲诈勒索还是维权过渡？》，载《民主与法制时报》2016 年 1 月 31 日，第 9 版。

选择的结果。另一方面，对于那些针对既无安全问题又不误导消费决策的商品发起的诉讼，司法机关需要表达明确、统一的否定性态度，监管部门需要明确生产经营者的相应行政法律责任，从而让生产经营者（特别是依法生产经营者）有充分的信息去认识高额索赔现象，树立应对高额索赔的法律信心。一种常见的评论认为，一些生产经营者主动或被动向知假买假者支付“封口费”，表明知假买假者已经泛滥成灾。这显然是不准确的。很可能相反的观察更准确，生产经营者之所以愿意支付“封口费”，不是因为索赔人太多了，而是因为不够多，所以才有赎买的空间。[①]如果这类索赔人足够多的话，生产经营者会断然选择接受正式的法律制裁，而不是向索赔人妥协。

同样的道理，在一个具有确定性和透明性法律实施机制下，知假买假者能够比较好地认识到高额索赔行为的不利后果。其高额索赔的动力会大大降低。毕竟，这股力量的主要动力是获得经济利益，对因敲诈勒索引发的牢狱之灾的敏感性较高，不会轻易铤而走险。当然，如果生产经营者能够主动合规经营，或者政府监管机构能够开展切实有效的监管工作，那么就更不用为这类副作用而担忧了。

第五类常被贴上“副作用”标签的现象与商品价格有关。在消费者权益保护领域引入“知假买假者”这一股监督力量，必然激励商家在研发、生产、储运和销售等各个环节加大投入，以减少不安全食品或者其他假冒伪劣商品的发生率。而这些成本有可

---

① 这一观察受到了冯博副教授的学术报告给予的启发。

能通过价格机制转嫁到消费者群体身上，加重消费者的负担。这也是不少评论者反对在消费者保护领域适用惩罚性赔偿的一大理由[①]（知假买假就更不用说了）。

对此，我们有必要区分事实判断和价值判断问题。的确，在事实层面，商品价格可能会因此上涨（加大政府监察力度同样有这个效果）。但在价值取向层面，这对消费者而言并不一定是坏事。毕竟，天下没有免费的午餐，商品的品质与生产成本具有正相关性（不考虑技术改进），消费者终究需要在“高安全性＋高成本”和“低安全性＋低成本”中作出选择。[②]在食品安全领域，这一点是不言而喻的。在价值取向上，已经跨越温饱线的社会同伴从未像今天这样关注食品安全，他们因食品安全系数增加获得的身心福利将超过食品价格上浮的经济成本。[③]其他领域也大抵如此，一分价钱一分货，要想获得一定品质的商品，就需要承担

---

① 代表性的论述如，“惩罚性赔偿也不一定保护消费者的利益。因为惩罚性赔偿作出以后，公司将会通过提高产品的价格将惩罚转嫁给消费者，也可能通过保险而将赔偿转嫁给公众”。王利明：《惩罚性赔偿研究》，载《中国社会科学》2000 年第 4 期，第 118 页。早在一个多世纪以前，霍姆斯也明确提出了“企业通过消费价格转嫁产品责任”这一点。See O. W. Holmes，“The Path of the Law”，*Harvard Law Review*，Vol. 10，No. 8，1897，p. 467.

② 准确地说，是在“高安全性＋高成本”和“低安全性＋低成本”这两个端点之间的某个位置作出选择。

③ 具体而言，安全生产经营成本（和商品成本）的涨幅不会太高。因为，一方面，商家在生产经营环节的努力具有规模优势，折算到单件商品上的成本低；另一方面，这种成本分散到数量庞大的消费者身上后，平均成本就比较低了。但与此相比，个体消费者在防患不安全食品时，需要每个人重复努力，缺乏规模优势。

相应的成本。[①]这就意味着，我们不能把“价格上涨”本身看成“知假买假”的一种副作用。更何况，在一个竞争性的市场中，通过假冒伪劣获利的空间越小，商家越有动力去改进生产技术和经营模式，因此也不至于发生成本和价格的过度增长。

当然，如前文所述，一方面，法院需要尽力控制知假买假者的机会主义行为，尽可能地识别和应对“造假买假”等扭曲的“打假行动”。那些针对既无安全问题又不误导消费决策的标签瑕疵发起的索赔行动，会无谓地浪费行政、司法和企业资源。司法系统需要对其表达明确、统一的否定立场。新近学术评论将这类恶性知假买假和索赔行为定性为侵权行为，主张赋予生产经营者以损害赔偿请求权，[②]是有道理的。

实际上，就北京市法院系统在十多年的审判实践来看，法官表现出了良好的实践智慧。“知假买假”在当前审判实践中的副作用远没有很多评论者想象的那么大。北京市的法院系统在总体上能够比较好地区分良性的“职业打假”（不安全食品、误导消费决策的信息）和恶性的“职业打假”（既无食品安全问题又不误导消费决策的标签瑕疵），并予以分别处理。[③]只有少部分判决受到法律形式主义和朴素道德主义的影响，否定了良性的“职业打假”。支持恶性的“职业打假”的判决更是少见。然而，少有

① 奢侈品是一个例外。

② 杨立新：《消费欺诈行为及侵权责任承担》，载《清华法学》2016年第4期，第67页。

③ 有媒体对上海地区的访谈报道也印证了这一点。参见陈琼珂：《十倍重罚，如何对待“勇夫”》，载《解放日报》2015年8月3日。

法律同行观察和注意到北京市法院系统的这一实践经验及其启示意义。另一方面，我们不要奢望仅凭“职业打假”这股民间力量解决所有的食品安全和诚信经营问题，就如我们不能奢望个体消费者、政府监管部门或者公益组织等任何单一的力量解决所有问题一样。在学术讨论中，常有执法官员抱怨，即便把黑作坊的详尽信息告诉职业索赔人，后者也不一定会去行使索赔权，因为这类索赔通常无利可图。显然，这种看法与寄希望于分散的个体消费者去行使惩罚性赔偿请求权等想法一样，没有搞清楚人的基本行为逻辑，设定了不切实际的制度预期。知假买假者这股私人执法力量的作用不是万能的。相反，发挥各种潜在治理力量的合力，才是有效应对当前复杂现实问题的上策。

4.4.4 小结

当前关于“知假买假”的功能分析存在两个误区。一个误区是仅凭朴素直觉认识到了“知假买假者”这一股民间力量的积极功能，但却没有坦然面对和主动思考如何应对其潜在的消极效应。另一个误区是对“知假买假”的消极效应的认识缺乏系统性，去思考各类消极效应的真实属性和调节方案的就更少了。这在一定程度上与个人主义私法哲学所倡导的自发社会秩序思维方式有关。法律同行把精力过多地分配到了对这一问题的道德评论和习惯性的概念逻辑推理中，而法律的功能维度经常被习惯性地遗忘，或者被简化为朴素的直觉判断。与个人主义相反，本研究所倡导的合作主义私法哲学观念不仅主张在认清社会背景状况和人的行为选择规律的基础上作出制度安排，而且强调对制度安排进行精细化的评估和设计，以激励人与人之间在不同层面的相互合作。

本章前述分析表明，如果法律同行愿意深入具体语境来系统观察诸种法律解释方案的功能面向，我们不仅能够发挥“知假买假”这股民间力量的正能量，而且能够通过技术改进和司法调控来有效抑制这股力量的副作用。①

4.5 总结：作为制度设计的“知假买假”

如本章一开始就介绍的那样，我们可以通过系统剖析“知假买假”这个范例，来理解如何通过有意设计的私法制度安排提升私人之间的社会合作水平。只不过，在本章的语境下，我们所针对的私人合作不是财产的合作生产和利用，而是对私人利益侵害风险的合作防御。在今天的消费市场上，国家立法之所以有意识地引入和设计了“惩罚性赔偿”这样一种不符合个人主义私法哲学观念的制度安排，主要是因为个人主义私法哲学所倚重的自发社会秩序（填平性赔偿和有限的公共执法）根本无助于解决中国当下语境中消费者的权益保障问题。

本研究倡导一种合作主义的私法哲学认识论和方法论，强调通过积极主动的制度设计来引导不同人群的行为，以实现理想的

---

① 早期关于惩罚性赔偿的一般讨论中亦有关于副作用的类似观察。参见张新宝、李倩：《惩罚性赔偿的立法选择》，载《清华法学》2009年第4期，第17页；李响：《我国食品安全法“十倍赔偿”规定之批评与完善》，载《法商研究》2009年第6期，第47页。

社会合作效应。这样一种新的私法观念特别强调，我们在制度设计时需要保持谨慎的心态，先认真评估待解决问题所处的社会历史语境，然后充分评估不同制度方案将对不同人群产生的行为激励影响，然后才能做出制度方案推荐。对这些方面观察得越细致，越有可能发现能够积极促进私人之间合作水平的制度方案。毕竟，对于像中国这样一些处于发展和转型时期的国家而言，重新还原到具体的历史处境中，发现法律的时间性和特殊历史处境……相当重要。[①]

对于“知假买假”这样一个具体的问题，首先要认识到，中国消费者的权益在当前面临系统性的侵扰风险和监管失序，需要对症下药、多管齐下。[②]特别是，我们有必要区分良性的“职业打假”与恶性的“职业打假”，在承认、发挥和规范这股民间力量的正能量的同时，抑制这股力量可能带来的各类副作用。[③]这样才能既保证通过有意设计的制度安排来增进私人社会合作水平，又避免因为武断的制度安排造成恶果。

---

① 泮伟江:《论指导性案例的效力》，载《清华法学》2016 年第 1 期，第 36–37 页。

② 丁轶:《权利保障中的“组织失败”与“路径依赖”》，载《法学评论》2016 年第 2 期，第 47 页。

③ 需要再次强调的是，通过司法实践的调节机制来发挥知假买假者的执法效果，是特定时空内法治失序得到系统性治理之前的一种短期选择。为了不让这种短期选择弄巧成拙，我们除了需要抑制恶性知假买假现象，而且还有必要通过宣传教化、行业自律等多种途径去规范良性的知假买假行为。从长远来看，需要发挥更大的制度想象力，开展更系统的法治改革。

5 民事诉讼：诉讼动力与私人合作

除民事实体法外，民事程序法是如何经过后天建构来促进私人之间合作的，同样是值得重点讨论的问题。近年来，我国较为广泛地发展了调解（包括诉讼内调解和诉讼外调解）、代表人诉讼和示范性诉讼等纠纷解决机制，主要用以应对某些领域内的诉讼动力过剩和诉讼量激增问题，[①] 然而却忽视了另一些领域内出现的“诉讼动力普遍不足”，私人之间无法合作起来维护包括自身在内的整个群体的权利的现象。无论是“诉讼动力过剩”，还是“诉讼动力不足”，都面临诉讼资源的低效率利用、私人合作效率不高的问题。即便是当前对“诉讼动力过剩”的理论关注，也面临两个方面的问题：一方面，当前研究主要针对已经起诉到法院的争议，即希望通过简化司法案件的处理程序来提高诉讼活动本身的效率，然而却没有充分关注诉讼程序对潜在诉讼的分流功能，如通过更严格的诉前证据交换制度来降低当事人对诉讼结果的盲目自信，进而降低当事人的诉讼动力。另一方面，当前研究主要

① 参见范愉主编：《多元化纠纷解决机制》，厦门大学出版社 2005 年版；江伟主编：《民事诉讼法》（第三版），中国人民大学出版社 2007 年版，第 166–176 页。

关注程序法对“诉讼动力过剩”的调节作用，而没有充分考虑实体权利义务安排本身对司法诉讼程序的替代性功能。诸如强制责任保险、大规模损害赔偿基金等实体法安排就可以有效解决争端，降低当事人诉讼的动力。

有鉴于此，本章将尝试更系统地揭示被各种司法修辞所掩盖的诉讼效益理念和背后的私人合作机制问题，特别是以当事人诉讼动力的调节机制为中心，讨论如何通过控制诉讼量来提高诉讼效益，促进私人之间的合作。为此，下文将先提出一个系统的民事诉讼之效益和利益关系当事人之合作的分析框架，比较诉讼与非诉纠纷解决机制的社会效益差异；然后在此基础上讨论“诉讼动力过剩”和“诉讼动力不足”两类现象的系统性应对策略，以提高诉讼活动的个人合作促进效果。

5.1 民事诉讼的社会效用与个人合作之促进

5.1.1 诉讼社会效用的分析框架

简要地说，诉讼的社会效益分析所考虑的核心问题在于：特定诉讼活动是否能够实现社会总体效用的最大化，即开展特定诉讼活动的各项社会收益的总和与各项社会成本之和的差值的最大化。换句话说，除诉讼外，是否还有其他纠纷解决方式，能够实现更大的社会总体效用。

从社会总成本来看，一起诉讼通常会消耗以下三个方面的社会成本：一是原告支出的各项与诉讼相关的费用，包括律师费用，向法院缴纳的诉讼费用，劳务、交通等费用支出。二是被告支出的费用，同样包括律师费用和劳务、交通等费用支出。三是法院在受理、审理和执行案件过程中所需要的高额管理成本。对于原告和被告的诉讼成本，无论胜诉一方最后能否请求败诉一方赔偿其费用支出，[①] 这些费用均属于实际产生的消费性费用支出，都将构成诉讼的社会成本。法院的管理成本是一项很容易被忽略，但又十分高昂的诉讼社会成本。可以说，一切围绕人民法院的设立和运转的费用都构成社会成本，是一个法域社会的公民通过共同纳税来合作建构的。除当事人向法院缴纳的诉讼费用外，这些来源于财政预算的成本，最终仍然是由广大纳税人承担。虽然诉讼当事人根本不会考虑这一成本，但平均下来，每一起诉讼都将涉及高额的管理成本。

从社会总收益来看，可大致分为三项：一是纠纷化解利益，即“案结事了”。特定社会争端的有效化解，使案件当事人能够恢复到正常的生产生活状态，有助于重新开展各项生产生活活动，增加个人利益和社会整体福利。二是威慑利益。诉讼机制通过司法裁判最终所宣告的法律价值取向，以法律责任的形式威慑潜在不法行为，诱导行为人按照法律规定的行为标准从事活动，降低损害和争端发生的概率，进而从另一方面增进社会的整体福利。例如，在涉及建筑物区分所有权的“住改商”案件中，一个业主

① 在比较法上，存在与此相关的多种模式。在英国，胜诉一方可以请求败诉一方赔偿主要费用支出，包括律师费和起诉费；在美国，各方当事人需要自己承担诉讼费用。在我国司法实践中，法院通常会判令败诉一方承担起诉费用，并酌情判令其承担部分或者全部律师费用等其他支出。

擅自将一层住房改为餐馆，影响本楼其他业主正常居住。法院通过判决宣告该行为侵权，责令业主恢复原状或者向其他业主赔偿损失。那么，潜在的拟“住改商”业主就不会贸然行事，擅自“住改商”。如此，既避免了“住改商”必要投入的浪费，又根本性降低了其他业主受损的可能性，进而增进了社会整体福利。[①] 三是信息公开利益。诉讼过程具有公开性，而公开的信息本身就具有重要的社会价值。例如，一旦受损当事人与损害行为人对簿公堂，将有利于与损害相关信息的传播。尤其是那些与潜在损害风险相关的信息，其公布有利于潜在受害人了解风险并采取防范措施。例如，如果最初遭遇毒奶粉的消费者能够及时提起诉讼，将有利于大量潜在消费者了解该信息，避免人身伤害的扩大化。当然，信息公开利益通常也伴随着威慑利益。因为，信息公开意味着降低行为人的社会声誉。这也将促进潜在加害人及时采取正当的行为标准。

因此，在一个简明的私法诉讼效用分析模型中，社会总效用可以表达为：社会总效用 =（纠纷化解利益 + 威慑利益 + 信息公开利益）-（原告诉讼成本 + 被告诉讼成本 + 法院管理成本）。但如后文将呈现的那样，在个人主义私法哲学所倡导的自发社会秩序框架下，前述收益可能得不到最有效的开发，且成本得不到最优的控制；相反，立法和司法层面需要有意识地关注到这些成本，

---

① 关于住宅商用法律问题的详细效率分析，可参见熊丙万：《论住宅商用法律制度——兼评〈建筑物区分所有权司法解释〉第 10 条、第 11 条》，载《政治与法律》2009 年第 8 期。

并通过有意识地建构相应的诉讼规则来调节当事人的诉讼动力，使得人们能够合作从而最大限度地开发和利用相应的司法争端解决资源，同时节省自身已经或者即将面临的争端解决成本。

5.1.2 诉讼与其他纠纷解决方式的社会效用比较

至此，我们可以对诉讼与其他纠纷解决方式的收益 / 成本做一个概要对比分析，以调节诉争当事人对纠纷解决途径的选择，促进当事人之间合作起来从而降低不必要的争端解决成本。无论是通过诉讼模式化解争端，还是通过非诉方式平息矛盾，都将获得同样的“纠纷化解利益”。因为，各种纠纷解决模式的结果都一样，就是在诉争当事人之间明确权利义务关系。但是，与和解、调解等其他纠纷解决模式相比较，诉讼判决作为纠纷解决模式具有如下两大显著特征：

第一，诉讼的社会成本明显要高于和解或调解。当事人之间的和解是成本最低廉的纠纷解决方式。诉讼所涉及的三类社会成本都可以在和解纠纷解决模式中得以节省。只要诉讼当事人能够较为准确地预测参与诉讼的各项成本、胜诉的概率、胜诉后获得的赔偿等要素，其就可以准确地把握特定诉讼活动的预期价值。如果原告的预期诉讼收益要低于被告的预期诉讼损失，原被告之间就很可能通过和解化解纠纷。当然，如后文所要详述的那样，这需要当事人在决定是否和解时，掌握较为准确的相关信息。诉讼制度设计需要对此予以专门考虑。就调解而言，尽管也存在律师费用及公共资源成本的考量，但由于无须遵守严格的形式要求，其管理成本往往要远低于法院的管理成本。[①]

第二，诉讼可能带来“威慑利益”和“信息公开利益”，但和解、调解等纠纷解决模式一般不向社会公开，难以实现“威慑利益”和“信息公开利益”。[②] 即便信息公开，由于这些纠纷解决模式所体现的当事人利益协调方案与法律制度存在很大差别，其不但无法起到准确诱导行为的功能，甚至可能误导大众行为。正因如此，诉讼这一纠纷解决方式在相应领域获得了效益分析的正当性基础：只要特定诉讼活动所带来的社会效用（威慑利益＋信息公开利益）超过社会成本（原告成本＋被告成本＋法院管理成本），则诉讼应当作为首要纠纷解决方式。对于此种情况，不能为了片面地节省诉讼成本而放弃诉讼或者强制调解结案，而应当通过相关制度设计诱导当事人积极提起诉讼。因为，放弃诉讼就是放弃了更大的社会收益，反倒违背了增进社会整体福利的效益追求。

当然，在中国，除了积极作出判决之外，前述特定诉讼活动所带来的社会效益，还取决于判决信息的有效公开和传播。司法判决能够在多大程度上对社会产生示范效应，除了取决于判决本身的质量之外，还受制于判决信息传播的技术手段，包括人民法院自身的信息公开和大众舆论的传播。只有在充分的司法公开的基础上，司法判决的“威慑利益”和“信息公开利益”才能够得到实质性的发挥。不过，自 2014 年以来，最高人民法院开始大

① 不过，一些高端的商事调解机构收取的律师费用未必比诉讼律师低，但这些成本可以由当事人内化，不会引起外部公共成本。

② 当然，对本案当事人可能具有威慑作用，发挥十分有限的威慑利益。

力推进司法判决的全面网上公开，且越来越多的地区已经付诸实践。[①] 随着裁判文书公开上网制度的继续深入推进，司法判决信息的公开和传播障碍已经得到了明显缓解和逐步解决。

但同时值得注意的是，并非所有诉讼活动都能够带来“威慑利益”和“信息公开利益”。一些诉讼活动既起不到“威慑潜在损害行为”的作用，其公开的信息也并不能给社会带来什么实质性利益。典型的如道路交通事故损害赔偿诉讼。尽管该诉讼将耗费大量的诉讼成本，但诉讼及判决并不能对驾驶者的驾驶行为带来实质性的威慑和诱导效应。[②] 如果当事人真的像个人主义私法哲学所描述的那样理性，那么，当事人几乎不会因此闹到法院去耗时费力地解决纠纷；相反双方当事人会自发地合作起来解决纠纷。因为，一个简单的原因就在于，道路交通事故的发生不仅对受害人有害，而且丝毫不会增进加害人的利益。相反，事故的发生也将给行为人本身造成时间、金钱和精神上的损耗。对于一个理性的驾驶人，即便发生交通事故后无须面临诉累和赔偿责任，其通常仍然会谨慎驾驶。但实际情况却并不如个人主义私法哲学观所料的那样，仍然有不少交通事故纠纷涌入法院。

① 见《法院判决书全部上网公开，五大问题待破解》，载《北京青年报》2013年12月6日。不过，裁判文书公示虽然对于司法透明、法制宣传有重要意义，但也涉及公民隐私权、个人信息保护的问题。参见范旭东、陈立伟：《对我国裁判文书公示的理性思考》，载《法治研究》2007年第8期。

② 此外，在一些情形下，裁判文书的公开还可能带来负面影响。例如，裁判文书公布的部分违法犯罪方法可能成为他人学习的对象。再如，威慑的前提是法律及裁判有力制裁违法行为，但若法律及裁判的制裁力度不足，反而可能促使某些利润丰厚但制裁风险与之不对称的“商业模式”得以推广。

对于此种情形，如果能够通过责任保险等成本更为低廉的方式化解纠纷，就应当通过相应地制度设计限制诉讼，如此能够使得在某种意义上都“不幸”的双方当事人合作起来化解纠纷。否则，诉讼成本是一种无谓的社会资源浪费，或者至少说是一种低效率利用。对此，有人可能会提出，数量十分有限的“飙车狂”是例外，因为，他们在飙车过程中可获得巨大的精神利益，有从事带来潜在损害的行为动力。对此，本书的看法是，对于那些飙车狂，既然其能够通过飙车获得巨大的精神享受，那么其通常就不会被损害赔偿诉讼和赔偿责任所威慑。既然如此，诉讼成本的投入何尝不是另一种社会资源浪费呢？当然，本书并不是说这种损害行为就可以放任不管，而是应当通过刑罚等更为有效的方式予以威慑。关于机动车损害责任纠纷的具体应对策略，后文将作更具体的分析。

此外，还需要特别注意的是，一些诉讼活动不仅无法带来“威慑利益”和“信息公开利益”，甚至连“纠纷化解利益”也无法实现。一个主要原因在于，被告的责任财产数量有限，缺乏履行赔偿义务的基本能力。一些大规模侵权便是典型的例子。本来侵权行为人的责任财产都非常有限，远不足以赔偿大规模的受害者。受害者的赔偿诉求都通过诉讼来解决，而不是通过其他更有效的方式来应对，则各项诉讼社会成本就是一种更彻底的浪费。

总之，从社会总体效用角度考虑，一种社会最优诉讼规模应当符合这样的准则：如果诉讼这一纠纷解决方式带来的社会收益要高于社会成本，应当鼓励当事人积极提起诉讼。反之，则应当限制当事人通过诉讼解决纠纷。通过这些制度上的安排，实际上是通过理性的思考来设计当事人诉讼动力的调节阀门，以促使特定范围内的当事人之间合作起来，以最低的成本解决自己的纠纷，或者将自己纠纷的解决所带来的社会收益扩大化。

5.1.3 私人诉讼动力与社会最优诉讼规模的分歧

前文从社会整体效益出发，分析了哪些纠纷应当通过诉讼解决，哪些纠纷应当通过非诉途径化解。但在实践中，当事人在特定诉讼中的诉讼动力可能与这种社会最优诉讼规模所要求的水平发生根本性分歧。① 在此，就出现了本书第六章重点讨论的“理性的个体与非理性的社会”这样的现象，需要通过法律上的有意设计来调节诉讼动力，弥合个人与社会之间的合作分歧。

对于一些从社会效用角度考虑应当限制的诉讼，如果采用和解、调解等非诉纠纷解决机制，将降低纠纷解决的社会成本且无害于纠纷解决后给社会带来的收益。但是，争议当事人却有充分的经济动力去通过诉讼解决纠纷。这主要是因为，诉讼当事人在决定是否通过诉讼解决纠纷时，其仅仅考虑自己的诉讼成本，并不考虑对方当事人的诉讼成本和法院的管理成本。例如，在一次侵权损害赔偿事故中，假设被告承担 10000 元的严格责任，且被告已经采取了最为经济合理的事故预防措施（即如果要防止诉争损害，防患成本要高于严格赔偿责任，行为人当然会选择承

① Steven Shavell, Foundations of economic analysis of law, Harvard University Press 2004, p.391.

担责任而不是付出预防成本[1])。其诉讼成本是 2000 元，而被告的诉讼成本也是 2000 元，法院在该次诉讼中的管理成本是 2000 元。虽然该诉讼的社会成本高达 6000 元，但与和解、保险等其他低成本纠纷解决方式相比较，诉讼并不会带来额外的社会收益（因被告已经采取了最经济的注意措施）。相反，其大幅度增加了纠纷解决的社会成本。但对原告来说，只要诉讼赔偿高于成本（10000–2000=8000），其就有足够的经济动力提起诉讼。事实上，如果当事人能够和解，原被告双方和社会整体都将得到好处。例如，被告直接支付原告 10000 元赔偿金，被告的预期损失从 12000 元降低至 10000 元，而原告的预期收益从 8000 元提高至 10000 元，法院的管理成本得以避免。但如后文所要分析的那样，这只是一个理想的模型，实践中有很多因素影响当事人对相关决策信息作出准确判断，进而导致双方误入昂贵的诉讼。对于这些影响因素，应当通过法律机制予以消除或者降低，以实现最优的社会效用。

而在另一些纠纷中，诉讼这一纠纷解决途径带来的社会效用要远高于社会成本。但这一点常常被法学家的效率考察所轻视或忽视。[2] 除前述缺陷产品案外，还有大量其他此类案件。如在雇

① 参见［德］格哈特·瓦格纳:《当代侵权法比较研究》，高圣平、熊丙万译，载《法学家》2010 年第 2 期，第 122–123 页；王利明:《侵权责任法研究》（上卷），中国人民大学出版社 2010 年版，第 110 页。

② 关于这方面的更多讨论，可参见 Kathryne E. Spier, *Litigation*, in Mitchell Polinsky ed., *Handbook of Law and Economics*, Volume1, Elsevier B.A. 2007, pp.259ff。

佣关系中，对于雇主怠于保持安全工作环境、拖欠雇员工资等行为，如果雇员能够普遍提起诉讼，则雇主将面临大规模的诉讼负担和商誉减损等一系列成本。在这类案件中，诉讼的提起将促进行为人规范行为，减少生产活动给他人和社会造成的各种损害。但是，与“过度诉讼”中的当事人不同，这里的当事人可能由于各种原因缺乏诉讼的动力。因为诉讼成本很可能超出其预期的诉讼收益。例如，有过法律援助经历的法律职业人大都会同意，一个农民工通常不会因为1000元的拖欠工资而提起诉讼。其既不能因此聘请律师，也承担不起长时间的诉讼活动带来的待业损失。因此，农民工的普遍做法就是放弃债权而选择新的雇主。此外，一些生产商或者销售商出于掩盖信息的目的，可能主动提出与受损个别消费者私下和解。虽然该个体消费者通过诉讼的所得可能小于通过和解获得的收益，但其诉讼所带来的“威慑利益”和“信息公开利益”是巨大的。①

私人诉讼动力与社会最优诉讼规模的分歧，受到多重复杂因素的影响。如果能够通过制度安排消除造成这种分歧的主要因素，既有助于降低“过度诉讼”的高昂社会成本，也有利于

① 对于“私人诉讼动力不足”引起的“威慑利益”和“信息公开利益”损失的问题，我国有不少人主张，应当加大行政执法力度，通过行政检查、罚款、吊销营业执照等行政处罚来威慑行为人，并向社会公开信息。但是，该观点在两个方面存在根本缺陷：一方面，与诉讼一样，行政执法需要大量的管理成本，甚至可能因调查取证等活动引发更高的成本。另一方面，更为重要的是，行政执法需要充分的信息基础。如果没有信息，违法行为难以被发现、制裁和威慑。但受损当事人则与此不同，不但信息充分，而且信息获取无须成本。

弥补“私人诉讼动力不足”的缺陷。借此实现对诉讼规模的社会最优化控制，引导争议当事人之间合作起来，以最经济的方式取得最有效的纠纷解决效果，解决“理性的个体与非理性的社会”现象。

5.2 诉讼动力过剩及其调节

中国和比较法上的相关经验研究均表明，特定法域的民事案件增长率与该法域的 GDP 具有较高程度的正相关性。[①] 有学者在分析我国近年来的诉讼规模变动数据之后认为，中国已经进入了“诉讼社会”，法律纠纷数量急剧膨胀。[②] 在这样的背景下，如何提高诉讼活动的效率成为当前的重要课题。目前，我国司法实践的努力主要表现在两个方面。一方面，针对已经实际向法院提起的诉讼，广泛地采用了代表人诉讼（包括确定当事人的代表人诉讼和不确定当事人的代表人诉讼；《民事诉讼法》第 53 条、第 54 条作了相关规定）和示范性审理（对于征收补偿纠纷，虽然被征收人的标的不同，但纠纷性质一致。法院并不会同时受理所有起诉，而是通过实验性审理同一宗征收案件中的个别案件，为其他征收纠纷的解决提供示范框架）等措施来调节诉讼规模，并取得

---

① 参见李浩、汤鸣：《民事诉讼率：主要影响因素之分析》，载《法学家》2006 年第 3 期；José Juan Toharia, *Economic Development and Litigation: The Case of Spain*, Jahrbuch für Rechtssoziologie und Rechtstheorie Volume 4, Springer Fachmedien Wiesbaden GmbH 1976, pp. 39–82。

② 见张文显：《我国已经进入“诉讼社会”》，载《法制资讯》2010 年第 11 期。

了不错的效果。另一方面，针对已经实际受理的案件，强调以调解方式结案。

然而，如本文一开始所指出的那样，当前的努力主要是针对那些已经起诉到法院的案件，即尽力简化案件审判程序、提高庭内案件审判的效率。除当前的努力外，还有另外三类措施能够更好地调节当事人的诉讼动力，促使争议在进入诉讼活动之前就得到有效解决，避免在个人主义司法哲学所言的自发秩序下的无谓耗费：第一类措施是通过实体法上的多元化救济机制，将纠纷由诉讼领域转移到非诉讼领域去解决，如强制责任保险和大规模损害赔偿基金等。第二类措施是发挥诉讼程序本身的诉讼分流功能，通过更严格的诉前证据交换制度来降低当事人对诉讼结果的盲目自信，进而诱导当事人诉前主动和解，并降低当事人的诉讼动力。第三类措施是运用大数据和人工智能技术，帮助诉讼当事人在提起诉讼前就案件的可能裁判结果有一个更明确的预期，解决法律信息上的不充分问题，并主动减少那些不必要的诉讼。在北京互联网法院等新兴司法审判机构，通过人工智能的运用帮助当事人提前预测案件的可能裁判结构，也是帮助当事人更好地预判诉讼预期并减少不必要的诉讼负担的重要举措。当然，此种预测服务的提供，以不害及其中立性和减损程序价值为前提。现在对这三类代表性的“过剩诉讼动力”调节机制予以详述。

5.2.1　责任保险

如果昂贵的诉讼活动无法带来“威慑利益”和“信息公开

利益”，即无法起到预防效果，那么，应当限制这类纠纷通过诉讼来解决，以减少当事人之间的诉累。前述道路交通事故责任诉讼就属于典型的例子。我国采取的机动车第三人责任强制险制度，除具有分散行为人和受害人风险的功能外，实际上在很大程度上降低了当事人提起诉讼的概率。且如前文所述，基于驾驶人对自身的人身财产安全、时间成本等考虑，责任保险的存在，并不会降低行为人谨慎行为的动力。但是，在个人主义私法哲学世界里，当事人之间的确能够通过谈判来自发地化解很多纠纷，但毕竟还有大量无法自发解决的纠纷。在一些情况下，通过采取严格责任归责原则和强制保险的方式，有助于更好地化解纠纷，且免除当事人积极地共同参与相应活动的后顾之忧。

就具体适用范围而言，在机动车损害赔偿领域之外的大量适用严格责任的领域，责任保险都能有效降低诉讼规模，且不损及威慑利益和信息公开利益。[①] 为了让责任保险的此种功能达到最大化，可以根据情况采取两种相关制度：一是责任保险强制化。除机动车事故责任外，对于那些从事高危活动且行为人无法通过合理预防成本有效防止损害的情形，都有必要考虑将责任保险强制化。在适用严格责任的侵权损害赔偿纠纷领域，多

---

① 如后文所述，并非所有适用严格责任的领域都应当限制诉讼。典型的如产品责任领域，受害者及时提起的诉讼就有重要的信息公开利益。

属此种情况。[①]当然，有一种例外情形，即及时诉讼带来巨大"信息公开利益"的情形，如产品质量问题[②]、水资源和空气等环境被污染的问题。二是在程序上，将责任保险理赔程序前置于诉讼程序。对于那些能够通过责任保险获得有效赔偿的案件，自然就没有进一步诉讼。而对于那些责任保险不足以赔付的案件，责任保险赔付可以将当事人之间的争议标的最小化，提高当事人和解的概率。

当然，在一般的过失责任领域，事故当事人和保险公司之间，的确很有可能在个人主义私法哲学所主张的自发社会秩序中实现高校合作（尽管自发秩序无法解决前述场景中的社会合作问题）。毕竟，潜在过失责任人购买的责任保险也能够起到降低诉讼社会成本的功能。有一种比较常见的批评认为，有了"过失责任保险"的庇护，不少人会对损害的发生持放任态度。原本可以凭借合理的注意避免的损害，却因为保险的存在而难以避免。的确，有了

---

① 一种来自欧洲的经验，可参见 Gerhard Wagner（ed.），*Tort Law and Liability Insurance*，Wien ; New York : Springer，c2005。此外，随着我国冰雪运动的推广，诸如滑雪者相撞等事故也不太容易通过传统的过错责任来解决，因为事发现场的证明问题很困难。相反，对过错责任归责原则予以调整，再加上强制保险要求，是解决滑雪者对相互间事故担忧的有效思路。关于这方面的讨论，参见 Thomas Kadner Graziano，The Distribution of Social Costs of Ski Accidents through Tort Law：Limits of Fault-Based Liability in Practice-And Alternative Regimes，Journal of European Tort Law 7，No. 1（April 2016）：1–26。

② 这一点对非知名产品的意义尤为明显。因为，在知名产品领域，商家为了防止损害的进一步扩大或者商誉的损毁，通常会在发生事故之后积极主动地公开信息并召回缺陷产品。

全额保险之后，行为人就很可能失去采取必要损害预防水平的动力。这不仅将大大增加原本可以轻易避免的损害，而且将导致保费的过度提升，进而提高社会整体运行成本。但在本书看来，与在大量其他法律问题上一样，此类批评者倾向于采用一种“全有或全无”（take-it-or-leave-it）的法律治理模式，而没有贴近生活实践去观察替代性方案。在保险问题上，此类批评者是以全额保险为前提的。但事实上，保险公司会通过以下两种手段，有效激励被保险人维持相对有效的注意义务，且该注意义务与无保险时最优注意义务之间通常不会出现实质性差别。（1）如果保险公司有充分信息去了解被保险人在从事被保险活动时的过失，那么，涵盖“过失责任”的保险费用将远远高于仅涵盖“不具有过失的行为所致责任”的保险费用。（2）如果保险公司没有充分信息去判断被保险人在行为时的过失状况，保险公司通常不会对全部责任进行承保，如只承保 80% 或者 90% 的损害。未被保险没有涵盖的那一部分潜在赔偿责任，通常仍能有效激励被保险人采取合理的注意水平。这样，行为人既有动力去采取必要的注意，也不会面临巨额损失赔偿问题。①

5.2.2 责任财产能力缺乏及大规模损害赔偿基金

在大规模损害案件中，有较高共识的是，集团诉讼通常可以

---

① 一项来自比较法上的经验考察，see Steven Shavell, *Foundations of economic analysis of law*, *Harvard University Press 2004*, chapt.11；also Richard A. Posner, *Economic Analysis of Law*, 7th ed., Wolters Kluwer 2007, pp.200ff。

大大降低诉讼的社会成本。[①] 但更值得注意的是，大规模损害后的“责任财产能力”缺乏现象。在大规模侵权损害赔偿案件中，责任人缺乏“责任财产能力”是影响受害人因侵权行为所遭受损害最终得到填补的重要因素。如果造成大规模损害的企业明显缺乏责任财产能力，那么，通过诉讼解决该纠纷的尝试不但无法带来威慑利益和信息公开利益，而且连诉讼通常能够提供的“纠纷化解利益”都无法实现。因此，诉讼将造成三类诉讼成本的无谓浪费。

在我国三鹿奶粉事件中，国家采用了行政主导的方式来处理大规模的纠纷。当时，曾有大量批评者认为，这损害了受害人的诉权。但批评者并没有切实地审视三鹿公司的责任偿付能力，而是将“诉权”一味地教条化。可以预计的是，如果当时大规模受害者都通过诉讼来解决该问题，最后获赔的金额将远低于通过政府统一主导得到的救济。[②] 如果当事人（特别受害人）真是个人主义私法哲学所评估的理性人，那么，他们会联合起来选择最经济的方式去追诉侵权行为人。但现实并非如此。在三鹿奶粉这类

---

① 当然，如范愉教授所观察的那样，集团诉讼的经济效益“并不是绝对的，是相对于社会发展程度、市场的成熟程度以及社会的承受能力而言的，而且对不同的纠纷，不同状态的当事人，集团诉讼的效益也会有不同的评价标准”。参见范愉编著：《集团诉讼问题研究》，北京大学出版社 2005 年版，第 51–53 页、第 437–439 页。

② 事实上，不少传统法学理论都有将某一种“权利”教条化的倾向，但却忽视了“权利”最终实现的可能性，以及该权利是否针对有利于提高权利人的福利。关于这一点的系统批评，参见 Louis Kaplow & Steven Shavell, *Fairness Versus Welfare*, 114 Harv. L. Rev. 961（2001）。中译本见［美］路易斯·卡普洛、［美］斯蒂文·沙维尔：《公平与福利》，冯玉军、涂永前译，法律出版社 2007 年版。

大规模侵权场景中，一种由外部力量集中主导解决的方式，远比个体受害人通过分散模式来解决问题更经济、更划算。

尽管如此，行政主导模式既不是长远之计，也无法从我国现行法律体系中找到切实依据。与行政主导和诉讼模式相比，一种关于“大规模损害赔偿基金”的构想无疑为未来提供了良好的努力方向。[①] 对于潜在的可能引发大规模损害的生产经营活动，通过向活动者收取较低比例的大规模损害赔偿基金，这既不会给经营者造成实质性负担，而且可以有效满足受害人的现实需求，还可以避免潜在诉讼的无谓浪费。

除前述三项过剩诉讼动力的调节措施外，还有另外三项措施值得讨论。第一项措施与诉讼费用的承担机制有关。无论是在理论上还是在实践中，都有这样的讨论：如果要求败诉一方承担胜诉一方全部诉讼成本，是否会有助于促进败诉一方积极接受和解？诚然，从败诉一方来看，这种诉讼成本的移转承担有利于促进其积极进行谈判与和解。但从胜诉一方来看，其因不用担心诉讼成本问题，因此将获得更强的诉讼激励。因此，很难预测当事人诉讼成本的移转是否有助于促进当事人和解，缓解诉讼过剩。第二项措施与司法判决的公开上网有关。在我国，有一些当事人之所以“热衷于”诉讼，有可能是出于策略性的目的，如故意拖延到期债务的履行时间等。但司法判决的全面公开上网就意味着，这些策略性行为将被公之于众，可能影响到行为人的声誉。因

① 关于在我国构建大规模损害赔偿基金的系统研究，参见张新宝：《设立大规模侵权损害救济（赔偿）基金的制度构想》，载《法商研究》2010 年第 6 期。

此，司法判决公开上网本身也会在一定程度上抑制当事人的诉讼动力。第三项措施强调纠纷形成的预防机制。除了诉讼程序设计之外，还有大量实体性的制度安排可以诱导当事人更谨慎地行为，在源头上减少未来纠纷发生的概率。例如，立法和司法对经公证的合同赋予更高的效力，则会诱导当事人积极办理公证（前提是公证费用得到合理控制，如按件收费），预防未来纠纷。[①] 再如，在财产权归属问题上，如果法律赋予"登记"更强的效力，且登记成本合理，则可以诱导更多的人去办理登记，以防止纠纷发生。

5.2.3 事实信息不充分与审前证据交换

纠纷当事人的自动和解是社会成本最低且对双方当事人都有利的纠纷解决方式。只要原告的预期诉讼所得低于被告的预期诉讼损失，就存在和解的空间。[②] 在前文所举的 10000 元严格责任案例中，[③] 原、被告双方的诉讼成本都是 2000 元，因此，原告的预期诉讼所得为 8000 元，被告的预期损失为 12000 元。因此，在一个理想环境下，主要被告在 8000 元至 12000 元之间选择一个数额赔偿给原告，双方都将获得比诉讼更优的结果。此外，法院也节省了管理成本。

---

① 关于公证的问题，感谢汤维建教授对笔者的有益提示。

② 有一种观点认为，即便原告通过诉讼获得的单方经济效用较低，但其可能会因为被告被法律判决制裁而获得了心理上的满足。原告会因此而拒绝和解。本书认为，这毕竟不是社会常态，因为人们在总体上还是理性的，或者是趋于经济理性的。

③ 当然，这并不限于侵权责任领域，合同责任等其他私法责任领域同样如此。

也就是说，如果当事人之间在进入漫长的司法争端程序之前，能够通过一种机制相互合作，分享各自的事实信息，那么，就有助于避免当事人之间的误判，以及因为事实误判而错误评估了诉讼预期并采取不必要的诉讼活动。但实践中，这样的合作目标常常无法通过当事人之间的自发谈判来解决。当事人在启动诉讼程序前达成和解的比例仍然不够高。其中有多项原因，但最为重要的一项因素在于：即便原、被告之间存在客观的和解空间，但如果双方缺乏相关信息，无法掌握此种客观存在的有利和解机会，也就无法通过和解避免诉讼。

这些信息包括损害赔偿的金额（包括违约损害和侵权损害），胜诉的概率和诉讼成本。原、被告很可能就损害的实际大小发生认识分析，一旦原告所主张的损害赔偿额过高，使原告的预期诉讼所得超过被告的预期诉讼损失，也就失去了和解的机会。在很多情况下，当事人对责任关系的共识度比较高，但就损害赔偿额的认识存在很大差异。关于胜诉概率，本案例假设原告胜诉率为100%，但在实践中，无论是合同责任纠纷还是侵权责任纠纷，无论是过错侵权还是严格责任，原被告双方在诉讼前通常只能预期一定的胜诉机会或者败诉机会。双方对案件结果的预期差距太大，则也将影响和解的实现。关于诉讼成本，由于当事人无法准确预测诉讼中是否涉及专家鉴定费用等各类支出，也将产生类似影响。

因此，如果诉讼当事人能够在诉前和解谈判中分享信息，将有助于双方当事人对诉讼后果进行更为准确的预测，进而提高和解概率。经研究表明，诉争当事人通常有与对方当事人分享各自所掌握信息的强烈动机，以提高和解的可能性。但是，也有多种因素影响当事人之间分享信息。[①]第一，在诉讼进入实质性阶段之前，当事人可能并没有对损害后果进行准确地计算，因为这可能需要聘请专家进行专门估算。第二，一方当事人可能对自己遭受的实际损害保持沉默，以误导对方当事人的准确判断，以希望通过和解或者诉讼获得更高的赔偿。第三，一些当事人为了防止给予对方当事人充分时间去发现证据漏洞，故意将证据拖延至诉讼中出示。第四，一些当事人具有“风险规避”心理，即便是有客观证据，其也会担心有提前公开信息可能被反驳的风险。此外，还有当事人可能有在庭上搞突然袭击的心理，在法律允许的范围内故意隐瞒证据。

对于这些情形的矫正措施就在于，采用严格的审前证据交换制度，要求当事人在进入案件实质性审理之前对双方所掌握的信息都予以充分了解。就诉争个案而言，借此，可提高当事人对诉讼后果预测的准确性，提高当事人和解的可能性。更为重要的是，如果审前证据交换制度得以严格执行，潜在诉讼当事人能够预测到其证据将被强制向对方披露，因此其不公开证据信息的动力就会大幅度降低。这就有利于诱导当事人更为积极地向对方公开信息，提高和解概率。[②]从比较法上看，在美国的诉讼制度体系下，

① See Steven Shavell, *Sharing of Information Prior to Settlement or Litigation*, Rand Journal of Economics, 1989, 20: 183–195.

② 应当说，在多数实际纠纷中，案件是通过当事人的主动和解终结的。但仍然有相当一部分案件，即便已经启动诉讼程序，也会因为更为充分的信息而实现和解。在我国司法实践中，这种和解可能表现为有人民法院主持的调解结案，也可能表现为当事人撤诉后私下和解的情形。

通过律师参与，结合证据开示等制度，起诉前和解发挥了重要的作用。

我国《民事诉讼法》也规定了庭前证据交换制度。该法第133条第4项规定："需要开庭审理的，通过要求当事人交换证据等方式，明确争议焦点。"然而，正如该规定明确宣称的那样，证据交换的目的限于"明确争议焦点"，而没有考虑到证据交换制度对当事人庭外和解的积极促进功能。值得注意的是，我国在2015年《最高人民法院关于适用〈中华人民共和国民事诉讼法〉的解释》第112条中首次规定了文书提出命令制度。明确了书证若在对方当事人控制之下，承担举证证明责任的当事人可以在举证期限届满前向法院递交书面申请，责令对方当事人提交。一旦法院作出了文书提交命令，对方当事人无正当理由拒不提交的，法院可以认定该书证内容为真实。文书提出命令制度为当事人获取事实信息提供了更多途径，在一定程度上可以解决信息不对称问题。

不过，我国审判实践在证据交换对当事人和解和诉讼规模调节的作用方面的重视程度还有待进一步提高。法院仅仅在比较有限的程度上组织庭前证据交换，且主要表现为重大疑难案件中，小型案件则采用得很少。相反，法院注重在收受诉状之后，由立案庭主导诉前调解或审判法官主导诉讼中的调解。在不小程度上，这与我国法院系统的司法政策和绩效考核有关系，即将调解率作为一项工作绩效考核指标。因此，为了更有效地提高诉讼效益，让那些可以庭外和解的案件不再进入诉讼程序，不仅要在理论上更新观念，而且还要在制度上和实践上采用更严格的证据交换制度。

5.2.4 法律信息不充分与审前智能预测

在一些案件中，当事人之所以坚持无谓的诉讼，在很大程度上是因为对法律规范及其对自身案件的适用结果不了解，并因此为自己的利益主张产生了错误预期。如此，该方当事人坚持诉讼，在结果上是与相对方两败俱伤。实际上，如果一方当事人或者双方当事人能够事前对现行法律规则和司法适用场景、效果有更为明确的了解，就对争端解决的后果有更理性的预期，从而能够与相对人之间实现纠纷的合作解决，避免无谓的诉争。

一般来说，要求法官在对案件进行实质审理之前就预先告诉当事人一个结论性的意见，既不现实也不符合正当程序要求。但是，随着司法裁判文书的规模化上网和大数据科技的运用，目前在北京市互联网法院等开始采用了一种审前智能预测的技术，能够根据当事人提供的案情，大致提供一个初步的预期，特别是结合既有案件的对比给出一个初步预期。据笔者了解，这在很大程度上解决了诉争当事人的法律认知缺陷，在法律认知上给当事人赋能，从而为当事人之间合作起来友好地化解纠纷提供了技术环境和条件，也节省了对有限司法资源的耗费。

5.3 诉讼动力不足及其激励

与“诉讼动力过剩”相反，“诉讼动力不足”的经济效益特征表现在：与“非诉纠纷解决方式”或者“权利放弃”相比，诉讼能够带来更大的社会总体效用，让更多的社会个体从当事人的诉讼中受益。在此类情形下，私人原本为了追逐一己私利而提起的个体诉讼活动却无意中促进了大量其他社会同伴的公共利益。[①]此类诉讼活动虽然一方面引起大量的社会成本，但其在另一方面却带来了相对更高的“威慑利益”和“信息公开利益”。在这些场景下，对社会个体来说，最好的选择是联合起来支持一部分个体采取积极行动，以在维护这部分个体利益的同时协同实现更大范围的社会个体的利益。但在个人主义哲学所倡导的自发社会秩序中，这种联合行动的概率不大；且在没有外力作用的环境下，这一部分个体主动采取诉讼行动的动力也明显不足。在我国司法实践中，诉讼动力不足的原因是多方面的，如司法权威性的不足、司法质量不够高、诉讼厌恶心理仍在一定程度上存在，等等。这些的确也是当前需要努力的方向。但无论如何，当事人在经济利益预期上的缺乏是阻碍当事人提起诉讼的一项重要原因。对于因此缺乏足够诉讼动力的情形，应当通过相应机制的建构，来提升当事人的诉讼动力，从而实现更大范围的社会个体之间的合作。

概括来讲，诉讼动力激励措施可分为两类：一类是激励当事人本人去提起诉讼，包括提高当事人的诉讼回报和降低当事人的诉讼成本。在第二类情形，激励当事人本人提起诉讼的可能性很小，或者激励成本太高，则可以考虑通过其他人或机构替代其提起诉讼。

---

① 相似论述可见肖建国：《公益诉讼类型研究》，载北京市应用法学研究中心编：《多元化化解矛盾与和谐社会构建》，中国工商出版社2009年版，第121页。

5.3.1　当事人诉讼动力的激励机制

一方面，在诉讼成本一定时，提高诉讼当事人在个案中的诉讼收益将能够弥补当事人的诉讼动力。最具有代表性的办法莫过于惩罚性赔偿。本书前一章已经对此做过较为系统的论述，这里再从诉讼视角意义作简要概述：

从效率分析角度考虑，惩罚性赔偿的正当性在于：虽然被惩罚行为给社会造成的总体损害要高于该行为给社会带来的整体收益，但是，从行为人个人角度考虑，因损害行为并非被完全发现，即便行为人赔偿了部分被发现的损害，其仍然是有利可图的。如果根据损害被实际发现和制裁的概率，相应提高损害赔偿的倍数，则只有当行为创造的社会收益高于社会总体损害时，其才会有利可图并从事相关行为。[①] 再回到这里讨论的诉讼效率问题，惩罚性赔偿将提高受害人提起诉讼的动力，进而提高行为人因相应行为面临的诉讼负担，诱导行为人采取成本更为低廉且有利于避免诉讼的防患措施，降低损害发生概率。当然，这以行为人行为的“可诱导性”为前提，即限于那些故意或者重大过失的致损行为。[②] 此外，这要求人民法院能够较为准确地判断损害被发现的概率。

---

① Steven Shavell, *Foundations of economic analysis of law*, Harvard University Press 2004, pp.243ff.

② 关于两大法系惩罚性赔偿的新近比较研究，参见 Gerhard Wagner, *Neu Perspektiven im Schadensersatzrecht—Kommerzialisierung*, *Strafschadeensersatz*, *Kollektivschaden*, Verlag C.H. Beck2006, S.68ff。中译本可见［德］格哈德·瓦格纳：《损害赔偿法的未来——商业化、惩罚性赔偿、集体性损害》，王程芳译，熊丙万、李翀校，中国法制出版社 2012 年版。

我国相关法律也有关于惩罚性赔偿的规定。例如,《民法典》第 1207 条规定:“明知产品存在缺陷仍然生产、销售,或者没有依据前条规定采取有效补救措施,造成他人死亡或者健康严重损害的,被侵权人有权请求相应的惩罚性赔偿。”2013 年修订的《消法》第 55 条规定:“经营者提供商品或者服务有欺诈行为的,应当按照消费者的要求增加赔偿其受到的损失,增加赔偿的金额为消费者购买商品的价款或者接受服务的费用的三倍;增加赔偿的金额不足五百元的,为五百元。”(修订前的《消法》第 49 条规定:“增加赔偿的金额为消费者购买商品的价款或者接受服务的费用的一倍。”)虽然前述法律都规定了比以往更严厉的惩罚性赔偿责任、强调对违法行为的惩戒,但从受害人角度看,这些措施未必能够达到预期的效果。因为,其一,基于对惩罚性赔偿制度滥用风险的考虑,现行立法和审判实践对惩罚性赔偿的倍数仍然作了过于严格的控制。《消法》将其限定在 3 倍,而司法实践对《民法典》侵权责任编的开放式倍数规定也把握得十分严格,少有突破 3 倍的。[①] 考虑到诉讼的物质和时间成本,3 倍以内赔偿或 500 元最低赔偿额在诉讼动力激励效果上非常有限。虽然我国消费者的维权意识日益提高,甚至出现了“王海”等职业打假人,但从整体规模上看,请求惩罚性赔偿的案件还十分有限。此外,该类诉讼在总体上对当事人是“无利可图”

---

① 本观察源于对北京市第一中级人民法院、第二中级人民法院、第三中级人民法院和海淀区法院、大兴区法院、西城区法院、朝阳区法院的调研。

的。[①] 其二，尽管《消法》《食品安全法》《药品管理法》《商标法》等法律规定了适用惩罚性赔偿的情形，但相关调研显示，无论是理论家，还是立法者、法官，都缺乏对当事人诉讼动力激励的足够关切。[②] 面向未来，为了实现对受害人诉讼动力的激励，我国不仅需要在制度上赋予受害人更大的惩罚性赔偿请求空间（但也无须无限度扩大），而且需要在理论、立法和司法上转变对这方面的观念认识。

而另一方面，也是更为重要的一点，当诉讼回报一定时，可通过降低当事人的诉讼成本来提高当事人的诉讼动力。具体包括如下几种情形：

（1）以公共补贴减轻原告的直接诉讼负担

在一些案件中，一方当事人的预期诉讼所得为负值。在那些当事人因自身缺乏法律知识而需要专业法律服务的情形，尤为普

---

① 值得注意的是，最高人民法院于2013年12月发布了《关于审理食品药品纠纷案件适用法律若干问题的规定》。其中，第3条规定："因食品、药品质量问题发生纠纷，购买者向生产者、销售者主张权利，生产者、销售者以购买者明知食品、药品存在质量问题而仍然购买为由进行抗辩的，人民法院不予支持。"从经济学原理上看，该规定的一项重要功能在于弥补广大分散的消费者在共同合作上的缺陷：如果广大消费者都积极采取集体行动，遇到假冒产品都积极追责，那么，生产者和销售者就因成果过高而放弃违法生产和销售。但现实中，这种共同合作的集体行动又不太可能发生。因此，该司法解释有助于弥补这方面的缺陷。关于这方面的评论，见鲍艳、熊丙万：《中国司法观念和司法方法的转型——来自"王海打假案"十年司法史的启示》，载《判解研究》2013年第3辑；熊丙万：《私法的基础：从个人主义走向合作主义》，载《中国法学》2014年第3期。

② 本观察源于对北京市第一中级人民法院、第二中级人民法院、第三中级人民法院和海淀区法院、大兴区法院、西城区法院、朝阳区法院的调研。

遍。当事人因自身知识的局限性而无法自主引起法律诉讼程序，但如果雇用专业法律服务人员，诉讼活动又无利可图。在另一些案件中，虽然当事人在支付法律服务费用之后仍然能够获得一定的剩余，但因无法缴纳前期法律服务费用而无法提起诉讼。典型的例子如，在我国当前的劳动密集型雇佣关系中，拖欠雇员工资、工伤而无保险、社保未缴纳等纠纷是普遍现象。对特定雇员来说，诉讼成本（包括律师费和各项其他支出）很可能高于诉争标的。但是，从社会整体效用来看，一方面，如果雇主面临的诉讼越多，其面临的诉讼成本和商誉损毁成本就越大，那么，其通过拖欠工资、拒绝为雇员投保等行为获得的收益就将实质性降低，并超过其因诉讼面临的各种成本。如此一来，雇主便获得了积极履行劳动合同和劳动法强制性规范的动力。另一方面，因诉讼威慑诱导的雇主合法行为，将有助于实现广大雇员的稳定预期和生产生活。从社会整体来看，这无论是对雇员本身，还是对社会经济发展，都无疑是有巨大积极利益的。

为了鼓励当事人积极提起诉讼，应当从多个方面对原告的诉讼动力缺乏予以积极促进。一是通过有法律援助或者低成本法律服务来补贴当事人的诉讼成本，诱导其积极参与诉讼。[①] 当然，

---

① 此外，降低诉讼费用等门槛也是一项重要的补贴机制。在劳动争议领域，我国司法实践进行了有益的尝试，向法院缴纳的诉讼费用要求相当低。不过，在笔者与学友讨论该问题时，有一种较为普遍的观点，批评“因为诉讼门槛低导致的过度诉讼和法院负担”。显然，这种批评意见未能注意到相关诉讼对社会整体效用的促进功能。相反，公共财政应当加大对这方面的司法资源配置，简化诉讼程序，提高诉讼效率。

法律援助并不一定是完全免费的服务，可以适当向当事人收取一定的资料、交通费用。这也有助于防止诉讼泛滥。二是加大对相应群体的法律维权意识普及活动，提升整个群体通过诉讼解决纠纷的认知，降低因知识匮乏而出现的诉讼风险规避心理。这种补贴机制不仅需要政府的公共投入，而且需要培育法律职业共同体对法律援助的共同认知，尤其是高等法律教育对学生公民意识的培育。当然，从补贴来源来看，应当以社会公共财政投入为主，同时充分发挥社会自治组织的补贴功能。①

（2）简便诉讼程序以减轻原告的间接诉讼成本

除律师费、诉讼费等当事人所面临的直接诉讼成本外，繁杂冗长的诉讼程序将对当事人构成另一种间接诉讼成本。尤其是对那些诉讼标的较小的纠纷，即便客观上能够最终赢得诉讼，但当事人要么基于对自己时间和精力成本的考虑，要么基于对诉讼结果久拖不决的心理负担，就很可能放弃诉讼。而如前所述，如果当事人能够选择诉讼解决该类纠纷，将能带来“威慑利益”等巨大的社会收益，是符合社会整体效用的。因此，针对小额诉讼设计便捷的诉讼程序，不仅能够减轻当事人的诉讼成本、法院的管理成本，而且能够提高诉讼规模，发挥诉讼的社会效用。②

---

① 例如，中国法律援助基金会每年向全国大量高等法律院校和社会法律援助机构提供法律援助补贴基金。但就高校法律援助而言，由于高校学生参与法律援助的积极性和动力不足，没有充分参与社会法律援助。在这一点上，法学教育和公共法律援助补贴未能形成有效的互动。

② 一组关于构建我国小额诉讼程序的深入讨论，参见《聚焦小额诉讼程序——第3期金杜明德法治沙龙实录》，载《中国法学创新网》，http://www.fxcxw.org.cn/dyna/content.php?id=9944，最后访问日期：2021年4月6日。

5.3.2 分散型损害与公益诉讼

分散型损害是与大规模损害相类似的一个概念，即受害人的数量众多。与一般意义上的大规模损害不同的是，分散型损害中的单个个体遭受的损害十分微小，但如果考虑所有分散个体遭受损害的总和，则将达到相当大的规模。几个典型的例子如：（1）生产销售者在包装上缺斤短两。虽然每一个消费者所遭受的损害非常小，但生产销售商通过整个销售活动获得的利润相当可观。（2）商家通过不正当竞争或者垄断行为，引起的产品价格上涨或者产品质量缺陷。虽然每一个消费者面临的损害很小，但在整体上破坏了正常的市场竞争秩序和商品的生产和流通。（3）企业排污行为导致空气和水资源的整体质量下降。这虽然没有给某个个体带来直接明显的人身财产损害，但却导致了整个生态环境的恶化。①（4）网络平台企业通过欺诈或者其他误导性策略，收集和利用海量个人信息，在商业广告推销等各种场景中给个人造成困扰。虽然个人在这方面遭受的损失难以量化，且不大，但从整个社会来看，确是不容忽视的社会经济损失。

对于这些情形，由于诉讼收益和诉讼成本严重不成比例，除非基于个人正义感等个别、特殊因素的激励，理性的受害个体在自发的社会秩序中是缺乏动力去请求赔偿这种损害的。②但是，

① 直到2009年《侵权责任法》颁布之后，学术界和司法实务界才开始对此种生态损害（区别于明显的人身财产环境损害）予以集中关注。2020年颁布的《民法典》在侵权责任编中增加了对生态损害的系统规定，值得赞赏。

② Vgl. Kötz, in: Homburger/ Kötz (Hrsg.), *Klagen Privater im öffentlichen Interesse*, 1975, S.70.f.

针对整个诉讼活动而言，诉讼将带来巨大的社会收益。对此，比较法上的一种做法值得参考，即引入公益诉讼制度，赋予特定社会机构或者组织开展相关公益诉讼的权利，尤其是通过损害赔偿金的合理分配来刺激相应组织积极诉讼。① 分散型损害赔偿诉讼一经实现，将给行为人施加高额的赔偿责任，诱导行为人采取更符合社会整体效用的损害防止措施。但诉讼主体的缺位，是影响该社会效用实现的根本因素。我国近年来也有大量关于该问题的学术讨论，② 且制度建设也发生了相应变化，允许和鼓励一些机关或公益性组织参与公益诉讼活动。2012 年修订的《民事诉讼法》第 55 条确立了民事公益诉讼制度。出于稳步推进、减少滥诉风险的考虑，该法赋予了法律规定的机关和有关组织实施公益诉讼的权利，③ 但未明确相关机关和组织的具体范围。2017 年 6 月，全国人大常委会修改《民事诉讼法》和《行政诉讼法》，正式确立了检察公益诉讼制度，明确检察机关提起公益诉讼的资格，我

---

① 法国在该问题上采用了团体诉讼模式，将诉权交由某个团体行使。德国也有学者积极倡导采用法国模式，德国也实行了与其类似的团体诉讼（Verbandsklage）制度。关于欧盟在分散型损害诉讼问题的具体讨论，包括诉讼主体、损害赔偿计算方式和损害赔偿款的归属主体等问题的系统讨论，参见 Gerhard Wagner, *Neu Perspektiven im Schadensersatzrecht—Kommerzialisierung, Strafschadeensersatz, Kollektivschaden*, Verlag C.H. Beck2006, S.106ff。

② 如徐祥民、陶卫东：《生态文明建设与环境公益诉讼》，知识产权出版社 2011 年版；肖建国：《公益诉讼类型研究》，载北京市应用法学研究中心编：《多元化化解矛盾与和谐社会构建》，中国工商出版社 2009 年版，第 121 页。

③ 参见全国人大常委会法制工作委员会民法室编：《中华人民共和国民事诉讼法：条文说明、立法理由及相关规定》（2012 年修订版），北京大学出版社 2012 年版，第 81–82 页。

国公益诉讼逐步呈现“国家化”的趋势，检察机关、行政机关取代社会组织，成为公益诉讼最重要的发起主体。[①] 此外，两高于2020年修正《关于检察公益诉讼案件适用法律若干问题的解释》，进一步扩展了检察院提起公益诉讼的情形，包括发现破坏生态环境和资源保护，食品药品安全领域侵害众多消费者合法权益，侵害英雄烈士等的姓名、肖像、名誉、荣誉等损害社会公共利益的行为。我国针对分散型损害的公益诉讼制度在不断丰富和完善。

5.4　结论：设计的诉讼制度与私人合作

前文分析表明，关于民事最优诉讼规模的系统经济分析，不能片面地关注特定诉讼规模所需要的各项社会成本（原告诉讼成本、被告诉讼成本和法院管理成本），而需要同时考虑特定诉讼规模可能带来的社会收益（纠纷化解利益、威慑利益和信息公开利益）。就一些诉讼活动而言，通过对相关争端解决机制的调试，有助于促进当事人之间更理性地评估自己的预期、采取更经济的争端解决方式，能更好地解决与相对人之间的争议；就另一些活动而言，调试相关争端解决机制的阀门，有助于鼓励一部分人发起那些“高净值”的诉讼活动，弥补自发秩序下分散的社会个体难以联合起来采取的行动。

在前述意义上，我们可以发现，个人主义私法哲学所依赖的自发社会秩序中难以实现社会个体在诉讼活动上的合作，也难以

---

① 陈杭平：《公益诉讼“国家化”的反思》，载《北方法学》2019年第6期。

在一个高的水平上控制不必要的诉讼活动造成的负担或者分享诉讼活动带来的收益。相反，从促进社会个体之合作解决争端的视角出发，我们能够有意识地去对特定诉讼活动的整体社会效应作出准确评估。这就要求我们不能简单以“过度的诉讼量”为由，片面强调当事人通过非诉方式化解纠纷。相反，对于那些能够带来巨大社会收益的诉讼活动，应当通过有意识的制度安排给予鼓励，以实现更大范围的人际社会合作。相应地，对于那些与社会最优诉讼规模发生分歧的私人诉讼动机，我们应将其严格区分为“诉讼动力过剩”与“诉讼动力不足”两类情况，并通过相应的制度设计，纠正导致两种影响最优社会效用实现的原因，进而实现社会最优的诉讼规模控制。对于前者，应当通过强化当事人信息交换、广泛运用责任保险和设立大规模损害赔偿基金的方式，诱导当事人选择和解、保险赔偿和基金救济等其他纠纷解决方式。对于后者，应当通过扩大法律援助、简化诉讼程序和建立公益诉讼的方式，诱导当事人积极参与诉讼。如此，我们不仅可以在宏观层面促进社会个体之间对有限的司法资源的高效合作利用，而且还可以在微观层面激发那些在自发秩序下无法联合起来实施的诉讼行动。

结论：合作主义与中国私法

“在我们这个时代，哲学之所以能够不断取得一些巨大成就，就是因为一些人能够采用特别简明的方式去思考问题。如果有人能够思考得再简明一些，哲学就可能再进一步。”[①] 法学与经济学同样如此。从整体主义哲学到个人主义哲学的发展，就反映了法律人不断拨开法律神秘面纱，让法律更贴近生活实践的努力。如果我们让法学与生活贴得再近一点，其就可能再发展一步。

本研究初步表明，无论是整体主义还是个人主义，都是人类追求绝对知识的结果，忽略了知识形成和变迁的相对条件性，都受制于本质主义哲学和线性思维模式的思想强制。而一旦我们将自己从这样的思想强制中解放出来，我们面临的选择将远比我们已经认识到的要丰富。如果中国私法的认识论基础能够从个人主义走向合作主义，那么，中国私法学就很有可能再前进一步。

本研究倡导从个人主义走向合作主义，并不仅是为了更系统地解释或检识现有私法制度，而且希望为私法学提供一个观察未来的新视野，有助于私法学积极主动地观察潜在社会共同体合作

① Unger, Knowledge and Politics, p. 30.

的可能性，并为思考如何应对自发合作困难提供一套基本思路。尤其值得注意的是，在“最小共同体”和“最大共同体”之间的各种共同体在自发合作难易程度上呈现出连续性和流动性变化。其中主要原因正是社会个体的自利心理。即便互惠等社会偏好和利他主义倾向在一定程度上缓解了自发社会合作困难，但现实生活告诉我们，这些困难仍然大量存在。

相应地，共同体合作的制度需求也呈现出流动性变化，从弱到强。而个人主义哲学学说在认识到社会个体的自利倾向的同时，武断地割裂了这种联系性和流动性变化。个人主义学说在“一刀切”的同时，还作出了各种二元划分。其要么将共同体的实现归咎于社会个体在自利驱使下的自发合作，进而忽视了自发合作的连续性和流动性困难，以及对国家强制组织和其他诱因的流动性需求；要么将共同体合作的实现粉饰为“对道德伦理的尊崇”，进而掩盖了其共同体社会合作的真实面目。此种武断划分和理论粉饰，很可能阻碍中国私法学去积极观察私人之间的合作前景和实现途径。

需要重申的是，在防止立法和国家强制力对个体（个性）的恣意抑制问题上，合作主义与个人主义心有灵犀。笔者也深刻地意识到，合作主义认识论认可通过立法和国家强制力促进社会个体的合作，同时也伴随着权力被误用或滥用的风险。然而，我们并不能因噎废食。在合作主义看来，如何防止立法对社会个体（个性）的不当抑制是一个系统的法治工程，不可能通过某一个单一的法律部门（如公法、行政法）的努力来实现，甚至也不可能仅通过法律人的努力来实现，还需要广泛的公共政治参与。相反，这需要法律同人的共同努力，尤其是需要突破狭隘的法律部门观，突破“公 / 私”二元划分带来的思想束缚。个人主义学说希望通过划分独立私法领地来防止立法和国家强制对私人自由的侵害，只不过是在逃避现实中无处不在的国家强制力问题。与其如此，还不如正视私法和市场领域的国家强制问题，知道从哪里给予肯定，从哪里开始怀疑。这不仅有助于我们把私法中的国家强制问题观察得更透彻，批评得更深入，进而努力“把权力关进笼子里”，而且有助于我们系统地认识立法对社会个体行为的积极诱导功能，使其成为“市场”之外的其他有力“助手”，促进社会个体之间的广泛合作与共同发展。

还需说明的是，笔者的前期研究在阐述“从个人主义走向合作主义”这一哲学认识论和方法论议题时，尽量尝试用具体的民商事交往活动及其规范机制作为说明素材。但鉴于前期研究议题的集中性考虑，笔者对相应私法制度的分析较为有限，且对相关实定法规则的概念术语和体系结构着墨甚少。而在本研究，笔者分别从物权、合同、网络平台（数据财产）、侵权责任法和民事争议解决领域中选择了部分疑难问题，希望通过对这些代表性疑难问题的细致分析，来呈现个人主义私法哲学与合作主义私法哲学的观念、方法和功效差异。笔者希望，本研究通过下一段学术旅程弥补这一缺陷，提供一个观察合作主义哲学学说和合作主义私法观念的微观视角。

图书在版编目（CIP）数据

迈向合作主义的中国私法学 / 熊丙万著 .—北京：中国法制出版社，2021.10

ISBN 978-7-5216-1998-0

Ⅰ．①迈… Ⅱ．①熊… Ⅲ．①私法－研究－中国
Ⅳ．①D923.04

中国版本图书馆 CIP 数据核字（2021）第 118368 号

责任编辑：侯　鹏　　　　封面设计：李　宁

迈向合作主义的中国私法学

MAIXIANG HEZUO ZHUYI DE ZHONGGUO SIFAXUE

著者 / 熊丙万

经销 / 新华书店

印刷 / 北京虎彩文化传播有限公司

开本 / 880 毫米 ×1230 毫米　32 开　　　　印张 / 8.25　字数 / 177 千

版次 / 2021 年 10 月第 1 版　　　　2021 年 10 月第 1 次印刷

中国法制出版社出版

书号 ISBN 978-7-5216-1998-0　　　　定价：39.00 元

北京市西城区西便门西里甲 16 号西便门办公区

邮政编码 100053　　　　传真：010-63141852

网址：http://www.zgfzs.com　　　　**编辑部电话：010-63141826**

市场营销部电话：010-63141612　　　　**印务部电话：010-63141606**

（如有印装质量问题，请与本社印务部联系。）